आदिवासी सामन्तव

आदिवासी सामन्तवाद

(बस्तर की माड़िया जनजाति की उत्पत्ति का नागमूलक सिद्धान्त)

हीरालाल शुक्ल

प्रस्तावना लेखक

शरच्चन्द्र बेहार

कुलपति

गुरु घासीराम विश्वविद्यालय,

बिलासपुर (म० प्र०)

ज्ञान पब्लिशिंग हाउस

दिल्ली

ज्ञान पब्लिशिंग हाउस
२६/६ शक्ति नगर, दिल्ला-११०००७

भारत में मुद्रित

ज्ञान पब्लिशिंग हाउस के लिए गायत्री गर्ग द्वारा प्रकाशित तथा संगीता प्रेस, मौजपुर से मुद्रित।

प्रस्तावना

पिछली दो-तीन शताब्दियों से विश्व में पश्चिमी यूरोप के देशों का वर्चस्व रहा है। इसलिए विश्व-इतिहास के नाम पर उनके द्वारा यूरोप-केन्द्रित इतिहास का प्रचार-प्रसार होता रहा है। भारत के इतिहास के नाम पर स्कूलों और विश्वविद्यालयों में बहुत अर्से तक मुख्यतः उत्तर भारत के इतिहास को वहाँ के राजा-महाराजाओं के इतिहास का पर्याय अभी भी माना जाता है। हाल ही में सामाजिक और आर्थिक इतिहास पर अधिक जोर देने का आग्रह बढ़ा है तथा इसी अलगाव को भी समाप्त करने की दिशा में विद्वान प्रयासशील हैं। इस नवीनतम इतिहास-बोध के अन्तर्गत आने वाले सामाजिक और आर्थिक इतिहास में भी आदिवासियों और हरिजनों का इतिहास सम्मिलित नहीं है। लगता है कि इतिहासशास्त्र के विकास में उस मोड़ का अभी भी इन्तजार है, जहाँ से आदिवासियों को केन्द्रीय स्थान मिलने लगे और जब वे इतिहास के नायक बन जायें।

बस्तर की यात्रा पर गये मेरे कुछ मित्रों ने जब कुछ आदिवासी छात्रों से उनके अपने इतिहास के विषय में पूछा तो मानो वे आसमान से गिर पड़े। उन्हें तो अपने अतीत की कल्पना भी नहीं थी। उनकी समझ में तो जो इतिहास शालाओं में पढ़ा जाता है। उसमें आदिवासियों का कोई नामो निशान तक नहीं होता।

इस प्रकार के 'इतिहासविहीन' (?) बस्तर के आदिवासियों का एक सुव्यवस्थित और सम्पूर्ण इतिहास लिखकर प्रोफेसर हीरालाल शुक्ल ने एक अनूठा योगदान दिया है। 'लंका की खोज' (1977) तथा 'प्राचीन बस्तर' (1978) नामक अपनी हिन्दी पुस्तकों के जरिए डॉ० शुक्ल ने बस्तर के प्राचीन इतिहास पर दृष्टि डाली है। उसी तारतम्य में यह पुस्तक बस्तर के इतिहास को आगे बढ़ाती है।

बस्तर का मध्ययुगीन इतिहास अभी तक भ्रामक स्थिति में था। यहाँ के नागों को सामान्यतया 'सर्प' का पर्यायवाची माना गया। प्रोफेसर शुक्ल ने बड़े ही विद्वत्तापूर्ण ढंग से नाग-मिथकों को गोंड जनजाति के इतिहास की पुनर्रचना की है। उनके इस विवेचन से यह भी स्पष्ट होता है कि कैसे "नाग" शब्द द्वारा

उत्पन्न भ्रमात्मक धारणा ने गोंडों के इतिहास को विस्मृति के गर्त में डाल दिया था।

बस्तर आज एक दुर्गम्य एवं पिछड़ा हुआ क्षेत्र समझा जाता है। देश-विदेश के विद्वान् उसे आदिवासी-क्षेत्र का प्रतिनिधि मानते हैं। मेरे कई परिचित विद्वान् बस्तर की यात्रा की ऐसी उत्कट लालसा प्रकट करते हैं, मानो बस्तर इस दुनिया का हिस्सा न हो, कोई जादू-नगरी हो, कोई अन्य लोक हो। डॉ० शुक्ल ने बस्तर को प्राचीन नागलोक सिद्ध किया है तथा उसकी राजधानी भोगवती की भी पहचान कर ली है। इसे पढ़कर मुझे लगा कि इन विद्वानों की दृष्टि का औचित्य आज के बस्तर के लिए भले न हो, प्राचीन नागलोक के लिए तो हो ही सकता है।

नागलोक के इतिहास को धरती पर अवतरित करने का भागीरथी प्रयास डॉक्टर शुक्ल ने इस पुस्तक में किया है। इसके अलावा उन्होंने जो बहुआयामी साक्ष्य जुटाए हैं, वे उनकी राय को बहुत विश्वसनीय स्वरूप देते हैं। डॉ० शुक्ल ने बस्तर के इतिहास की पुनर्रचना के लिए कई नए साक्ष्य ढूँढे हैं। ताम्रपत्र, शिलालेख तथा सिक्कों के अलावा उन्होंने यत्र-तत्र बिखरी हुई उपयोगी सामग्री की भी खोज की है, जो बस्तर के लुप्तप्राय इतिहास पर नया प्रकाश डालती है।

कहा जाता है कि बीता हुआ समय नहीं लौटता। इतिहासकार बीते हुए समय को हमारे सामने लाने का प्रयास करते हैं। यह अत्यन्त दुष्कर कार्य है। यह कार्य उस समय और भी अधिक कठिन हो जाता है, जब बस्तर जैसे क्षेत्र का इतिहास हो, जिसके विषय में इतिहासकार अभी तक पूरी चुप्पी साधे रहे हों। डॉ० शुक्ल ने इस अत्यन्त कठिन कार्य को बहुत सराहनीय ढंग से किया है। बस्तर और आदिवासियों के विकास में दिलचस्पी रखने वाले सभी लोगों के वे साधुवाद के पात्र हैं।

यह आवश्यक नहीं है कि डॉ० शुक्ल के द्वारा प्रस्तुत इतिहास से हम पूरी तरह सहमत हों। यह भी संभव है कि उनके द्वारा दी गयी कुछ व्याख्याओं से हम असहमत हों। उपलब्ध साक्ष्यों के आधार पर बीते समय को वापस लाने की कोशिश में अपने ढंग की व्याख्या इतिहास-लेखन की अनिवार्य प्रकृति है। तदनुसार डॉ० शुक्ल ने भी अपने ढंग से विभिन्न निष्कर्ष निकाले हैं, कई व्याख्याएँ प्रस्तुत की हैं। उपलब्ध तथ्यों के आधार पर इतिहास की पुनर्रचना में हमारे विचार, और दृष्टिकोण काफी महत्वपूर्ण भूमिका अदा करते हैं। इसलिए प्रोफेसर शुक्ल द्वारा प्रस्तुत बस्तर के इस इतिहास की विशेषता यह नहीं है कि वे हमेशा प्रत्येक अंश में अकाट्य तर्कों पर आधारित हैं या उनके निष्कर्ष पर कोई मतभेद नहीं हो सकते अपितु वास्तविक विशिष्टता यह है कि उन्होंने पहली बार बस्तर का एक सुव्यवस्थित श्रृंखलाबद्ध सम्पूर्ण इतिहास प्रस्तुत किया है। प्रागैतिहासिक काल से

920 ई० तक का बस्तर का इतिहास उनकी पुस्तकद्वय 'लंका की खोज' तथा 'प्राचीन बस्तर' में है। इस पुस्तक द्वारा अब उन्होंने बस्तर के इतिहास को सन् 1324 ई० तक पहुँचा दिया है। अब विद्वानों तथा इतिहासकारों के सामने बस्तर का एक प्रामाणिक इतिहास है, जबकि इससे पहले उसका अस्तित्व ही नहीं था। यदि विद्वान इतिहासकार डॉ० शुक्ल से मतभेद भी जाहिर करें, तो भी अपने इस शोधपूर्ण प्रयास से डॉ० शुक्ल ने बस्तर के इतिहास की खोज में एक इतिहास बना लिया है। भविष्य में यदि नयी खोज, नये विचार, ऐतिहासिक उत्खनन, नये शिलालेख, ताम्रपत्र या सिक्कों की जानकारी के आधार पर बस्तर के इतिहास का बिलकुल ही भिन्न स्वरूप प्ररतुत हो जाए तो भी इस ऐतिहासिक कृति का अपना अनूठा स्थान बना रहेगा।

मेरी राय में यह पुस्तक इतिहासकारों तथा बस्तर में दिलचस्पी रखने वाले विद्वानों का ध्यान अवश्य आकृष्ट करेगी, चाहे वे इससे सहमत हों या असहमत। यदि यह पुस्तक एक विवाद को जन्म दे, मतभेद रखने वालों को अपनी राय सामने प्रस्तुत करने के लिए प्रेरित करे, बस्तर के वैकल्पिक इतिहासलेखन के प्रयास में अन्य विद्वानों को बाध्य करे तो मेरी राय में डॉ० शुक्ल का यह सराहनीय तथा कठिन प्रयास पूर्णतः सफल माना जायेगा।

भोपाल

शरच्चन्द्र बेहार
कुलपति,
गुरु घासीराम विश्वविद्यालय,
बिलासपुर

पुरोवाक्

बस्तर न केवल आज वरन् कई शताब्दियों से अनेक कारणों से विख्यात रहा है। गहन वनों की छाया में पलती आदिवासी संस्कृति के साथ बारूद के धुएँ से आच्छादित आकाश, उन्मुक्त जीवन के साथ उन्मुक्त शोषण तथा अतुल वन और खनिज सम्पदा के रहते इसकी लड़खड़ाती प्रगति विगत दो सौ वर्षों से चर्चा का विषय है।

समृद्धि और अभाव यही बस्तर की कहानी है। एक ओर है अपार समृद्धि, सौन्दर्य और गौरवशाली इतिहास तथा दूसरी तरफ है रोग-शोक, अन्धविश्वास और निपट दरिद्रता। हमें इस असमानता की खोज के लिए जड़ों तक पहुँचना होगा। इसके पीछे जनजातीय स्मृतियों के आग्रह के साथ नये इतिहास-बोध की माँग सामयिक है।

बस्तर की आदिवासी संस्कृति की अपनी अलग छवि है। इसके दो पक्ष हैं—एक वह जिसे इसने स्वयं अपने बारे में विकसित किया है और दूसरा वह जो इसे इतर संस्कृतियाँ दे रही हैं। पहली है **"आत्मछवि"** और दूसरी **"प्रदत्त छवि"**। ये दोनों छवियाँ बदलते सन्दर्भ, ऐतिहासिक अनुभव और विशिष्ट उपलब्धियों द्वारा गुणात्मक ढंग से परिवर्तित हुई हैं। 1076 ई० की एक "प्रदत्त छवि" थी कि बस्तर योद्धाओं का देश था, चक्रकोट (बस्तर) के नृपति शूरवीर थे, वहाँ चित्रशालाएँ थीं और वह हाथियों के लिए प्रसिद्ध था—

आक्रान्तरिपुचक्रेण चक्रकोटपतेः परम् ।
लिखिताचित्रशालासु तेनामुच्यन्त दन्तिनः ।।
(बिल्हणः विक्रमांकदेवचरितः 4:30)

और इस "प्रदत्त छवि" के 720 वर्षों के पश्चात् बस्तर की छवि में पुनः परिवर्तन आया। 12 मई 1795 ई० से 28 मई 1795 तक की अवधि में बस्तर-प्रवेश के इच्छुक कैप्टेन जे० टी० ब्लण्ट ने यह अनुभव किया था—**"बस्तर में किसी भी व्यक्ति की सुरक्षा सन्दिग्ध है। राजा क्रूर और अत्याचारी है। प्रजा के प्रति भी वह नृशंस है। किसी अपरिचित के आने पर जनता अपना गाँव छोड़कर**

भाग जाती है। गांवों के सभी व्यक्ति निर्वस्त्र रहते हैं। उनके हाथों में धनुष-बाण होते हैं। वे आज भी अज्ञानान्धकार में है। उन्हें धातुओं का ज्ञान नहीं है। सिक्के के रूप में कौड़ी का ही प्रचलन है। नरभक्षी शेर गाँव के गाँव साफ कर जाते, किन्तु अन्धविश्वास के कारण ये इन्हें नहीं मारते। किसी पड़ोसी को लूट लेना, उसे मार डालना या किसी गाँव को जला देना इनके लिए सामान्य बात है। अपने इस लक्ष्य की पूर्ति के लिए ये टोलियों में विचरण करते हैं। अधिकतर आदिवासियों की जीविका लूटमार पर ही चलती है। (ब्लण्ट, 1795 154)।

बस्तर की ऐसी दो नहीं, अनेक छवियाँ हैं। यहाँ के प्राचीनतम पूर्वज मुण्डा, द्रविड़ तथा आर्यभाषी हैं। इन तीनों छवियों के आंशिक संविलयन से बस्तर का आदिवासी समाज पुष्ट हुआ है।

बस्तर का पूर्व मध्ययुगीन इतिहास (760-1324 ई०) आकस्मिक घटनाओं का अनुक्रम नहीं है; अपितु वह आदिवासी जनता के शोषण का इतिहास है। आदिवासी जनता को भुलाकर राजवंशों का विवरण बस्तर का इतिहास नहीं हो सकता है।

इतिहास आम जनता से ही बनता है; पुरोहित, राजा, माण्डलिक, नायक, श्रेष्ठी अथवा अवसरवादी नेता इतिहास नहीं रचा करते। किसी भी आदिवासी समाज के इतिहास का सही अध्ययन यही होगा कि उनकी रुचियों और विविधताओं का अनुक्रम में अनुशीलन किया जाये। यह देखा जाये कि आकस्मिक रूप से विकसित होने वाले शासक वर्ग ने शक्ति के अर्जन के साथ समाज को क्या योग दिया और अपने न्यस्त स्वार्थों की पूर्ति के लिए उसने उसी बहुजनसमाज से अपने को किस प्रकार अलग कर लिया। कोई भी समाज उत्पादन-सम्बन्धों पर ही जीवित रहता है और सही इतिहास की तलाश यही होती है कि सन्दर्भित सामाजिक परिस्थितियों और प्रचलित मूल्यों के मध्य अन्तरावलम्बन को खोजा जाये।

ऐसा सोचना गलत होगा कि आदिवासी आज के समान पहले भी निपट दरिद्रता की स्थिति में थे। निर्धन और अबूझ कहे जाने वाले आज के आदिवासी पूर्व-मध्ययुग में उन क्षेत्रों के शासक थे, जहाँ ये आज निवास कर रहे हैं। उत्तर-मध्ययुग के मुगल आक्रामकों ने इन्हें आज की स्थिति में पहुँचा दिया। प्रस्तुत प्रबन्ध के माध्यम से पहली बार इस सिद्धान्त को प्रस्तुत किया जा रहा है, जिसकी पूर्ण व्याख्या "उत्तर-मध्ययुग" के इतिहास में की जाएगी (द्र० मेरी अन्य पुस्तक 'सर्वे ऑव ट्राइबल हिस्ट्री', दिल्ली 198)।

पूर्व-मध्ययुग के मध्यप्रदेश नाग आधुनिक गोंड जनजाति के पूर्वज हैं। उनकी सभ्यता की सुगन्ध उस युग में पूरे देश को मिली थी। बस्तर के छिन्दक

नाग इसी प्रकार आदिवासी कबीले से ही ऊपर उठकर शासक बने थे तथा 760 ई० से 1324 ई० के मध्य 564 वर्षों तक यहाँ शासन किया था।

बस्तर के छिन्दक नागों के अध्ययन का सिलसिला रायबहादुर हीरालाल (1916) की खोज के साथ शुरू हुआ। हीरालाल ने बस्तर-क्षेत्र से छिन्दक नाग; युगीन बीस अभिलेखों की खोज की तथा उनके कथ्य का अंग्रेजी अनुवाद प्रकाशित किया। रायबहादुर हीरालाल ने मूल तेलुगु या संस्कृत-पाठ को नहीं छपवाया, जिससे उनके बाद छिन्दकों के इतिहास पर चिन्तन नहीं हो सका। प्रस्तुत कार्य को लेते हुए सबसे बड़ी समस्या थी मूल पाठों की प्राप्ति। उसके लिए मुझे पुनः समूचे बस्तर में बिखरे ताम्रपत्रों और शिलालेखों को पढ़ना पड़ा और उनका पुनः सम्पादन करना पड़ा। इसके परिणामस्वरूप मुझे ग्यारह अतिरिक्त अभिलेख मिले, जिनकी जानकारी रायबहादुर को नहीं थी। इसके बावजूद कुछ अभिलेखों के मूल पाठ मुझे फिर भी नहीं मिल पाए; क्योंकि पण्डा बैजनाथ एवं रायबहादुर हीरालाल ने उन्हें उपलब्ध स्थानों से कहीं अन्यत्र स्थानान्तरित कर दिया था, जिसकी सूचना उन्होंने नहीं दी।

ऐतिहासिक मूलस्रोत के रूप में दूसरी कड़ी नागनृपतियों की स्वर्ण-मुद्राएँ हैं, जिनकी जानकारी उपर्युक्त लेखक को नहीं थी। तीसरी महत्वपूर्ण सामग्री के रूप में संस्कृत और हिन्दी की ऐतिहासिक कृतियाँ हैं, जिनमें पद्मगुप्त का "नवसाहसांकचरित" तथा बिल्हण की "विक्रमांकदेवचरित" सुप्रसिद्ध कृतियाँ हैं। सन्दर्भों से ज्ञात होता है कि श्रीहर्ष ने "सिन्दवंशः" नामक एक महाकाव्य भी लिखा था, जो छिन्दकों के इतिहास से सम्बद्ध था; किन्तु मुझे यह महाकाव्य नहीं मिल पाया। चन्दवरदायी के रासोकाव्य "पृथ्वीराजरासो" में भी पूर्व-मध्ययुगीन बस्तर के सन्दर्भ मिलते हैं। इनके अतिरिक्त मैंने श्रीविष्णुदेव रथ के "गंगवंशानुचरितचम्पू" तथा गंगाधर मिश्र के "कोसलानन्द महाकाव्यम्" नामक पाण्डुलिपियों की खोज की है। सत्रहवीं शताब्दी की इन दोनों रचनाओं में विवेच्य काल के बस्तर का चित्रण मिलता है।

इस प्रकार पूर्व-मध्ययुगीन बस्तर के इतिहास को लिखने के लिए स्रोतों की इतनी प्रचुरता है कि अब स्रोतों की कमी की शिकायत नहीं की जा सकती है। इसके विपरीत स्रोतों की इतनी प्रचुरता है कि इससे चयन और क्रमस्थापन और भी अधिक महत्वपूर्ण हो गये हैं। उनके चयन और अर्थ-निर्वचन की एक निश्चित प्रविधि होने पर विचाराधीन युग में बस्तर के सामाजिक-आर्थिक विकास के स्पष्टतः अनेक प्रमाणों को पेश करना सम्भव हो सका है।

यह पुस्तक बारह अध्यायों में विभाजित है। प्रथम अध्याय का मूल प्रतिपाद्य है कि गोंड जनजाति प्राचीन नागप्रजाति की वंशधर है। द्वितीय अध्याय में यह प्रमाणित किया गया है कि पश्चिमोत्तर के सिन्द-क्षेत्र के नागों (कालांतर में गोंड

नाम से अभिहित) का सर्वप्रथम ईसापूर्व 2000 में आगमन मध्यप्रदेश की कालीसिन्धु नदी के तट पर हुआ और यहीं से इसकी तीन शाखाएँ छोटानागपुर, बस्तर तथा कर्नाटक पहुँची। तदनुसार यहाँ इस प्रकल्पना का खण्डन है कि बस्तर में छिन्दकों का आगमन कर्नाटक के सिन्दवाड़ी-क्षेत्र से हुआ। स्थिति इसके विपरीत थी। तृतीय अध्याय के अन्तर्गत सिन्द या छिन्द की उत्पत्ति के सिद्धान्त को प्रस्तुत-किया गया है तथा चौथे अध्याय में कर्नाटक के सिन्दकों का बस्तर के छिन्दकों के साथ तुलनात्मक अध्ययन है। अंतिम आठ अध्यायों में चक्रकोट (बस्तर) के छिन्दकों के सामन्तवादी स्वरूप का चित्रण है। परिशिष्ट में स्रोतग्रन्थों की प्रस्तुति के साथ ग्रन्थ के अन्त में सन्दर्भ ग्रन्थों की सूची है।

1977 (लंका की खोज) तथा 1978 (प्राचीन बस्तर) में प्रकाशित मेरी दो रचनाओं में प्रागैतिहास काल से 920 ई० तकका बस्तर का इतिवृत्त क्रमबद्ध है। उसी योजना के अन्तर्गत यह तीसरी कड़ी है, जिसमें पहली बार बस्तर के इतिहास को क्रमिक अनुस्थापन में 1324 ई० तक प्रस्तुत किया गया है। इसी क्रम में अठारहवीं शती तक का इतिहास मेरी अंग्रेजी—कृति 'सर्वे ऑव ट्राइबल हिस्ट्री' में उपनिबद्ध है। तथा आधुनिक इतिहास (1774-1948) मेरी अन्य रचना 'ट्राइबल रिवोलूशन इन कालोनियल इण्डिया' में संनिबद्ध है। विश्वास है कि इससे आदिवासी जनता के इतिहास के एक नये अध्याय से हम परिचित होंगे और बस्तर के आदिवासी अपना नया इतिहास रचने के लिए प्रेरित होंगे।

5 फरवरी, 1987

हीरालाल शुक्ल
प्रोफेसर एवं अध्यक्ष संस्कृत, पाली,
प्राकृत एवं भाषा विज्ञान विभाग,
भोपाल विश्वविद्यालय
मध्यप्रदेश

संक्षेप-सूची

आई एच क्यू—इण्डिडन हिस्टॉरिकल क्वार्टर्ली
इपी० इण्डिका, इ आई—इपीग्राफिआ इण्डिका
इपी० कर्नाटिका—इपीग्राफिआ कर्नाटिका
एम ए एस/ए आर—आर्कियोलाजिकल सर्वे ऑव मैसूर/एन्युअल रिपोर्ट
ओ एच आर जे—ओड़िसा हिस्टॉरिकल रिसर्च जर्नल
जे आई एच—जर्नल ऑव इण्डियन हिस्ट्री
जे आर ए एस—जर्नल ऑव रोयल एशियाटिक सोसाइटी
जे ए एच आर एस—जर्नल ऑव आंध्र हिस्टॉरिकल रिसर्च सोसाइटी
जे एन एस आई / एन एस आई—जर्नल ऑव न्यूमिस्मेटिक सोसाइटी ऑव इण्डिया
जे ओ आर —जर्नल ऑफ ओरियण्टल रिसर्च
जे के एच आर एस—जर्नल ऑव कलिंग हिस्टॉरिकल रिसर्च सोसाइटी
जे बी ओ आर एस—जर्नल ऑव बिहार एण्ड ओड़िसा रिसर्च सोसाइटी
जे बी बी आर एस—जर्नल ऑव बाम्बे ब्रांच रिसर्च सोसाइटी
द्र० —द्रष्टव्य
सी आई आई—कार्पस इंस्क्रिप्शनम इण्डिकेरम

विषय-सूची

१

नागमिथकों से गोंड जनजाति के इतिहास की पुनर्रचना

भारतीय इतिहास में "नाग"-विषय अनेक दृष्टियों से मोहक रहा है। भारतीय इतिहास और संस्कृति का ऐसा कोई भी विद्यार्थी न होगा, जिसने नागों के सम्बन्ध में कुछ न सुना हो या देश के प्राचीन इतिहास, धर्म व संस्कृति से उनके साहचर्य को न समझा हो। किन्तु यह विषय जितना मोहक है, उतना ही कठिन भी। यही कारण है कि फर्ग्यूसन, ओल्डेनबर्ग, कर्न, हापकिन्स, विण्टरनित्स, प्राजिलस्की, मोनियर विलियम्स तथा के० पी० जायसवाल प्रभृति प्राच्यविद्याविशारद इसके विविध पक्षों पर सम्मोहित रहे हैं।

संस्कृत-शब्द "नाग" का अर्थ है "सर्प"। परवर्ती वैदिक साहित्य में नागों को अर्द्ध देवयोनि के रूप में कल्पित किया गया है, जिनका अर्द्धांश मानवीय तथा अर्द्धांश सर्पीय था। वे इसी प्रकार के अन्य वर्ग यथा; किन्नर, गंधर्व, यक्ष आदि में परिगणित हैं। ऐसा कहा जाता है कि ये अतुल सम्पत्ति के स्वामी थे एवं विलासमय भव्य प्रासादों में निवास करते थे। पाताल लोक की नाग-कन्यायें भी अपने अनिंद्य सौन्दर्य के लिए प्रसिद्ध रही हैं। ऐसा भी वर्णन मिलता है कि स्वर्ग में निवास करने वाले ये नाग देवगण थे। इन विवरणों के अतिरिक्त हमें ऐसा भी उल्लेख मिलता है कि देश के विविध भागों में निवास करने वाले नाग मानव विशेष थे। प्रजाति वर्ग के थे।

"नाग" शब्द का एक अन्य अर्थ "गज" भी है, किन्तु जिस रूप में उपर्युक्त निर्वचन प्रचलित है, प्रस्तुत व्युत्पत्ति उस परिधि में नहीं आ पाती। निर्वचन की दृष्टि से "नाग" शब्द को "नग" (पर्वत) से व्युत्पन्न माना जा सकता है। तदनुसार कहा जा सकता है कि चूँकि प्राचीन जनजातियाँ पर्वतों की कन्दराओं और गुफाओं में निवास करती थीं, अतएव इस नाम से पुकारी जाने लगीं। यह ध्यातव्य है कि भारतवर्ष की मुण्डा, द्रविड़, आर्य तथा तिब्बती—बर्मी परिवार की भाषाओं में केवल द्रविड़ परिवार के वंशज अपने को "पर्वतीय जन" नाम से सम्बोधित करते थे और इस परिवार की ब्राहुई, कुइ, कुवि, कोण्डा, गोण्डी आदि सभी का व्युत्पत्तिगत समान अर्थ है—"पर्वतीय जन" अथवा पर्वतारोही। इस प्रकार नागों के द्रविड़ मूल के प्रति कोई विवाद नहीं हो सकता। अन्तर केवल इतना है कि "नाग" संस्कृत से व्युत्पन्न है, जबकि गोंड या कोया का द्रविड़-निर्वचन है। तमिल में "**को**" का अर्थ पर्वत है। तदनुसार संस्कृत-साहित्य में जिन्हें **नाग** कहा गया, तमिल-साहित्य में वे "**कोया**" नाम से अभिहित हुए। मध्यप्रदेश के गोंड आज भी अपने को "कोयतूर" कहते हैं—पर्वतवासी। गोंड शब्द तमिल "कोया" का अपभ्रंश है।

"नाग" शब्द की इस अभिनव व्युत्पत्ति को प्रस्तुत करते हुए यह कहा जा सकता है कि प्राचीनकाल से ही ये किसी-न-किसी प्रकार सर्प से सम्बद्ध रहे हैं और मिथ्या व्युत्पत्ति के कारण कालान्तर में ये सर्प ही समझे जाने लगे। ऐसा प्रतीत होता है कि ये प्रतीकपूजक या टोटेमवादी लोग थे तथा नाग (सर्प या फणि) उनका गणचिन्ह या टोटेम था। बस्तर के नागनृपति "**फणिध्वज**" ही धारण करते थे। मध्य क्षेत्र की जनजातियाँ आज भी आदिम प्रतीकपूजक समुदाय हैं तथा बहुसंख्यक गोंड नाग-गोत्र वाले हैं।

महाभारत व पुराणों के विवरण से यह ज्ञात होता है कि भारत के प्राचीन नौ विभागों में से एक नाग-लोक भी था, जो देश के पश्चिमी क्षेत्र में अवस्थित था। विरूपाक्ष नामक नागदेव उस नागलोक का अधिपति था। ऐसा भी उल्लेख मिलता है कि नागों से गरुड़ को मुक्ति दिलाने वाला जीमूतवाहन मलय पर्वत में निवास करता था तथा उसने शंखचूड के बदले अपने को नागों के खाने के लिए प्रस्तुत किया था (कथासरित्सागर 22 : 16-53)। रामायण में यह उल्लेख (अरण्यकाण्ड 32) मिलता है कि रावण ने रसातल-स्थित नागों की राजधानी भोगवती पर अधिकार कर लिया था। प्राचीन साहित्य में नागों से सम्बद्ध ऐसे असंख्य सन्दर्भ मिलते हैं।

1·1 नागलोक : अर्थात गोंडवाना

"नाग" शब्द की मिथकीय व्युत्पत्ति के कारण कालान्तर में पन्नग, सर्प, उरग, भुजंग, एवं अहि-प्रभृति नए-नए शब्द उसके समानार्थक माने जाने लगे। नागों का आवास पृथ्वी के गर्भ में "नागलोक" था, जिसे "अपर्यन्त" तथा "अनेकविधप्रासादहर्म्यवल" कहा गया है। इसे "पाताल", "रसातल" या "निरय" नामों से भी उसी मिथक के कारण सम्बोधित किया जाने लगा। पाताल की राजधानी "भोगवती" थी। सम्भवतः भोगप्रधान (भौतिकवादी) होने या शाश्वत आनन्ददायी होने के कारण इसका ऐसा नाम पड़ गया। मिथकीय कहानियों से यह अनुमान होता है कि पाताल गोदावरी तक का क्षेत्र था, जिससे समुद्र लगा हुआ था। पाताल के इस विवरण से नर्मदा तथा गोदावरी के मध्य का क्षेत्र "नागलोक" प्रतीत होता है, जिसे मुसलमान इतिहासकारों ने "गोंडवाना" कहा है। तदनुसार नर्मदा और गोदावरी के मध्यक्षेत्र में नाग सर्वप्रथम ईसापूर्व 2000 में सिन्धुतट से आए और यहीं से पूरे भारत में फैले (आन्द्रोनोव : 1980 : 17-20)। इस क्षेत्र से मिले नाग प्रजाति के पुष्कल अभिलेखों (50 से भी अधिक) से यह बात सिद्ध होती है। गरुड़ से नागों को मुक्ति दिलाने वाला जीमूतवाहन इसी अंचल के मलय-क्षेत्र में निवास करता था (शुक्ल : 1977 : 37)। इसी क्षेत्र में गोकर्ण स्थान पर शंखचूड़ के बदले उसने अपना बलिदान चाहा था (तदेव 230)। रामायण से भी हमें यही ज्ञात होता है कि रसातल समुद्र से संलग्न था। रामायण (अरण्यकाण्ड 32 : 13-14) के ही एक अन्य सन्दर्भ से ज्ञात होता है कि भोगवती अगस्त्य-आश्रम के निकट अवस्थित थी। अगस्त्य का आश्रम बस्तर के दक्षिण में भद्राचलम तालुक में था (शुक्ल : 1977 : 284-9)। यहीं पर वासुकि का आवास था। महाभारत (उद्योगपर्व, अध्याय-19) के अनुसार भोगवती दक्षिणापथ में थी तथा यहाँ के शासक वासुकि, तक्षक तथा ऐरावत थे। भोगवती का उल्लेख एक नदी के रूप में भी हुआ है, जिसे बस्तर की इन्द्रावती माना जा सकता है। इस प्रकार भोगवती भोग (आनन्द) की नगरी भी थी और एक सलिल (भोग का अर्थ फण भी है) नदी भी। यदि इसे एक नदी के रूप में मान लिया जाता है तो इसके मिथक इतिहास से जुड़ जाते हैं।

पौराणिक सन्दर्भों से भी यही ज्ञात होता है कि मध्यप्रदेश नागलोक था। एस० एम० अली (1965 : 129-30) की भी यही मान्यता है —

"The Nagas or serpent worshippers figure in semi-mythical way in the early epic traditions. In thepre-historic times, they are mentioned as people, associated with various mountaneous regions of Serpent kings like Vāsuki, Karkōṭaka, Ananta, Shēsha, Shankhachūa, Puṇḍarīka and Takshaka. Their daughters were married to epic heroes like Arjuna and Kusha? Naga colonies and Kingdoms, therefore, extended all over the mountaneous belt between Narmada and Godawari along the Vindhya and Satpura up to the Chhota Nagpur."

1.2. पाताल

महाभारत में ऐसे अनेक क्षेत्रों का वर्णन है, जहाँ नागों की ही जनसंख्या निवास करती थी। उनमें से एक पाताल-लोक है, जिसका उद्योगपर्व (97-101) में विस्तृत वर्णन मिलता है। महाभारत के "मातलिवरान्वेषण" (5.97) तथा पुराणों के पाताल खण्ड से भी यही ज्ञात होता है कि पाताल कोई स्वप्निल लोक न था, अपितु नागप्रजाति का आश्रय था। पाताल रसातल (जलमयवृष्टि-क्षेत्र) का ही एक उपविभाग था। महाभारत (5.100) में वरुणालय रसातल का विवरण मिलता है, किन्तु वह इतना मिथकपूर्ण है कि उससे ऐतिहासिक सन्दर्भों की खोज कठिन है। इस दृष्टि से वाल्मीकि-रामायण अत्यधिक सहायक है। रामायण के उत्तरकाण्ड (अध्याय 9) में यह इतिवृत्त प्रस्तुत किया गया है कि पहले लंका पर सुमालि नामक राक्षस (रावण के मामा) के पूर्वजों का अधिकार था, किन्तु विष्णु के भय से उसे लंका छोड़ना पड़ा तथा उसने रसातल को अपना निवास बनाया।

रामायण के ही विवरण से यह ज्ञात होता है कि लंका तथा रसातल की दूरी अधिक नहीं थी; क्योंकि सुमालि को अनेकशः रसातल या पाताल से जाते हुए बताया गया है। इसके अतिरिक्त यह भी संकेत मिलता है कि रसातल की अवस्थिति लंका के उत्तर में रही होगी; क्योंकि लंका से कैलाश जाते समय यह मार्ग में पड़ता था। मेरे द्वारा "लंका की खोज" (1977) के साक्ष्य पर पाताल-लोक प्राचीन गोंडवाना का ही उपलक्षक सिद्ध होता है।

पाताल को वामनपुराण (39 : 135) में सप्तगोदावर-तीर्थ में अवस्थित माना गया है—

> "पर्जन्यं तत्र चामंत्र्य प्रेषयित्वा महाश्रमे।
> सप्तगोदावरे तीर्थे पातालमगमत् कपिः॥"

और इस आधार पर भी वह गोंडवाना-क्षेत्र की प्रतीति कराता है।

1.3. भोगवती

नागों की राजधानी भोगवतीपुरी का वर्णन रामायण में अनेकशः हुआ है। वाल्मीकि के अनुसार भोगवती पर नागाधिराज वासुकि का अधिकार था तथा रावण ने इस नगरी में प्रवेश करके युद्ध में नागों को पराजित किया था व इसे अपने अधिकार में कर लिया था (रामायण 3.32.13; 6.7.4; 7.23.5)। कुंजर पर्वत पर स्थित यह पुरी दुर्जय मानी जाती थी। इसकी सड़कें बहुत बड़ी व विस्तृत थीं। यह सब ओर से सुरक्षित थी तथा तीखे दाढ़ों वाले महाविषैले सर्प इसकी रक्षा करते थे (4.41 : 36-38) यहाँ केवल नागों का ही निवास था (5.35)। इस नगरी में सीता की खोज के लिए सुग्रीव ने अंगद को विशेष रूप से भेजा था (4.41.38)।

महाभारत तथा पुराणों में अनेकशः नागों की पुरी को भोगवती के नाम से सम्बोधित किया गया है। बौद्ध-ग्रन्थों में इसे "हिरण्यमयी नगरी" के रूप में स्वीकृत किया गया है, किन्तु विवरणों से उसकी सही स्थिति का अनुमान नहीं हो पाता है। विगत विवरण (1.1) में अगस्त्य के आश्रम के निकट भोगवती की अवस्थिति और इन्द्रावती से उसके सादृश्य के कारण भोगवती दक्षिण बस्तर के "**भोगाम**" का ही उपलक्षक हो सकती है। बस्तर से प्राप्त छिन्दक नागों के अभिलेखों में इसका अनेकशः विवरण आया है—

"नागवंशोद्भवभोगवतीपुरवरेश्वर"

(मधुरान्तकदेव का राजपुरताम्रपत्र, इपी० इण्डिका, 9 : 174; धारणमहादेवी का कुरुषपाल अभिलेख, तदेव 9 : 163; गुण्ड महादेवी का नारायनपाल अभिलेख, तदेव 9 : 311; सोमेश्वरदेव का कुरुषंपाल अभिलेख 10 : 25; जयसिंहदेव का सोनारपाल अभिलेख, तदेव 35)

1.4. पौराणिक नाग प्रजाति : आदिम साम्यसंघ की संरचना

राक्षस प्रजाति ने आरम्भ से ही आश्रम-संस्कृति के विरोध की प्रवृत्ति बना ली थी तथा आर्य राक्षसों से अत्यधिक भयभीत थे। किन्तु नागों का आर्यों से कोई विद्वेष न था। रामायण (7.40.7) के विवरण से ज्ञात होता है कि सुग्रीव को बिदा करते हुए राम ने शंखचूड़ नामक नाग पर प्रेमपूर्ण दृष्टि रखने को कहा था।

इससे यह प्रतीत होता है कि रामायण-युग में नाग गोंडवाना-क्षेत्र में निवास करने वाली एक शान्तिप्रिय प्रजाति थी। आर्यों ने जब दण्डकारण्य में अपनी बस्तियाँ बसानी प्रारम्भ की, तब प्रारम्भ में नाग उदासीन ही बने

रहे। हनुमान द्वारा समुद्रलंघन (गोदावरी को पार करने) की घटना को नागों ने प्रत्यक्ष देखा था—

"नागकन्याः वरारोहाः पूर्णचन्द्रनिभाननाः" (5.12.21)।

नागों की स्त्रियाँ अपनी सुन्दरता के लिए प्रसिद्ध थीं। रावण ने अनेक नाग कन्याओं का अपहरण कर उन्हें अपने प्रासाद में रख लिया था—

प्रमथ्य राक्षसेन्द्रेण नागकन्याः बलाद्धृताः (5.12.12)।

इतना ही नहीं, तक्षक जैसे प्रतापी नागराज को भी उसने पराजित करके बलपूर्वक उसकी पत्नी पर अधिकार कर लिया था (3.23.14) इससे यह प्रतीत होता है कि इस युग में नागों तथा राक्षसों के मध्य परस्पर विवाह सम्बन्ध होने तो लगे थे, किन्तु वे बलात् विवाह थे। ऐसी स्थिति में आर्यों का यह उत्तरदायित्व था कि नागप्रजाति पर राक्षसी अत्याचारों को न होने दें।

आश्रम-संस्कृति के दक्षिणापथ में प्रसार के कारण इस क्षेत्र में आर्यों का आगमन अधिक होने लगा। अब इन नवागन्तुकों को अधिक भूमि की आवश्यकता थी। ऐसी स्थिति में इन्होंने आग लगा कर वनों को साफ करना प्रारम्भ कर दिया। इस प्रक्रिया से गोंडवाना के वनों में रहने वाली नाग-प्रजाति सर्वाधिक प्रभावित हुई। आगे चलकर महाभारत-युग में नागों में आर्यों के प्रतिरोध की भावना आयी। महाभारत में आर्यों तथा नागों के विरोध की कहानी विस्तार से वर्णित है।

नागजन आदिम साम्य-संघ के पोषक थे, यद्यपि नागसमाज में भी सम्पत्ति के स्वामित्व पर आधारित अन्तर पैदा हो गया था। भोगवती-जैसी विलासमय नगरियों के साथ-साथ आबादी की अत्यधिक निर्धन बस्तियाँ भी थीं। नाग लोग गणों में रहा करते थे, जिनमें सभी कबीले थे। इन गणों के लोग पहाड़ों में रहते थे। ग्राम का अपना प्रशासनतंत्र था। धीरे-धीरे सम्पत्ति तथा सामाजिक स्थिति पर आधारित असमानता की जड़ें जमाने के साथ-साथ गण-समूह स्तरित हो गये और गण-प्रशासन के निकाय राजसत्ता के निकायों में परिणत हो गए। नागों के धार्मिक विचार आदिम सामाजिक सम्बन्धों को प्रतिबिम्बित करने वाले अत्यन्त पुरातन विश्वास हैं। नागजन विभिन्न प्राकृतिक घटनाओं को और अपने देवी-देवताओं को भी मानव गुणावगुणों से आभूषित करते थे। प्राकृतिक शक्तियों के देवत्वारोपण ने अधिकतर मानवत्वारोपण का रूप ले लिया, जिसके फलस्वरूप देवताओं के वर्णन में किसी हद तक समन्वय आ गया है। जादू-टोने और मंत्रों पर इनका विश्वास अधिक था।

15. नागों की उत्तराधिकारी : आधुनिक गोंड जनजाति

इस अध्याय की भूमिका में यह कहा गया है कि मिथकीय नागप्रजाति ही आधुनिक गोंड-जनजाति की पूर्वज है। यहाँ इस मत के समर्थन में कतिपय साक्ष्य प्रस्तुत हैं: -

(क) आज इस सम्बन्ध में विद्वान एक मत हैं कि नाग द्रविड़ प्रजाति के ही लोग थे (फर्ग्यूसन : 1873:7)। गोंड भी द्रविड़ परिवार के गोंडवाना-वर्ग से सम्बद्ध हैं।

(ख) बस्तर के माड़िया-क्षेत्र से नागों के 31 अभिलेख तथा 800 स्वर्ण-मुद्राएँ मिली हैं तथा अभिलेखों की भाषा तमिल व संस्कृत है। अभिलेखों के सभी नृपति अपने को पौराणिक नागों से सम्बद्ध करते हैं। बस्तर के बारसूर ग्राम के नेगी आज भी अपने को नागवंशी राजाओं के कामदार के वंशज मानते हैं तथा ये आदिवासी हैं (लाल कालीन्द्रसिंह : बस्तर राजवंशावली, अप्रकाशित 1908)।

(ग) उत्तर मध्ययुगीन (बस्तर के नागों के पश्चात्) नागों की एक शाखा कवर्धा (राजनांदगांव जिला) के नागवंशी राजाओं की है। यहाँ से प्राप्त 1349 ई. के मडुवा-महल-शिलालेख में नागवंश की उत्पत्ति इस प्रकार मिलती है—"अहिराज नागों का प्रथम राजा था। उसके पश्चात् क्रमशः राजल्ल, धरणीधर, महिमदेव, सर्वदमन, गोपालदेव, नलदेव तथा भुवनपाल हुए। भुवनपाल के पश्चात् उसका पुत्र कीर्तिपाल राजसिंहासन पर बैठा, पर उसके कोई सन्तान न होने के कारण उसका भाई जयत्रपाल राजा हुआ। जयत्रपाल के बाद क्रमशः महिपाल, विषमपाल, जनपाल, यशोराज, कन्हरदेव तथा लक्ष्मीवर्मा ने राज्य किया। लक्ष्मीवर्मा के दो पुत्र थे, जिसमें ज्येष्ठ खड्गदेव राजसिंहासन पर बैठा और उसकी परम्परा में क्रमशः भुवनैकमल्ल, अर्जुन, भीम और भोज नामक नरेश हुए; किन्तु भोज के बाद लक्ष्मीवर्मा के पुत्र चन्दन का प्रपौत्र लक्ष्मण राजा हुआ, जिसका बेटा 1349 ई० में प्रशस्ति का नायक रामचंद्र था व उसके पुत्र का नाम अर्जुन था।" आज भी कवर्धा के गोंड राजा (लाल प्रद्युम्नसिंह : 1926) नागों को अपना पूर्वज मानते हैं। ऐसी स्थिति में नाग ही कालान्तर में समानार्थक नाम "गोंड" से अभिहित हुए।

(घ) मध्यप्रदेश के जनगणना—प्रतिवेदनों (1961) में नागवंशी जनजाति का उल्लेख मिलता है और इसे गोंडों की ही एक उपशाखा माना जाता है। यह नागवंशी जनजाति बस्तर, छिन्दवाड़ा, सिवनी, मण्डला, रायगढ़, सरगुजा, बालाघाट, बैतूल, बिलासपुर, दुर्ग, जबलपुर, होशंगाबाद, निमाड़, नरसिंहपुर तथा रायपुर जिलों (प्राचीन नागलोग, मध्ययुगीन गोंडवाना क्षेत्र)

में निवास करती है। बुचनान (1934 : 461) ने इस जनजाति की मिथकीय उत्पत्ति की कथा को इस प्रकार प्रस्तुत किया है—

"Those who claim descent from the Snake, account in this way for being called Nagbanshi, they say a child of Tiloka chanda (a King) was in habit of feeding daily with milk of a serpent which he found in a wood. After sometime the serpent was highly pleased and told the child to call his descendents—Nagbanshi, and that he would make him a great Raja, which accordingly happened."

इस दन्तकथा को क्रुक (1896 : 10) ने उद्धृत किया है। यह दन्तकथा तृतीय अध्याय में प्रस्तुत सिन्दों या छिन्दों (नागशाखा) की उत्पत्ति से मिलती-जुलती है। अतएव उत्पत्ति-सिद्धान्त की दृष्टि से भी गोंड नागों के वंशज प्रतीत होते हैं।

(ड.) नाग किस प्रकार गोंड बन गए ? इस सवाल को वार्ड (1868 : 129) ने मण्डला के गोंडों की अनुश्रुति के विवेचन के प्रसंग में सुलझाया है—

"They are said to be of much later origin, and descended from Raja Kirn, a brother of Duryodhana, King of Delhi. In this way Raja Kirn, when visiting the Panchamuree Hills, went to bathe in a tank, sacred to the Nag, whose daughters during the day used to take the form of a beautiful woman, Kirn fell in love with her and the result of their connection was a son, to whom the name of Bhooa Rao was given, her father, the Nag, as a punishment for his daughter's illicit love in the day time, ordered that her progeny should be called Nagavanshis until the end of the time, or the off-spring of the Snake: and that instead of being of the same caste as the father, they should be called Gonds and wanderers over the face of the earth. So, the progeny of this Bhooa Rao became the Nagbansee sect of the Gonds.—This Bhooa Rao is said to have been thirty generations prior to the last Gond King, Dharo-Shah, whose reign terminated in Samvat 415 or A.D. 353."

कर्ण की यह कथा बस्तर के 'गढ़ धनोरा' के ध्वंसावशेषों में भी मिलती है, जिसके अनुसार वह दुर्योधन का भाई न होकर एक दानी गोंड राजा था,

जिसने अपने पुत्र की बलि दी थी व उसके स्मारक आज भी वहाँ राजप्रासाद तथा मन्दिरों के रूप में हैं। गढ़धनोरा के आदिवासी पुजारी कारेंया पटेल के अनुसार कर्ण गोंडों का प्रमुख राजा था। बस्तर में आज भी समय के विभाजन का एक प्रकार 'राजाकरनबेरा' है। गढ़धनोरा केशकाल से चार मील दूर है। इस विवरण से स्पष्ट है कि नर्मदाघाटी के गोंड अपने को नागों का वंशज मानते हैं। उल्लिखित तिथि से ही मध्यप्रदेश में नागों के सिक्के मिलने लगते हैं (द्र० द्वादश अध्याय)।

(च) रसेल तथा हीरालाल (1916) ने नागवंशी गोंडों की उत्पत्ति की जो कथा दी है, वह यद्यपि पूर्ववर्ती कथा से भिन्न है, किन्तु इस कथा से भी नाग गोंडों के पूर्वज प्रतीत होते हैं—

"The Nagvanshi Rajas of Chhota Nagpur say that their original ancestor was a Snake god who assumed human form and married a Brahman's daughter. But like lohengrin the condition of his remaining a man was that he should not disclose his origin, and when he was finally brought to satisfy the incessant curiosity of his wife, he reverted to his first shape, and she burnt herself from remorse. Their child was found by some wood-cutter lying in the forest beneath a cobra's extended head and was brought up in their family. He subsequently became King, and his seven elder brothers attended him as bearers when he rode abroad. In memory of their progenitor the Nagvanshi Rajas bear a turban folded to resemble the coils of a Snake with a projection over to brow for its head."

सिन्दकों के अभिलेखों में उनके पूर्वपुरुष की उत्पति की यही कथा मिलती है (द्र. तृतीय अध्याय) एवं सिन्दकों तथा बस्तर के छिन्दकों दोनों के मुकुट में फणिध्वज या फणिपताका के अभिलेखीय सन्दर्भ मिलते हैं।

(छ) डाल्टन (1872 : 131) के अनुसार नागवंशी जयपुर, उदयपुर तथा सरगुजा के क्षेत्र में कई पीढ़ियों से रह रहे हैं और वे अपने को छोटा नागपुर के राजा का वंशज मानते हैं। डाल्टन (तदेव) के अनुसार छोटा नागपुर तथा कालाहंडी के राजवंश एक ही शाखा के हैं। कालाहंडी का राजवंश आज भी अपने को नागवंश का मानता है, जबकि छोटा नागपुर के वे ही नाग आज अपने को गोंड कहते हैं। इससे भी गोंडों की नागमूलक प्रकल्पना सही लगती है।

(ज) गोंडी लोकगीतों में आज भी यह मान्यता है कि गोंड नागवंशी राजाओं के वंशज हैं: —

"नागपुर जन्मे नागवंशी राजा
खैरपुर जन्में खैरवार ।
बढ़ई से छौले खैरा के डंडा
लुहरा से भुनकी ढुकाय ॥"

(झ) नागों की सिन्दक शाखा (द्र. चतुर्थ अध्याय) के अभिलेखों में मूल पुरूष के विवेचन के प्रसंग में कहीं शिव और सिन्धु नदी के समागम (इपी० कर्नाटिका 7 : 20) से तो कहीं सिन्धु नदी के तट पर (इपी० इण्डिका 3 : 230) पैदा होने के कारण सिन्द नामक मूल पुरुष की चर्चा है और गांगुली (1965 : 215) यह मानते हैं कि यह प्रसिद्ध सिन्धु नदी ही रही होगी। नागों को द्रविड़ प्रजाति का मानने तथा सिन्धु प्रदेश को उनका मूल स्थान मानने के लिए हमारे पास भाषा-वैज्ञानिक साक्ष्य भी हैं। आधुनिक द्रविड़ों के पूर्वज इसी सिन्धु प्रदेशों में निवास करते रहे होंगे, जो आज पाकिस्तान के बिलोचिस्तान क्षेत्र का वाचक है और जहाँ द्रविड़-परिवार की उतरी शाखा ब्राहुई (कलात क्षेत्र, हरिपुर क्षेत्र, क्वेटा क्षेत्र, हैदराबाद क्षेत्र तथा कराची क्षेत्र) आज भी 3,66,000 लोगों द्वारा बोली जाती है। प्रारम्भिक स्थिति में आधुनिक द्रविड़ों तथा ब्राहुई-वक्ताओं के पूर्वज मिल-जुलकर सिन्धु-क्षेत्र में ही रहते रहे होंगे। कालान्तर में आव्रजन के उस ऐतिहासिक युग में सर्वप्रथम ब्राहुई-भाषियों ने ही प्राक्-द्रविड़ से अपने को अलग किया होगा। द्रविड़ों का सिन्धु नदी के तट से भारत आने का सिलसिला ईसापूर्व चौथी-तीसरी सहस्त्राब्दी में हुआ होगा। भारत में द्रविड़ जनजातियाँ जैसे-जैसे दक्षिण की ओर बढ़ीं, ईसापूर्व तीसरी सहस्त्राब्दी में कुडुख (ओराँव) व माल्तो प्रमुख धारा से जुदा हो गयीं। गोंडी तथा केन्द्रीय द्रविड़ शाखा ईसापूर्व तीसरी सहस्त्राब्दी के मध्य में पृथक् हुई होंगी (आन्द्रोनोव 1980 : 17-18)। इस सन्दर्भ से गोंडी तथा मध्य-द्रविड़ परजी के वक्ताओं का सिन्धु नदी के तट से मध्यप्रदेश में आने की तिथि ईसापूर्व 2500 वर्ष माननी होगी। उस युग में गोंडों को नाग नाम से ही सम्बोधित किया जाता था। **गोंड** नाम का सर्वप्रथम प्रयोग गोस्वामी तुलसीदास ने गीतावली (गोंड गँवार तुरुक्कन राजा) में किया था, जो नाग का पर्याय था। इस प्रकार प्राचीन तथा पूर्व मध्ययुगीन नाग अर्थात उत्तर मध्ययुगीन तथा आधुनिक गोंडों का आज से 4500 वर्षों पहले मध्यप्रदेश में सिन्धु नदी के तट से आगमन हुआ था।

मध्यप्रदेश में प्राचीन नागों (आधुनिक गोंडों के पूर्वज) की सर्वप्रथम बस्तियाँ ग्वालियर के काली सिन्ध नदी के तट पर बननी शुरू हुईं। काली सिन्धु नदी के तट पर बसी हुई पद्मावती उस युग में नागों की सांस्कृतिक

राजधानी थी। यहीं से अनेक नाग-मुद्राएँ प्राप्त हुई हैं (जे.एन.एस.आई., 21)। भवभूति के मालतीमाधव में कहा गया है कि पद्मावती, सिन्धु नदी के तट पर अवस्थित थी। आज नदी को कालीसिन्द कहा जाता है और आज भी "पदुमपवाया" (प्राचीन पद्मावती) इसी नदी के तट पर बसा हुआ है। ऐसी स्थिति में यह सुनिश्चित होता है कि पद्मावती ही भारत में नागों के आव्रजन का मूल केन्द्र थी और यहीं से नागों की विविध शाखाएँ विविध दिशाओं में फैली थीं।

२

मध्य प्रदेश के इतिहास में नाग

भारतीय इतिहास पर समय-समय पर अन्वेषण करने वाले विद्वानों का यह अनुभव है कि नागों का यहाँ के धर्म व भूगोल तथा विविध राजवंशों के साथ अविच्छिन्न-सम्बन्ध रहा है। चूंकि इस सम्बन्ध में प्राप्त होने वाले साक्ष्य, अभिलेखों या साहित्य-ग्रन्थों से मिले हैं, इसलिए जब तक मौद्रिक या स्वतन्त्र शिलालेखीय सामग्री नहीं मिली, लोंगों ने ऐसे साक्ष्यों की उपेक्षा की। इस विषय पर विस्तृत विवेचन करने वाले फर्ग्यूसन (1873) के एक मात्र ग्रन्थ में भी यही उपेक्षा मिलती है। उनके ग्रन्थ **"ट्री एण्ड सर्पेण्ट वर्शिप इन एंशिएण्ट इण्डिया"** में नागों के धार्मिक पहलुओं पर विचार तो हुआ है, किन्तु राजनीतिक महत्व के प्रश्न छूट गए हैं। कालान्तर में के० पी० जायसवाल का नागों का राजनीतिक इतिहास भी सन्तोषप्रद नहीं रहा। नागों पर जैसे-जैसे नए तथ्य प्रकाश में आते जा रहे हैं, उन पर नये सिरे से पुनर्विचार करना आवश्यक होता जा रहा है।

भारतीय इतिहास के विद्यार्थी नागों के देवयोनित्व तथा प्रजातीय रक्त-मिश्रण से परिचित हैं। ये नाग उसी क्षेत्र में पूर्व-मध्ययुग तक व्याप्त थे, जिस क्षेत्र (गोंडवाना) पर आज गोंडों का प्रसार मिलता है। इस क्षेत्र के प्रायः सभी राजवंशों में नागरक्त का मिश्रण मिलता है। कतिपय विचित्र नाग-अभिधान; यथा नागदत्त, नागाम्बिका, नागभट्ट, नागराज, नागनिक, नागल, नाग अथवा नागी मध्यप्रदेश के विविध राजवंशों की तालिकाओं में

मिलते हैं। साँची, भरहुत तथा अमरावती के शिलालेखों में "नाग"—नामधारी अनेक व्यक्तियों की चर्चा है। सातवाहन तथा गुप्त राजाओं ने नाग-अधिकारियों की नियुक्ति की थी। नागखण्ड, नागपुर, छोटा नागपुर, नागोद, नागवाड़ी जैसे अनेक नाम गोंडवाना के स्थलनाम हैं। सबसे अधिक रुचिकर तथ्य है विविध राजकीय वंशावलियों का "नाग" जनजाति से साहचर्य। कदम्बनृपति कृष्णवर्म्मा प्रथम के देवगिरि—अभिलेख में कदम्बकुल की उत्पत्ति नागों (इण्डियन एण्टीक्वेरी 7 : 34) से मानी गयी है। वाकाटक-नरेश प्रवरसेन के पुत्र गौतमीपुत्र का विवाह भारशिव-नृपति भावनाग की दुहिता से हुआ था। उड़ीसा के भौमकर-राजा शान्तिकर (921 ई०) ने नागवंश की त्रिभुवन महादेवी से विवाह किया था (जे०बी०ओ०आर०एस०, 16·777)।

2·1. नागों के उत्कर्ष का प्रथम चरण (पहली शताब्दी से लेकर चौथी शताब्दी तक

वैवाहिक सम्बन्धों में नाग जनजाति से जुड़ने वाले राजवंशों के अतिरिक्त हमें ऐसे विविध शासकों का भी ज्ञान होता है, जिन्होंने नागप्रतीकों का प्रयोग किया था। ईसा की प्रथम पाँच शताब्दियों तक शासन करने वाले मालवगण का प्रतीक "नाग" था।

ईसा की प्रथम शताब्दी से लेकर चौथी शताब्दी तक गोदावरी-क्षेत्र पर नागों का प्रभाव था। टालेमी ने स्पष्टतः यहाँ पर नागों की प्रभविष्णुता देखी थी और यही कारण है कि दक्षिण के राजवंशों की दृष्टि सदैव नागों पर रहती थी तथा वैवाहिक सम्बन्धों आदि से वे नागों के साथ मैत्री रखना चाहते थे। सातवाहन और उनके उत्तराधिकारियों की धमनियों में नागरक्त प्रवाहित होता था। शालिवाहन ब्राह्मण तथा नाग-रक्त से ही पैदा हुआ था (पी०एच०ए०आई० पृष्ठ—280)। सातवाहन-शासन के अन्त तक नाग बहुत अधिक शक्तिशाली हो गये थे। इसका प्रमाण इस उदाहरण से मिलता है कि उनका एक माण्डलिक स्कन्दनाग, सातवाहनों के अन्तिम शासक पुलमावि के काल में बेल्लारी का शासक था। उरगपुर राजधानी इसी बात की प्रतीक है कि नागों का इस समय इस क्षेत्र पर आधिपत्य हो चुका था।

सातवाहन-काल में नागों को "चुटू" भी कहा जाता था (इपी० इण्डिका 10 : 1195) और ऐसा लगता है कि सातवाहन-काल में गोदावरीतट से नाग "चुटिया नागपुर" गये होंगे। ये नाग उस समय सातवाहनों के माण्डलिक थे और सातवाहनों के पतन के पश्चात स्वतन्त्र हो गये होंगे। कालाहण्डी का नागघराना "चुटिया नागपुर" (छोटा नागपुर) से ही अपनी वंश-परम्परा मानता है।

बघेलखण्ड का भरहुत कभी इन्हीं नागों का गढ़ था। इसमें भारशिव नाग की विशेष चर्चा है। कालान्तर में बघेलखण्ड के नाग बौद्ध धर्म में दीक्षित हो गये थे।

नागों का प्रसार मालवा क्षेत्र में भी देखने को मिलता है। नागों के ही अनुरोध पर हैहयवंश के मान्धाता ने मौनेय गन्धर्वों का विनाश किया था; क्योंकि गन्धर्वों ने इससे पूर्व नागों से शासन-सूत्र छीन लिया था; किन्तु घटना ने पुनः मोड़ लिया एवं हैहयों ने नर्मदा-क्षेत्र पर राज्य करने वाले कर्कोटक नाग को उखाड़ फेंका एवं नागों से माहिष्मती को छीन लिया (पार्जीटर 262, 266, 268, 269) था। हरिवंशपुराण के अनुसार नाग-ललनाओं से यदु के चार पुत्र उत्पन्न हुए, जिनमें से दो का शासन मध्यप्रदेश में था—प्रथम माहिष्मती (नर्मदा क्षेत्र) का शासक था और द्वितीय रतनपुर (छत्तीसगढ़) का शासक।

कुशाण-शक्ति के क्षीण हो जाने पर मध्यप्रदेश में नागों के अभ्युदय के अभिलेखीय प्रमाण मिलते हैं। तीसरी और चौथी शताब्दियों में विदिशा और पद्मावती में नागों की दो शाखाएँ शासन कर रही थीं (जे०आर०ए० एस० 1905 : 233)। विदिशा के शक्तिशाली नागराजाओं में चन्द्रांश-शाखा के शेष, भोग तथा सदाचन्द्र का नाम आता है। इनमें से तीसरे राजा को नखवत या नहपण भी कहा गया है। वाकाटकों के उत्थान के साथ ये भी निस्तेज हो गए। पुराणों से ही ज्ञात होता है कि नाग-राजा पद्मावती में भी शासन कर रहे थे। कतिपय वाकाटक-अभिलेखों में महाराजा भावनाग की चर्चा है। वह रुद्रसेन प्रथम का नाना था। उसका पोता चन्द्रगुप्त द्वितीय (380-414 ई०) का समकालीन था। इस स्थिति में भावनाग को गुप्त-साम्राज्य के अभ्युदय से पूर्व का माना जा सकता है। इस नागराजा को भारशिव वंश का माना गया है। इसके पूर्वजों ने चूँकि शिव के लिंग के भार को वहन किया था, इसलिए ऐसा नामकरण हुआ। ये भारशिव अश्वमेघ भी करते थे। इस प्रकार कुषाण-साम्राज्य के ध्वंसावशेषों पर नागों का उत्कर्ष प्रतीत होता है। ग्वालियर ज़िले की पद्मावती (सम्प्रति पदुमपवाया, नरवर के निकट) से भावनाग नामधारी कतिपय मुद्राएँ प्राप्त हुई हैं (जे०एन०एस० आई० 5/21)। पद्मावती नागों की सांस्कृतिक राजधानी थी। भवभूति ने **मालतीमाधव** (ए०एस०आर० 1915-16 : 101) में सिन्धुनदी के तट पर बसे इन नगर को अमरत्व प्रदान किया है।

समुद्रगुप्त ने आर्यावर्त्त के जिन शासकों का मूलोच्छेदन किया था (फ्लीट : सी०आई०आई० : प्रयागप्रशस्ति : ।) था, उनमें गणपतिनाग तथा

नागसेन थे। पद्मावती एवं विदिशा में महाराजा गणेन्द्र अथवा गणप की मुद्राएँ मिली हैं। सम्भवतः यह गणप प्रयागप्रशस्ति का गणपति नाग ही है। नागसेन की कोई भी मुद्रा अब तक नहीं मिली, किन्तु हर्षचरित में लिखित परम्परा के अनुसार उसका पद्मावती में विनाश हुआ था। गणपति नाग के उन्मूलन के बाद सम्भवतः नागसेन को पद्मावती का शासक नियुक्त किया गया था, किन्तु राजाज्ञा न मानने के कारण उसे भी हटा दिया गया होगा। समुद्रगुप्त के इस विवरण का यह तात्पर्य नहीं है कि सम्पूर्ण नागों का मूलोच्छेद हो गया होगा। सच तो यह है कि गुप्तों के साथ नागों के मैत्री-सम्बन्ध इसके बाद स्थापित हो चुके थे। समुद्रगुप्त के पुत्र चन्द्रगुप्त द्वितीय ने "नागी" राजकुमारी से विवाह किया था। 466 ई० में स्कन्दगुप्त ने सर्वनाग को अन्तर्वेदि का विषयपति (गवर्नर) बनाया था। मुद्राओं के आधार पर पद्मावती के अधोलिखित अन्य राजाओं की भी जानकारी मिलती है महाराज भीमनाग, महाराज स्कन्दनाग, महाराज बृहस्पतिनाग, महाराज देवनाथ, महाराज विभुनाग, एवं महाराज व्याघ्रनाग (फ्लीट क्रमांक 16, पृ० 71)।

2.2. नागों के उत्कर्ष का द्वितीय चरण (760 ई०-1324 ई०)

पहली शताब्दी से चौथी शताब्दी तक मध्यप्रदेश में नागों का अभिलेखीय इतिहास मिलता है, किन्तु पाँचवीं, छठी तथा सातवीं शताब्दियों में नाग एकाएक मध्यप्रदेश के क्षितिज से लुप्त हो जाते हैं। अभिलेखीय संदर्भों से ज्ञात होता है कि जो अवधि मध्यप्रदेश में नागों के अन्धकार में खो जाने की है, वही अवधि मध्यप्रदेश में गुप्तों के आविर्भाव की अवधि है और वही अवधि नागों के कर्नाटक के इतिहास में प्रकट होने की अवधि है। अतः यह अनुमान लगाना कठिन न होगा कि गुप्तों के निरन्तर आक्रमणों से पीड़ित होकर व ब्राह्मण-धर्म के अभ्युदय के कारण मध्यप्रदेश की एक नाग-शाखा पद्मावती की सिन्धु नदी के तट से कूच कर कर्नाटक चली जाती है और वहाँ सिन्दपा नाम से विख्यात होती है (द्र० चतुर्थ अध्याय)।

मध्यप्रदेश में नागों का पुनराविर्भाव 760 ई० में होता है (द्र० पंचम अध्याय)। 800 ई० में कोसल के सिरपुर के महाराज तीवरदेव ने नाग जन-जाति की एक शाखा को पराजित किया था (राजिम-दानपत्र, गुप्त-अभिलेख, पृ० 298)। इसके पुच्छ ही वर्षों बाद हम बंगाल के अभिलेखों में नागों का उल्लेख पाते हैं। महामाण्डलिक ईश्वरघोष के रामगंज-अभिलेख में ढेक्कारी के एक **घोषनाग** का नाम मिलता है, जिसका काल ग्यारहवीं शताब्दी है

(भण्डारकर की सूची, संख्या 2100)। बारहवीं शताब्दी के हरिवर्मदेव के मंत्री भट्ट भवदेव की भुवनेश्वर-प्रशस्ति में (इंस्क्रिप्शंस आफ बंगाल, 3:30) में भी यह उल्लिखित है कि उसने एक नाग राजा का विनाश किया था। यही वह अवधि है जब 760 ई० से 1324 ई० तक नागों की छिन्दक शाखा चक्रकोट (बस्तर) में शासन कर रही थी। इसी अवधि के नागों की संस्कृति और इतिहास पर प्रस्तुत प्रबन्ध आधारित है।

2·3. नागों के उत्कर्ष का तृतीय चरण (1300 ई० से आज तक)

बस्तर के नागों के पतन का जो काल है, वही कालाहंडी (उड़ीसा) तथा कवर्धा (मध्यप्रदेश) के नागों के आविर्भाव का भी समय है। यहाँ यह उल्लेखनीय है कि माणिक्यदेवी बस्तर तथा कालाहंडी दोनों के नागों की कुलदेवी थी तथा कालाहंडी के नाग, छोटानागपुर से अपने को सम्बद्ध करते हैं। कालाहंडी-वंश की स्थापना 1300 ई० के लगभग हुई (नरलामंदिर-लेख)। यह वही काल था जब चक्रकोट के नागराजा समाप्त हो गए। बस्तर से कालाहंडी की निकटता, बस्तर के नाग-शासन का पतन व कालाहंडी में नाग-शासन की स्थापना की समान-कालक्रमिकता तथा दोनों नाग-राजाओं के धर्म और विश्वास में एक-समानता के आधार पर यह अनुमान लगाया जा सकता है कि कालाहंडी के नाग बस्तर के नागों के वंशधर रहे होंगे। यह वंश आज भी जीवित है। आजादी की पूर्व सन्ध्या तक प्रतापकेसरीदेव (1939-47) इसके अन्तिम शासक थे।

कालाहंडी के नाग-राजाओं के समान कवर्धा के नाग-राजाओं का क्रमिक इतिहास 1349 ई० से प्रारम्भ होता है तथा इसके वंशधर आज भी कवर्धा में निवास करते हैं (द्र० 1.5-ग)।

2·4. सामग्री का परीक्षण

उपर्युक्त पृष्ठों में अब तक जो सामग्री प्रस्तुत की गयी है, उसके परीक्षण से कतिपय महत्वपूर्ण तथ्य सामने आते हैं। सर्वप्रथम हमें ऐसे राजाओं तथा व्यक्तियों में भेद करना होगा, जो केवल नागपूजक थे। तदनन्तर ऐसे वंशों या जातियों को पहचानना होगा जो अपने को नाग कहती थीं। ऐसा नागों की अविच्छिन्न पूजा की परम्परा से हुआ या नाग-संस्कृति के प्रमुख पुजारी की प्रतिष्ठा से ऐसा सम्भव हुआ, यह अब केवल अनुमान का विषय है। राजवंशों के परिवारों में विचित्र "नाग"—नामों के उल्लेख-मात्र से यह नहीं मान लेना चाहिए कि वे सभी नागवंश के थे, क्योंकि यदि उनकी सावधानी के साथ परीक्षा की जाये तो केवल पाँच या छह कुल ही नाग-कुल

के रहे होंगे। मालव आदि की मुद्राओं में नागों के जो प्रतीक उभरे हैं, उनसे भी यह ज्ञात होता है कि प्राचीन युग में नागों की बहुत अधिक प्रतिष्ठा थी। ज्ञात नाग-मुद्राओं में 'बैल' और 'मयूर' के प्रतीक शैव-संस्कृति के परिचायक हैं तथा 'सवत्सव्याघ्रलांछन' तथा 'कमलकदली' आदि शाक्त-संस्कृति के उपलक्षक हैं। इनसे यह ज्ञात होता है कि नाग-प्रतीकपूजक ये नाग कालान्तर में धीरे-धीरे अपना प्रतीक बदलने लगे और उन्होंने अपने धर्म की प्रकृति को बदल कर पहले उसे शैव-धर्म में समीकृत कर दिया और फिर शाक्त-धर्म में विलीन हो गये।

2. 5. नाग-संस्कृति के विविध संस्तरण

मध्यप्रदेश की नाग-संस्कृति का इतिहास मध्यप्रदेश के धार्मिक इतिहास का एक रुचिकर अध्याय है। सर्वप्रथम यह जनजातीय गोत्रों में दुष्टात्माओं की पूजा के साथ विकसित हुआ होगा। क्या यह बिलूचिस्तान से आने वाली द्रविड़-जनजाति के द्वारा प्रचारित किया गया या यहाँ की आदिम प्रजातियों ने इसे प्रारम्भ किया, अभी हम निश्चित रूप से कुछ नहीं कह सकते, किन्तु हम यह बात तो निश्चित रूप से जानते हैं कि सर्प-पूजा मोहन-जोदड़ो में प्रचलित थी, जो सिन्धु-सभ्यता का एक महत्वपूर्ण अंग थी। इस आधार पर कहा जा सकता है कि नाग-पूजा को गोंडों के पूर्वज बिलूचिस्तान से ही अपने साथ लेकर आए होंगे।

यदि हम नाग-संस्कृति के धार्मिक अनुस्तरण पर विचार करें तो कहना होगा कि जिन शासकों ने 'नाग' को अपना प्रतीक माना, वे प्राचीन नाग-शाखा के रहे होंगे। यह स्थिति विदिशा एवं पद्मावती के नागों की थी। इस आधार पर यह अनुमान लगाया जा सकता है कि प्रारम्भ में बिलोचिस्तान से आने वाले आधुनिक गोंडों के पूर्वजों का आवास नर्मदा-क्षेत्र में ही रहा होगा।

वैवाहिक सम्बन्धों आदि के कारण नाग-संस्कृति में दूसरे रक्तों के सम्मिश्रण की कहानी दूसरे चरण के विकास की है। इस विकास-क्रम में नागों का विवाह हम दूसरे राजवंशों के साथ देखते हैं।

उपर्युक्त तथ्यों के परीक्षण के आधार पर यह प्रतीत होता है कि हम नागकुल के राजनैतिक महत्व की स्थापना का अनुमान अभिलेखों में केवल नागों के सन्दर्भों से ही नहीं लगा सकते, जब तक हमारे पास स्वतन्त्र अभिलेखीय प्रमाण न हो।

मनोवैज्ञानिक, धार्मिक, सामाजिक एवं राजनैतिक कारणों से मध्यप्रदेश के नागों की समस्या के न सुलझने के कारण अभी तक यहाँ की गोंड जनजाति

का भी कोई इतिहास नहीं लिखा जा सका था। प्रस्तुत प्रबन्ध के माध्यम से पहली बार नागों की गुत्थियों को सुलझाने के साथ गोंडों की पहेली को भी सुलझाया गया है। नागों के इतिहास में मिथकीय तत्त्व इतने अधिक घुलमिल गए थे कि अब तक उन्हें "साँप" मानने की ही परम्परा प्रचलित रही है, किन्तु उन्हें एक जनजाति के रूप में पहचानने की अब तक किसी ने पहल नहीं की थी। प्रस्तुत प्रबन्ध उसी दिशा में एक विनम्र प्रयास है।

३

कर्नाटक के नाग एवं उनकी सिन्द शाखा

"काली सिन्द" नदी के तट से कूच कर मध्यप्रदेश के नागों ने कर्णाटक में शरण ली। वहाँ पर उनकी तीन प्रमुख शाखाएं थी, जिनका संक्षिप्त परिचय यहाँ प्रस्तुत है।

3.1. सेन्द्रक शाखा

सेन्द्रक या सिन्दक नामक एक नाग-राजवंश का शासन कर्णाटक में पाँचवी, छठी एवं सातवीं शताब्दी में था। इस शाखा के कुछ नृपति अपने को "भुजगान्वय" (इन्डियन एण्टीक्वेरी 8 : 106) मानते हैं। कदम्ब-नृपति कृष्णवर्मा के अभिलेख (इपी० कर्नाटिका 5 : 245) में इनके शासन-क्षेत्र को "सेन्द्रक विषय" कहा गया है। पाँचवीं शताब्दी के कदम्ब-नृपति श्री हरिवर्मा के अभिलेख (इण्डियन एण्टीक्वेरी 6 : 31) के अनुसार सेन्द्रक परिवार का भानुशक्ति एक माण्डलिक था। कालान्तर में सेन्द्रक वातापि के चालुक्यों के माण्डलिक बने। ऐसा कहा जाता है कि पुलकेशिन द्वितीय (इपी० इण्डिका 3 : 50) का मामा सेन्द्रकराज श्री वल्लभसेनानन्दराज था। पुलकेशिन द्वितीय के ही अभिलेख से ज्ञात होता है कि रुद्रनील नामक सेन्द्रक भी एक माण्डलिक था। नौसरी जिले के बगुमरा-ताम्रपत्र (655 ई०) के अनुसार सेन्द्रकों का प्रथम नृपति भानुशक्ति था। उसका पुत्र आदित्यशक्ति हुआ और उसका पुत्र पृथ्वीवल्लभ निकुम्भल शक्ति था (इपी०इण्डिका 18:266-7)।

इस अभिलेख से यह अनुमान होता है कि कर्नाटक क्षेत्र में ही पूरी तरह निवास करने वाले सेन्द्रकों ने कालान्तर में गुजरात के एक भाग को अपने क्षेत्र के अन्तर्गत मिलाया था। दक्षिण में सेन्द्रक वंश का दुर्गशक्ति (कुन्द-शक्ति का पुत्र व विजयशक्ति का पौत्र) सत्याश्रय (पुलकेशिन द्वितीय) का समकालीन था (इपी० इण्डिका 7 : 110)। 664 ई० में सेन्द्रक वंश के राज-देवशक्ति की प्रार्थना पर चालुक्य-नृपति विक्रमादित्य प्रथम ने रट्टगिरि ग्राम को दान में दिया था (जे० बी० आर० ए० एस० 16 : 228)। पुन: हम देखते हैं कि पश्चिमी चालुक्य-नृपति विनयादित्य के अधीन सेन्द्रक-माण्डलिक महाराज पोगिलि नागरखण्ड के शासक थे (इण्डियन एण्टीक्वेरी, पृ० 142)। सातवीं शताब्दी के पश्चात् सेन्द्रकों की राजनैतिक शक्ति क्षीण होती चली गयी; यद्यपि मैसूर के छोटे-छोटे क्षेत्रों से उनका सम्बन्ध परवर्ती काल तक रहा।

यहाँ कर्नाटक के प्रमुख नाग-राजवंशों का संक्षिप्त परिचय प्रस्तुत किया जा रहा है।

3.2. सेनावार-शाखा

कर्नाटक का दूसरा नागवंश, जिस पर कुछ सूचना मिलती है। वह सेनावरों का है। ये कर्नाटक के कडूर तथा सिमोगा जिलों के शासक थे। पश्चिमी चालुक्य-नृपति (इपी० कर्नाटिका 8 : 278) एवं आल्व-नृपति चित्रवाहन (तदेव 6 : 36) के काल में 690 ई० के आसपास सेनावार का प्रथम उल्लेख मिलता है। इनके पश्चात् तीन सौ वर्षों तक उनका कोई उल्लेख नहीं मिलता है। ग्यारहवीं शताब्दी के प्रारम्भ में उनके बारे में पुन: विवरण मिलने लगते हैं। वे "खचर" वंश के थे। "फणिध्वज" उनका राजकीय प्रतीक था एवं वे मृगेन्द्रलांछन" थे सामान्यत: कर्नाटक के अन्य नाग "व्याघ्र-लांछन" थे। इस वंश का प्रथम ज्ञात सदस्य जीवितावार था। उसका पुत्र जीमूतवाहन था। जीमूतवाहन का पुत्र मारसिंह था। इनके अन्तिम नृपति का शासन 1058 ई० के आसपास था। उसे सभी विद्याधर-नृपति सम्मान देते थे और वह हेमकूटपुर का स्वामी था। (इपी० कर्नाटिका 6 : 61)। 1128 ई० में पश्चिमी चालुक्य-नृपति की राजसभा में सूर्य तथा आदित्य नामक सेनावार उनके मंत्री थे (तदेव 11 : 90)।

3.3. सिन्द शाखा

ऐतिहासिक साक्ष्यों से यह ज्ञात होता है कि बस्तर में जिन्हें "छिन्द" कहा जाता था, वे ही कर्नाटक में "सिन्द" नाम से प्रसिद्ध हुए। पूर्व मध्य-

युग में 'सिन्दों, या 'छिन्दों' की छह शाखाएं थीं, जिनमें चार कर्नाटक में तथा दो मध्यप्रदेश के बस्तर जिले में शासन कर रही थीं : –

(क) बगदगे या बागलकोट के सिन्द
(ख) एरमबिगगे अर्थात येरबुर्गा के सिन्द
(ग) बेलगवट्टि के सिन्द
(घ) हलावूर एवं बेल्लारी के सिन्द
(ड) चक्रकोट के छिन्द
(च) भ्रमरकोट के छिन्द

इन शाखाओं की एक-दूसरी से विभेदकता उनके "लाँछन" या मुकुट तथा "ध्वज' या "पताका या 'केतन" के माध्यम से सुस्पष्ट है। इन सबका समान मुकुट "व्याघ्रलांछन" था, जिस पर "सवत्सव्याघ्र" के प्रतीक कित रहते थे। यह इनके उत्पत्ति का स्पष्ट संकेत था, जिसकी चर्चा आगामी अध्याय में है। सिन्दों या छिन्दों की इस शाखा के ध्वज का स्पष्ट संकेत नहीं मिलता है। चक्रकोट-शाखा के छिन्दकों के ध्वज का विवरण तो नहीं मिलता है, किन्तु भ्रमरकोट-मण्डल के छिन्दकों का ध्वज-चिन्ह 'कमल और 'कदली' था (ध्वज पर कमल पुष्प और कदलीपत्र अंकित थे)। बस्तर की ये दोनों शाखाएँ इस रूप में भेदक थीं कि चक्र-कोटमण्डल के छिन्दकों के मुकुट पर "शावकव्याघ्र" अंकित था, जबकि भ्रमरकोटमण्डल के छिन्दकों के मुकुट पर "धनुर्व्याघ्र" अंकित था। वनवासी मण्डल (कर्नाटक) की हलावूर शाखा की मुकुट पर "व्याघ्रमृग" अंकित (व्याघ्र तथा मृग के चिन्ह मुकुट पर) था, और उनका ध्वज नील-वर्ण का (नील ध्वज) था।

यहाँ केवल कर्नाटक के सिन्दों पर संक्षिप्त टिप्पणी है। बस्तर के छिन्दों की दोनों शाखाओं के सामाजिक एवं सांस्कृतिक इतिहास को पाँचवे अध्याय से बारहवें अध्याय के अन्तर्गत किया गया है।

(क) बगदगे या बागलकोट के सिन्द

बागलकोट-तालुक के भैरममत्ती-अभिलेख (इपी० इण्डिका 3:230) में इन सिन्दों की उत्पत्ति की मिथकीय कथा मिलती है। तदनुसार "सिन्द" नाग-वंश का रवनागवन्श संस्थापक सिन्द था, जो नागराज धरणेन्द्र का पुत्र था और सिन्धु नदी के तट पर पैदा हुआ था। मानव आकृति के पुत्र को देखकर सर्पराज बेचैन हो गये और उन्होंने पालन-पोषण के लिए नवजात शिशु को व्याघ्री के पास छोड़ दिया। कुछ समय के पश्चात् व्याघ्री के द्वारा पोषित

यह बालक युवा होकर सिन्द-क्षेत्र का राजा बन गया। उसने कदम्बकुल की एक पुत्री के साथ विवाह किया और उसके तीन पुत्र हुए जिनसे सिन्द-वंश चला। ऐसा अनुमान है कि इस वंश के इकतीस राजाओं ने राज्य किया और वंश के अन्तिम राजा का भी नाम सिन्द था। बगदगा के सिन्दों की इस शाखा में कम्मर नामक एक माण्डलिक भी था। उसकी पत्नी का नाम संगमभरसी था। इन दोनों से उत्पन्न पुत्र पुलिकाल को सिन्द-कुल का मणि कहा गया है और "दृष्टि विषकुल" (विषयुक्त दृष्टि वाला) कहा गया है। पुलिकाल ने रेवकव्वे से विवाह किया, जिससे नागादित्य का जन्म हुआ। यह नागादित्य पश्चिमी चालुक्य जयसिंह द्वितीय का माण्डलिक था तथा उसने 1033-34 ई० के आसपास शासन किया था। उसके पुत्र का नाम पोलिसिन्द था, जो पुनः सिन्द-वंश का अलंकार बना। इसकी पत्नी बिज्जलदेवी खाण्डव-मण्डलेश्वर की दुहिता थी। इनके पुत्र का नाम महामण्डलेश्वर ऐव्य या ऐव्यरस था। यह भुवनैकमल्ल सोमेश्वर द्वितीय का एक माण्डलिक था। भुवनैकमल्ल पश्चिमी चालुक्य-नृपति था।

इस वंश के राजा पुलिकाल का ध्वज "नागध्वज" अथवा "फणिपताक" था, जिसमें नागराजा अनन्त, वासुकि एवं तक्षक के प्रतीक अंकित थे। इसके मुकुट पर "व्याघ्र" का प्रतीक था और इसकी आनुवंशिक उपाधि थी—**भोगवतीपरमेश्वर**। इस वंश के सिन्द तथा येलबुर्गा के विवेच्य सिन्दों के बीच क्या सम्बध थे, यह कहना कठिन है किन्तु बागलकोट के सिन्द येलबुर्गा के सिन्द से प्राचीनतर प्रतीत होते हैं।

(ख) एरमविगगे या येलबुर्गा के सिन्द

कर्नाटक के सिन्दों की दूसरी शाखा येलबुर्गा की थी जिसने ग्यारहवीं, बारहवीं तथा तेरहवीं शताब्दी में इस क्षेत्र पर शासन किया था। इस वंश के परवर्ती अभिलेखों में नाग-वंश की उपलब्धियों की चर्चा है। इस वंश का एक सदस्य आचुगिदेव ने जग्गू का विनाश किया था तथा उसने "हल्ल-कवाडिकेयसिंग" नामक क्षेत्र को लूटा था (जे.बी.बी.आर.एस. 11:243) उसने होयसलों को आतंकित किया था, लक्ष्मण को युद्ध के लिए ललकारा था और पाण्ड्यों को खदेड़ दिया था। इतना ही नहीं उसने पश्चिमी घाट के मालपों को समाप्त किया एवं कोंकण को अधीनस्थ कर लिया था (तदेव 244)। यहाँ तक कि उसके क्षेत्र पर आक्रमण करने वाले शिलाहार-वंश के भोज (प्रथम) को भी मुँह की खानी पड़ी थी।

इस वंश का दूसरा शासक आचुगि का पुत्र महामण्डलेश्वर परमर्दि प्रथम था जिसे पेरमा, पेम्प, परमर्दि या हेम्मडि भी कहा गया है। उसका 1144 ई०

का एक अभिलेख मिलता है। उसमें यह वर्णित है कि पश्चिमी चालुक्य-नृपति जगदेकमल्ल द्वितीय ने उसे जगदेकमल्ल परमर्दि की उपाधि दी थी। इससे ज्ञात होता है कि परमर्दि जगदेकमल्ल का माण्डलिक था। परमर्दि का उत्तराधिकारी उसका अनुज महामण्डलेश्वर चावुण्ड चावुण्ड-द्वितीय था। उसका एक अभिलेख 1163 ई० का पट्टडकल-अभिलेख है। अभिलेख में यह संकेत है कि वह पश्चिमी चालुक्य तैलप तृतीय का एक माण्डलिक था। चावुण्ड द्वितीय की दूसरी पत्नी कलचुरी-नृपति बैजल की पुत्री सिरिदेवी थी। उसने 1109-1170 ई० तक इस क्षेत्र में शासन किया (तदेव 11:274 इण्डियन एण्टिक्वेरी 9:96) था।

पश्चिमी चालुक्य विक्रमादित्य षष्ठ के काल में सिन्द-वंश के महा-मण्डलेश्वर मुंज गणपति का उल्लेख मिलता है। वह भीम का पोता तथा सिन्दराज का पुत्र था। इस महामाण्टलिक को "पंचमहाशब्द" उपाधि से अलंकृत किया गया था। उसे "भोगवती" का स्वामी कहा गया था। उसे "फणीन्द्रवंशोद्भव" माना गया है तथा वह "नागकुलतिलक" था।

(ग) बेलगवट्टि के सिन्द

सिन्दों की एक अन्य शाखा कर्नाटक के सिमोगा तथा चित्रदुर्ग जिले पर शासन करती थी। शासित क्षेत्र को "सिन्दवाडी-विषय" कहा जाता था। इस सिन्द-वंश की उत्पत्ति के सन्दर्भ अभिलेखों में मिलते हैं। तदनुसार शिव तथा सिन्धु (इपी० कर्नाटिका 7 : 20) के सम्पर्क से एक पुत्र उत्पन्न हुआ, जिसे भव ने प्यार से सैन्धव नाम दिया और उसे पृथ्वी का राजा बनने का आशीर्वाद दिया। उसकी रक्षा के लिए सर्पों के राजा को नियुक्त किया गया। अपने पुत्र को शक्तिशाली बनाने के लिए शिव ने उसके लिए व्याघ्री की रचना की। व्याघ्री का स्तनपान कर शिशु बड़ा हुआ। परमेश्वर (शिव) ने मालतीदेवी को आदेश दिया कि वह उनके पुत्र को युद्ध-विद्या में प्रवीण करे। युद्ध-विद्या में दक्षता के कारण उसका उपनाम "निदुदोल सिन्द" (दीर्घ अस्त्रों वाला सिन्द) पड़ गया। बाद में उसने अपने पैतृक-क्षेत्र करहाट पर अधिकार कर लिया। वह और उसके वंशज महामण्डलेश्वर की उपाधि वाले थे। वे अपनी उत्पत्ति "फणिराज" से मानते थे। उनका ध्वज नीला था तथा मुकुट पर "मृगव्याघ्र" लाँछन (प्रतीक) बने थे। इन सिन्दों को "सिन्धगोविन्द" तथा "पातालचक्रवर्ती" (इपी० कर्नाटिका 11 : 43, इपी० इण्डिका 3 : 231) भी कहा गया है।

राष्ट्रकूट-नृपित अकालवर्ष (968 ई०) के काल में इस वंश का एक सदस्य "केरसिंग नन्निय सिन्द" (इपी० कर्नाटिका 7 : 23) का विवरण है।

जब पश्चिमी चालुक्यों का साम्राज्य स्थापित हो गया तो सिन्द उनके महा माण्डलिक बन गए। मुलगुण्ड सिन्द के 999 ई० के अभिलेख से यह संकेत मिलता है। यह शासन-काल था पश्चिमी चालुक्य आह्वमल्ल का। 1117 ई० में इस शाखा का एक अन्य महामाण्डलिक चट्टर्ष था। 1164-1180 ई० के मध्य इस वंश के ईश्वरदेव का शासन था (तदेव 11 : 43)। बल्लाल द्वितीय की राजमहिषी उमादेवी ने सिन्दों पर आक्रमण किया था, किन्तु वह अपने इरादों में सफल नहीं हो सकी (तदेव 11 : 37)। 1198 ई० से होयसलों का पतन प्रारम्भ हो चुका था (तदेव 7 : 315) एवं 1215 ई० में सिन्दवाडि-क्षेत्र देवगिरि के यादवों के अधिकार में चला गया था। 1245 ई० तथा 1247 ई० में सिन्द-महामाण्डलिकों ने अनेक युद्धों को संचालित किया।

(घ) बेल्लारी के सिन्द

नाग-शासकों की एक शाखा बेल्लारी ज़िले में जन्मी और कुछ काल के लिए वह राजनैतिक क्षितिज पर छा गयी। इसका पहला उल्लेख पल्लव नरेश विजयनन्दिवर्मा (साउथ इण्डियन इंस्क्रिप्शंस 3 : 508) के अभिलेख में मिलता है। बारहवीं शताब्दी के उत्तरार्द्ध में दो नाग-माण्डलिकों ने इस क्षेत्र पर शासन किया था और ये भी पश्चिमी चालुक्य के सामन्त थे। पश्चिमी चालुक्य-नृपति जगदेकमल्ल द्वितीय के सिन्दगिरि-अभिलेख (तदेव 1913) में सिन्द महामण्डलेश्वर "बलरामराचमल्लदेवरास" का उल्लेख है।

3.4. निष्कर्ष

इस प्रकार मध्यप्रदेश तथा कर्नाटक के नागों के इतिहास के सर्वेक्षण से यह तथ्य सामने आता है कि प्राचीन और मध्यकाल में गोंडवाना तथा कर्नाटक के विविध क्षेत्रों में नाग अत्यधिक शक्तिशाली थे। यह स्थिति पहली शताब्दी से चौदहवीं शताब्दी तक की है। नागों के राजनैतिक इतिहास को अलग-अलग प्रस्तुत करना कठिन है; क्योंकि नागों का इतिहास शैव-धर्म के विकास का इतिहास है। ऐसा निष्कर्ष देना अनुचित न होगा कि नागों का उत्कर्ष और विनाश शैव-धर्म के उत्कर्ष और पतन के इतिहास के साथ जुड़ा हुआ है।

४

नागों की प्रमुख शाखा सिन्द या छिन्द की उत्पत्ति

41. हिन्द से सिन्द की उत्पत्ति

मध्य प्रदेश के इतिहास में नागों के पर्दे के पीछे चले जाने की जो कहानी है, वही कर्नाटक में नागों के प्रकट होने का इतिहास है। इस रूप में यह स्वीकार करना होगा कि नागों की एक शाखा पाँचवीं शताब्दी में मध्यप्रदेश से कर्नाटक चली गयी होगी।

कर्नाटक के सिन्दों की उत्पत्ति पर फ्लीट तथा राइस जैसे विद्वान् मौन हैं। इतना तो स्पष्ट है कि यह वंश द्रविड़ परिवार का था और इसकी मातृ-भाषा तेलुगु थी। यह वंश संभवतः बस्तर के छिन्दक-नागों से ही पैदा हुआ होगा (इपी० कर्नाटिका 7, इपी० इण्डिका 3:230)। सिन्दों की बागदगे-शाखा 'फणिध्वज' (इपी० इण्डिका 2:320) धारण करती थी। ऐसी स्थिति में अब यह स्वीकार किया जाना चाहिए कि कर्नाटक के नाग शक्तिशाली द्रविड़ थे, जिनका मूल निवास बस्तर था। कर्नाटक के प्राचीनतम राजवंशों में सेन्द्रक ने अपने को "भुजगेन्द्रवंश" (इण्डियन एण्टीक्वेरी 7:106) का माना है। कडूर जिले में सातवीं शताब्दी से अपना शासन प्रारम्भ करने वाले सेनावर "व्याघ्रलांछन" तथा "फणिध्वज"-युक्त थे (इपी० कर्नाटिका 5:95)। सिन्दों का दावा है कि वे "फणिराजवंश" (तदेव 7:20, 26, 50) के थे।

कर्नाटक में प्रकर्षोन्मुख सिन्द-वंश के अतिरिक्त बस्तर के चक्रकोटमण्डल में इसी शाखा का एक राजवंश था, जो अपने को "छिन्दक" या "छिन्द"

कहता था। चक्रकोट-मण्डल का "छिन्द" शब्द कन्नड़ के "सिन्द" शब्द का सामस्वनिक रूप है। बार्नेट (इपी० इण्डिका 9:269) इस विचार के थे कि चन्दबरदाई ने पृथ्वीराजरासो में जिन छत्तीस अग्निकुलों को गिनाया था. उनमें एक अग्निकुल छन्द भी था और यही बस्तर के नाग-अभिलेखों का छिन्द है। तदनुसार बार्नेट का भी यही विचार था कि कर्नाटक के सिन्द-नाग बस्तर के छिन्द-नागों से ही उत्पन्न हुए होंगे तथा ये बस्तर से ही कर्नाटक गए होंगे।

दिनकर देसाई (1951 : 1-7) ने बार्नेट के उपयुक्त मत की आलोचना की है। उनका विचार है कि चक्रकोट के छिन्दकों से बहुत पहले ही कर्नाटक के इतिहास में सिन्दकों का नाम आता है। कर्नाटक में सिन्दों का प्रथम उल्लेख पाँचवीं शताब्दी में सिन्द-उदयराष्ट्र (इपी० कर्नाटिका 6 : 162) से मिलता है। 750 ई० के कड़ूर ज़िले के एक अभिलेख में सिन्दविषय (इपी० कर्नाटिका 36) की भी चर्चा है। उनके आधार पर इन्हीं दोनों सन्दर्भों से यह प्रमाणित होता है कि चक्रकोट के छिन्दक कर्नाटक के सिन्दक वंश के उत्तराधिकारी हैं, जो अपने मूल आवास नागरखण्ड (कर्नाटक) से बस्तर गये होंगे।

दिनकर देसाई के उपर्युक्त मत को आज सभी इतिहासकार स्वीकार करते हैं, किन्तु उपर्युक्त मत के विरोध में अधोलिखित तर्क दिए जा सकते हैं—

(क) पाँचवी शताब्दी से पूर्व कर्नाटक में नागों की कोई परम्परा नहीं मिलती है। प्रश्न यह उपस्थित होता है कि वे कहाँ से आए? उनका एकाएक प्रादुर्भाव कर्नाटक में कैसे हो गया? सच तो यह है कि मध्यप्रदेश में नागों के लोप होने के साथ उनका कर्नाटक में तत्काल प्रकट होना यह बताता है कि वे मध्यप्रदेश से ही बस्तर गए होंगे। कर्नाटक से पूर्व मध्यप्रदेश में नाग-संस्कृति की एक सुदीर्घ-परम्परा थी और पहली शताब्दी से चौथी शताब्दी की अवधि में यहाँ अनेक राजवंश थे। ब्राह्मण-संस्कृति के पक्षधर गुप्तों ने जब यहाँ के नागों का समूलोच्छेद करना चाहा, तो यहाँ के नागों की एक शाखा सिन्धु नदी के तट से कर्नाटक चली गयी, जो सिन्दक नाम से विख्यात हुई।

(ख) दक्षिण के अभिलेखों के ध्वनिविचलनों के आधार पर कहा जा सकता है कि वहाँ बस्तर की तालव्य ध्वनियों का संघर्षीकरण होता है, यथा "चक्रकोट" के लिए तमिल अभिलेखों में "सक्करकोट्टम" मिलता है। इसी साक्ष्य पर बस्तर के छिन्द कर्नाटक में सिन्द हो गए।

(ग) कर्नाटक के सिन्दों का सर्वप्रथम अभिलेख 1033 ई० का भैरम-

मत्ती-अभिलेख है जबकि बस्तर के सिन्दों का सर्वप्रथम अभिलेख 925 ई० का उपेत अभिलेख है। इससे पूर्व कर्नाटक में नागों की सेन्द्रक-सा सेनावार शाखाओं का शासन था सिन्दों का नहीं। इस आधार पर सिद्ध होता है कि बस्तर के छिन्द कर्नाटक गए। इससे विपरीत स्थिति नहीं मानी जा सकती।

4.2. सिन्दों की उत्पति कथा

कर्नाटक के विविध अभिलेखों में सिन्दों की उत्पत्ति की जो कथाएँ मिलती हैं उनका यहाँ संक्षिप्त विवरण प्रस्तुत है।

(क) कर्नाटक के बेलगुट्टी के सिन्दकों (इपी. कर्नाटिका 11 : 43) के अनुसार शिव और सिन्धु के मिलने से पुत्र उत्पन्न हुआ जिसका नाम "सैन्धव था। उरगाधिराज" उसका संरक्षक था। शिव इस पुत्र को योद्धा बनाना चाहते थे। इसलिए उन्होंने एक व्याघ्री की रचना की जिसने नवजात शिशु को स्तनपान कराया। इस प्रकार उस बालक का पोषण हुआ। जब उस बालक को ज्ञात हुआ कि "करहाट" उनका मूल स्थान है तो उसने उस क्षेत्र को विजित कर लिया। इसी स्थान से फैलकर सिन्दवंश के अनेक सदस्यों ने विविध क्षेत्रों पर शासन किया। बेलगुट्टी के सिन्दों की उपाधि "करहाट-परावराधीश्वर" है। "करहाट" महाराष्ट्र का आधुनिक 'करहाट" है। यह कहा नहीं जा सकता कि यहाँ के सिन्द किस प्रकार चित्रदुर्ग जिले के तुँगभद्रा क्षेत्र में पहुँचे। किन्तु इतना तो स्पष्ट है कि महाराष्ट्र में मध्यप्रदेश से ही गए होंगे। इस समय वेलगुट्टी चित्रदुर्ग जिले के होन्नाली तालुक का एक गाँव है।

(ख) बागडगे-शाखा (बीजापुर जिले का आधुनिक वेगलकोट) के सिन्दों की उत्पत्ति की कथा उपर्युक्त कथा से थोड़ी भिन्न है। भैरमगट्टी-अभिलेख (इपी० इण्डिका 3·255) के अनुसार "एक बार रसातल-निवासी नागराज धरेन्द्र ने पृथ्वी-लोक को देखना चाहा। वह सपत्नीक पृथ्वी-लोक आया। पृथ्वी-लोक के निवास के समय उसकी पत्नी गर्भवती हो गई और राजा को अहिच्छत्र में ही रुकना पड़ा। यहाँ सिन्धु-क्षेत्र में उनका एक पुत्र पैदा हुआ जिसका नाम सिन्द रखा गया। यह बालक एक व्याघ्री के स्तनपान से बढ़ा था। व्याघ्री की इच्छा से बालक का नाम "निडुदोल-सिन्द" रखा गया, जिसका अर्थ था "दीर्घ शस्त्रधारी सिन्द"। यही "निडुदोल-सिन्द" वंश का संस्थापक है। उसने कदम्बकुल की एक राजकुमारी के साथ विवाह किया, जो स्वतः जनजाति वर्ग की थी और उससे उसके तीन पुत्र उत्पन्न हुए। इनके पश्चात् वेगटगे में इकतीस राजाओं ने शासन किया।

(ग) कर्नाटक के सिन्दों की एक अन्य शाखा रेंजेरू के सिन्दकों की है, जो उपर्युक्त जिले के बीदर तालुक में थे। इसनें सिन्दों की उत्पत्ति की जो कथा है, उसकी न केवल "थीम" भिन्न है, अपितु उससे विस्तृत सूचनाएँ भी मिलती हैं (गोपाल 1969 : 56-64)। तदनुसार नागराजा धरणेन्द्र और उसकी पट्टराजमहिषी पद्मावती देवी अपने राज्य में, राजधानी भोगवती में सुखपूर्वक राज्य कर रहे थे। जब राजमहिषी गर्भवती गर्भवती हुई तो उसने सिन्धु नदी में स्नान करना चाहा। इसलिए पति-पत्नी पृथ्वी पर आए, जहाँ रानी ने सिन्धु में स्नान कर अपनी दोहद की पूर्ति की। किन्तु जब वह स्नान कर रही थी, उसने सूर्य को श्रद्धांजलि दी और यह प्रार्थना की कि सूर्यदेव-जैसा ही उसका पुत्र हो। सूर्यदेव ते उसे वर दिया और उसने सूर्य जैसे तेजस्वी और सुन्दर एक पुत्र को जन्म दिया। चूंकि बालक का जन्म पृथ्वी पर हुआ था, इसलिए दम्पति ने उसे पृथ्वी में ही छोड़ देने की सोची, जिससे वह यहाँ का शासक बन सके। इस हेतु उन्होंने बच्चे को व्याघ्री के हाथों में सौंप दिया, जो उसके भरण-पोषण के लिए जुम्मेदार थी। व्याघ्री ने उसे अपना दूध पिलाया और इस प्रकार वह व्याघ्री के बच्चों के साथ ही खेलने लगा।

जब बालक कौमार्यावस्था में था तो गांव के एक तलार ने उसे देखा। उसने उस अद्भुत बालक की चर्चा अहिच्छत्र के विप्रों से की। वे उस स्थान पर गए, जहाँ बालक व्याघ्रशावकों के साथ खेल रहा था। मंत्रोंच्चारणसहित वे उसे अहिच्छत्र ले गए, क्योंकि उन्होंने समझा कि वह दैवी पुरुष है। चूंकि बालक का लालन-पोषण व्याघ्री ने किया था। इसलिए ब्राह्मणों ने उसका नाम "सिन्द" रखा। ब्राह्मणों ने उसे शस्त्र और शास्त्र की शिक्षा दी। बड़े होने पर उसका विवाह कदम्व-वंश के राजा मयूर वर्मा की पुत्री लक्ष्मीमती के साथ निश्चित किया गया। मयूरबर्मा ने ही अपनी पुत्री का विवाह उसके साथ कर दिया।

इन कथाओं के आधार पर स्पष्ट है कि नाग सिन्दु नदी के तट पर पद्मावती नामक सांस्कृतिक नगरी को अपना मूल आवास मानते हैं और यह मध्यप्रदेश के ग्वालियर जिले की कालीसिन्द के तट पर बसे आधुनिक पदुमपवाया (द्र० 2.1) ही सिद्ध होती है इस प्रकार नागों का मूल निवास मध्यप्रदेश है न कि कर्नाटक।

५

चक्रकोट के छिन्दक : पूर्व मध्ययुगीन बस्तर का राजनीतिक इतिहास

5.1. पृष्ठभूमि

महानदी के उद्गम से लेकर गोदावरी के तट पर फैला हुआ प्राचीन चक्रकोट आधुनिक बस्तर (मध्यप्रदेश का दक्षिणवर्ती ज़िला) का उपलक्षक है। यह प्रदेश का एक दुर्गम कान्तार-क्षेत्र रहा है और यहाँ के कान्तारों में गोंड-वंश की विविध जनजातियाँ निवास करती हैं। ये जनजातियाँ द्रविड़ मूल की हैं तथा आज भी मृतक की स्मृति में पाषाण-स्तम्भ गाड़ती हैं और आज भी पत्थर के अनगढ़ औजारों का प्रयोग करती हैं। इन्हीं जनजातियों के दुर्गम क्षेत्रों से नाग-वंश के इकतीस अभिलेख तथा दर्जनों स्थापत्य के नमूने मिले हैं और ऐसा अनुमान है कि ये प्राचीन नागों की वंशज हैं।

आज भी हम बस्तर के नाग-राजाओं को आनुवंशिक-तालिका में इसलिए क्रमबद्ध नहीं कर पाते; क्योंकि हम यह नहीं जानते कि उनका परस्पर सम्बन्ध क्या था? केवल चार उदाहरणों में ही हम सम्बन्धों को आरेखित कर पाते हैं। अभिलेखों के साक्ष्य से हम उनकी तिथियों को जानते हैं और इसलिए सरलता से यह समझ सकते हैं कि अन्तराल कहाँ पर हैं।

बस्तर के इस नाग-वंश को 'छिन्दक-शाखा' का माना गया है। संस्कृत शब्द "छिन्दक" कन्नड़ के "सिन्दक" का समानुरूपी है। बस्तर के छिन्दक-नागों के अभिलेखों से यह अनुमान होता है कि वे उसी शाखा के थे, जिस शाखा के बीजापुर, बागलकोट तथा येलबुर्गा के सिन्द थे (इपी० इण्डिका 2:230)। बस्तर के छिन्दकों

के विरुद्ध कर्नाटक के सिन्दों के विरुदों से आश्चर्यजनक रूप से मिलते हैं; उदाहरण के लिए प्रख्यात नृपति सोमेश्वर प्रथम को महाराज कहा गया है, जो नाग-वंशोद्भव है, सहस्राधिक मणियों की किरणों से देदीप्यमान है, सर्वोत्कृष्टपुरी भोगवती का स्वामी है, सवत्सव्याघ्रलांछन (तदेव 9:316) है। इस प्रकार इसमें कोई सन्देह नहीं रह जाता है कि बस्तर का छिन्दक वंश कर्नाटक के सिन्दवंश से सम्बद्ध रहा होगा। सिन्दकुल की सभी शाखाओं में व्याघ्रलांछन-युक्त मुकुट एक सा था। ऐसा इसलिए कि इस वंश के पूर्व-पुरुष 'सिन्द' को सर्पराज ने व्याघ्री का दूध पिला कर पाला था। बागडगे-शाखा के पास केवल 'व्याघ्रलांछन' व 'फणिकेतन' था, तो चक्रकोट की ज्येष्ठ शाखा के पास 'सवत्सव्याघ्रलांछन' था।

5.2. बस्तर के दो छिन्दक घराने

बस्तर के छिन्दक दो घरानों में बँटे हुए थे। इनमें से कनिष्ठ घराने के पास "धनुषव्याघ्रलांचन"—युक्त मुकुट था एवं "कमलकदलीध्वज" (इपी० इण्डिका 9:8) कमल के पुष्प एवं कदलीपत्र का ध्वज था। ज्येष्ठ शाखा के मुकुट का प्रतीक "सवत्सव्याघ्र" तथा ध्वज 'फणिध्वज' था। कनिष्ठ शाखा के केवल मधु-रान्तकदेव का ही नाम मिलता है। बस्तर के शेष नृपति ज्येष्ठ शाखा से ही सम्बद्ध हैं।

कर्णाटक के सिन्दों तथा बस्तर के छिन्दकों में परस्पर विरोधी एक ही बात थी और वह यह कि बस्तर के छिन्दक "परमेश्वर-परमभट्टारक महाराज" जैसी स्वतंत्र उपाधियों को धारण करते थे। वे स्वतंत्र सम्राट थे। उन्हें दूसरे सम्राटों की अधीनता स्वीकार नहीं थी और अपनी सार्वभौमिकता को स्थिर रखने के लिए सदैव संघर्ष करते रहे। इसके विपरीत कर्णाटक के सिन्द कभी भी स्वतंत्र नहीं थे। वे किसी-न-किसी राजवंश के माण्डलिक के रूप में कार्य करते रहे हैं।

अब यहाँ बस्तर के नागवंशीं नरेशों की उपाधियों पर चर्चा करना अप्रासंगिक न होगा। नारायणपाल-अभिलेख में धारावर्ष को "महाराज परमभट्टारक-परमेश्वर" उपाधियों से अलंकृत किया गया है। यह भी कहा गया है कि "**वह नागवंशोद्भव था, सहस्रफणिमणि-किरण से देदीप्यमान था, भोगवती का स्वामी था, भोगवती सभी नगरों में श्रेष्ठ थी, उसके मुकुट पर "सवत्सव्याघ्र" का प्रतीक अंकित था, उसका काश्यप गोत्र था। उसकी विजय-पताका सर्वत्र फहरा रही थी। वह नृपतिकुलभूषण था।**" एक अन्य अभिलेख में वंश का नाम छिन्दक मिलता है। इससे वंश की मिथकीय उत्पत्ति का ज्ञान होता है। यह ध्यातव्य है कि कर्नाटक के अभिलेखों (द्र० चतुर्थ अध्याय) में जिस नाग-राजा धरणेन्द्र की चर्चा है, उसका उल्लेख मध्यप्रदेश के जबलपुर ज़िले के एक अभिलेख में हुआ है। जबलपुर ज़िले के एक राजवंश ने अपने को "धारन" कहा है तथा वह भी अपनी उत्पत्ति नाग से

मानता है। इस आधार पर कर्नाटक के नाग मध्यप्रदेश से ही गए हुए प्रतीत होते हैं।

यदि बस्तर के नागों की उपाधियों की समीक्षा की जाय तो "परमभट्टारक," "महाराज"-जैसी उपाधियाँ उन्हें अन्य राजाओं की तुलना में स्वतंत्र तथा सर्व-शक्तिमान सिद्ध करती हैं। यदि बस्तर-कान्तार के बिखरे हुए प्राचीन अवशेषों की खुदाई की जाय तो इनके पराक्रम की सुस्पष्ट कहानी उजागर होगी और तब अन्य राजवंशों की तुलना में इनका स्थान अप्रतिम होगा।

5.3. बस्तर के नागों के प्राचीन सन्दर्भ (760-925 ई०)

आमतौर पर अब तक प्रायः सभी विद्वानों का यह अनुमान है कि बस्तर के छिन्दक नागों का मूल निवास कर्नाटक का सिन्दवाड़ी-क्षेत्र था। डी०सी० सरकार (1950 : 2) की मान्यता है कि राजेन्द्र चोल (1011-1033 ई०) की सेना के चक्रकोट पर आक्रमण के अवसर पर नृपतिभूषण के साथ छिन्दक नागों ने बस्तर में प्रवेश किया था, किन्तु राजेन्द्र चोल के तिरुमलै-अभिलेख (साउथ इण्डियन इंस्क्रिप्शंस 2 : 108-9) में उनकी सेना के साथ सिन्दकों के बस्तर जाने का कोई संकेत नहीं मिलता है। उसमें सामान्यतौर पर यह वर्णित है कि चोलनृपति ने सक्करकोट्टम (चक्रकोट) पर आधिपत्य कर लिया, जिसके योद्धा शूरवीर थे। इसके अलावा हमें ऐसे अनेक प्रमाण मिलते हैं, जिनके आधार पर बस्तर-क्षेत्र पर नागों के शासन के प्रमाण चोल-आक्रमण से पहले भी मिलते हैं।

सोमवंशी नृपति ययाति प्रथम के उड़ीसा-म्यूजियमलेख (ओ० एच० आर० जे० 12; इंस्क्रिप्शंस आफ उड़ीसा 4:26: श्लोक 2) से यह बात प्रकाश में में आती है कि जनमेजय प्रथम के पूर्वज नागों की सहायता एवं सुरक्षा में प्रसन्नता का अनुभव करते थे। अभिलेख में वर्णित जनमेजय के पूर्वज सम्भवतः शिवगुप्त बालार्जुन (760-820 ई०) के उत्तराधिकारी महाभवगुप्त यथा महाशिवगुप्त नामक दो सामन्त थे। "महाकोसल हिस्टोरिकल सोसाइटी" के ताम्रपत्र क्रमांक-6 में यह वर्णित है कि सोमवंशी-इतिहास में पहली बार महाभवगुप्त त्रिकलिंगाधिपति की उपाधि से अलंकृत हुआ था, जिसका तात्पर्य है कि वह त्रिकलिंग देश अर्थात् आधुनिक कालाहंडी-कोरापुट का अधिपति था। त्रिकलिंग चक्रकोट मण्डल का निकटवर्ती क्षेत्र था। यह सम्भव है कि महाभवगुप्त तथा महाशिवगुप्त ने चक्रकोट में राज्य-स्थापना के लिए नागों की सहायता की हो और सोमवंशियों के अधीन चक्रकोट के नाग-राजाओं का अभ्युदय हुआ हो। यह बात इस तथ्य से भी पुष्ट होती है कि प्राचीन बस्तर (शुक्ल : 1978:72-73) में नलशासकों को इस समय बस्तर-क्षेत्र से हटना पड़ा और नल-नृपति विलासतुंग ने राजिम-क्षेत्र से अपना शासन संचालित किया (इपी० इण्डिका 26:49-56)। यदि नाग शक्ति-

शाली न होते, तो नलों को नाग-क्षेत्र छोड़ कर राजिम-क्षेत्र में नहीं जाना पड़ता ।

नौवीं शताब्दी के उत्तरार्द्ध में चक्रकोट पर विपत्तियों के बादल मँडराने लगे। वेंगी के चालुक्य-नरेश विक्रमादित्य तृतीय (844-892 ई०) के सामन्त पाण्डुरंग ने गंगों को हराया था व चक्रकूट (बस्तर) को पराभूत किया था। उसने चक्रकूट को तहस-नहस कर डाला था (साउथ इण्डियन इंस्क्रिप्शंस 1:39-40)। अभिलेख से यह ज्ञात होता है कि विक्रमादित्य या विजयादित्य ने कृष्ण द्वितीय और शंकरगण (संकिल) नामक राजाओं को पराजित किया था। कोसल-नृपति के हाथियों को बलात् छीन लिया था और चक्रकूट नामक नगर को भस्म कर दिया था—**योधाक्षीच्चक्रकूटं किरणपुरगतं संकिलं कृष्णयुक्तम्** (इपी० इण्डिका 4:239)। ऐसा लगता है कि नागों की सहायता कोसलनृपति सोमवंशी राजा जनमेजय प्रथम (850-885 ई०) कर रहे थे। इससे यह संकेत मिलता है कि बाहरी आक्रमणों से खतरे की स्थिति में सोमवंशी-नृपति प्रारम्भ में नागों की सहायता करते थे (गांगुली 1956: 135-36)।

ऐसा अनुमान है कि पूर्वी-चालुक्यों ने बस्तर में रहकर शासन नहीं किया, अपितु उन्होंने सम्भवतः किसी नागवंशी सामन्त को ही माण्डलिक बना दिया होगा। चक्रकोट पर चालुक्यों का आधिपत्य 925 ई० तक प्रमाणित होता है; क्योंकि इसी वर्ष उत्कीर्ण मछलीपट्टन-ताम्रपत्र (इपी० इण्डिका 23:69) से यह ज्ञात होता है कि वनसंकुल त्रिकलिंग वेंगीमण्डल के ही अधीन था।

सन्दर्भों से यह भी अनुमान लगाया जा सकता है कि तोसल तथा कोसल के मध्य एक "**बफर स्टेट**" रखने के लिए सोमवंशियों ने स्थानीय नागों की सहायता की होगी और अपने शत्रुओं के विरुद्ध नागों को उकसाया होगा। चूँकि प्रारम्भ में नागवंशियों के माण्डलिक के रूप में थे, इसलिए नागों ने अपने क्षेत्र को "चक्रकोटमण्डल" ही कहा था; किन्तु कालान्तर में "चक्रकोटमण्डल" शब्द के रूढ़ हो जाने के कारण स्वाधीन सत्ता की स्थिति में भी छिन्दक नागों ने चक्रकोटमण्डल का ही प्रयोग उचित माना; यद्यपि छिन्दकों के अनेक अभिलेखों में "चक्रकोटराष्ट्र" शब्द का भी प्रयोग हुआ हुआ है।

5.4. छिन्दक नागों की वंश परम्परा : पूर्व मध्ययुगीन बस्तर की राजनीतिक संरचना

अपने अविच्छिन्न व्यापार-सूत्रों और व्यापारिक मार्गों के विकास के परिणामस्वरूप पूर्व मध्ययुग में नर्मदा के दक्षिण के विभिन्न भाग एक-दूसरे से अलग-थलग नहीं हुए थे और न बस्तर को इस काल में उत्तर मध्यकाल की तरह सांस्कृतिक ह्रास का ही अनुभव करना पड़ा। किन्तु सामन्ती सम्बन्धों का सुदृढ़ी-

करण बस्तर के छिन्दकों के अस्तित्व में बाधक सिद्ध हुआ। इस सामन्ती सम्बन्ध के विकास के कारण छोटे-छोटे माण्डलिकों में प्रतिद्वंद्विता और भीषण संघर्ष को जन्म दिया, जिसके कारण बस्तर का राजनीतिक विखण्डीकरण हुआ। इन अवस्थाओं में बस्तर के विशाल भाग को एक साथ रखने वाले छिन्दक साम्राज्य को स्वर्ण-युग माना जा सकता है।

छिन्दक साम्राज्य तेरहवीं शताब्दी के अन्त में कमजोर होने लग गया था। अन्ततः मुसलमानों के असंख्य आक्रमणों और दबाव के बाद इसका पतन हो गया; यद्यपि स्वयं बस्तर में छिन्दक वंश 1324 ई० तक सत्तारूढ़ बना रहा। वारंगल के काकतीय नृपति प्रतापरुद्रदेव को राजच्युत करने के बाद और दक्षिण के राजवंशों को क्रमशः छिन्न-भिन्न करने के बाद मुगल सेना ने बस्तर के आगामी इतिहास के दौर पर गहरा प्रभाव डाला। परिणामस्वरूप स्थानीय आबादी के घनिष्ठ सम्पर्क के कारण अन्नंदेव ने बस्तर के शासन की बागडोर सँभाली और छिन्दकों का सूर्यास्त हो गया। मुगल-सेनाओं के दबाव के कारण होना यह था कि यहाँ के राजवंश संगठित होकर मुसलमानों से लोहा लेते, किन्तु स्थिति यह थी कि वे आपस में ही झगड़ने लगे।

अपने चरमोत्कर्ष में नागों ने उत्तर, दक्षिण, पूर्व तथा पश्चिम के भारतीय राजवंशों पर कई धावे बोले थे। उन्हें मुख्यतः छत्तीसगढ़, उड़ीसा तथा आन्ध्रप्रदेश के राजाओं के विरोध का सामना करना पड़ा। छिन्दकों तथा कलचुरियों की शत्रुता ने दोनों ही राज्यों की शक्ति का तलोच्छेदन किया। चोलों के लगातार युद्धों और दक्षिण के राजवंशों का बस्तर पर प्रभुत्व बनाए रखने के लिए अपेक्षित निरन्तर प्रयास ने छिन्दकों को कमजोर कर दिया। वेंगी के पूर्वी चालुक्यों के साथ नागों का दीर्घकालिक संघर्ष चला। अपनी शक्तिशाली सेना तथा व्यापारिक सम्बन्धों की बदौलत, छिन्दक खूब फले-फूले और अत्यन्त धनवान बन गए। उन्होंने अनेक भव्य मन्दिरों का निर्माण करवाया। सोमेश्वरदेव प्रथम के काल में महानदी से लेकर गोदावरी तक का विस्तृत क्षेत्र छिन्दकों के अधिकार में था; तथापि सामन्तवाद की विकास प्रक्रिया के चलते रहने से अन्त में छिन्दक-साम्राज्य विखण्डित हो गया। साम्राज्य के सीमांतक प्रदेशों में स्वाधीन रजवाड़े पैदा हो गए, जो औपचारिक रूप में छिन्दक-आधिपत्य में होने पर भी व्यवहार में केन्द्रीय शासन की पूर्णतः उपेक्षा करते थे और आपस में अपनी मरजी के मुताबिक लड़ाइयाँ और सन्धियाँ किया करते थे। यही कारण है कि मुगलों की मार से भागे हुए अन्नंदेव ने जब अपनी सेना के साथ चक्रकोट पर आक्रमण किया तो चक्रकोट राज्य उसे झेल न पाया। मुगलों के आक्रमण के परिणामस्वरूप बस्तर में सर्वथा नयी परिस्थिति उत्पन्न हो गयी।

आगामी पृष्ठों में बस्तर के विविध छिन्दक नृपतियों का परिचय क्रमिक रूप

में प्रस्तुत किया गया है। काल-विभाजन में तब तक विसंगतियाँ बनी रहेंगी, जब तक छिन्दकों पर अन्य सामग्री प्रकाश में नहीं आती।

5.4.1. **वल्लभराज** (925-980 ई०)

बस्तर के छिन्दक-नागों के प्राचीनतम अभिलेख के रूप में अब तक एर्राकोट से प्राप्त तेलुगु-अभिलेख (हीरालाल, पृ० 166) को माना जाता रहा है, जिसके उत्कीर्ण कराये जाने की तिथि 1023 ई० है; किन्तु नीलकण्ठ शास्त्री ने तेलुगु-लिपि में लिखित उससे प्राचीनतर 925 ई० के उपेत-अभिलेख को खोज निकाला है, जो अभी तक अप्रकाशित है। उपर्युक्त अभिलेख बारसूर के पास बसे हुए उपेत नामक स्थान से मिला है। यह प्रस्तराभिलेख तीन पटलों में है और इसमें "वल्लभराजु" की चर्चा है। यह उपेत-क्षेत्र से सम्बन्ध कर उगाहने विषयक एक अनुबन्धपत्र है। इसमें उन शर्तों का उल्लेख है, जिनका पालन संविदाकार और उसके सहायकों को करना है।

5.4.2. **शंखपाल** (980-1012 ई०)

चक्रकोट के नागों पर एक महत्वपूर्ण सन्दर्भ ऐतिहासिक महाकाव्य "नवसाहसांकचरित" (कीथ : 1951 : 151) में मिलता है, जिसे पद्मगुप्त परिमल ने लिखा था। पद्मगुप्त मालवा के सिन्धुराजा का दरबारी कवि था, जिसका काल 1000 ई० है (कीथ के अनुसार इस काव्य की रचना 1005 ई० में हुई)। काव्य के अनुसार नागवंश के एक राजा शंखपाल ने मालवा के परमार राजा सिन्धुराज से अपने पड़ोसी राजा वज्रांकुश के विरुद्ध सहायता की याचना की थी। विद्याधरों के साथ सिन्धुराज राक्षसों की भूमि में पहुँचता है और युद्ध में राक्षसराज का वध करता है। नागराजा अपनी पुत्री शशिप्रभा का विवाह सिन्धुराजा से कर देता है। मिराशी (कार्पस इंस्क्रिप्शन्स इण्डिकेरम 4. भूमिका) तथा गांगुली (1965:98-99) जैसे विद्वानों की मान्यता है कि काव्य की कथा ऐतिहासिक तथ्यों पर आधारित है। उनकी यह धारणा है कि काव्य का नागराजा शंखपाल चक्रकोट का नागवंशी नृपति था एवं राक्षसराज वज्र, मान-जनजाति का एक अनार्य नृपति था। वज्र का प्रत्यभिज्ञान चाँदा (महाराष्ट्र) ज़िले के बैरागढ़ से किया गया है तथा बस्तर के छिन्दक नागों की वज्रदेश के साथ शत्रुता का इतिहास सोमेश्वर प्रथम तक के कुरुषपाल अभिलेख में देखने को मिलता है। साहित्यिक स्रोत से यह संकेत मिलता है कि 1000 ई० के आसपास चक्रकोट के नाग-नृपति प्रभुसत्ता में थे। हमने पहले ही कहा है कि बस्तर के नागों का मूल निवास ग्वालियर ज़िले की कालीसिन्ध का क्षेत्र था। ऐसी स्थिति में मालवा के परमार राजाओं के साथ उनके मैत्री सम्बन्ध का गवाह क्षेत्रीय इतिहास भी है।

सन्दर्भों से यह भी ज्ञात होता है कि बंगाल के किसी पाल नृपति ने 1012 ई० में चक्रकोट के नृपति को पराभूत किया था (बार्नेट : 1906-76)। इस युद्ध में शंखपाल मारा गया होगा और नृपतिभूषण को राजगद्दी मिली होगी।

5.4.3. **नृपतिभूषण अथवा क्षितिभूषण** (1012-1050 ई०)

बस्तर के छिन्दक नागों पर शोध करने वाले सभी विद्वान् अब तक एकमत से यह स्वीकार करते आ रहे हैं कि बस्तर का प्राचीनतम नागवंशी अभिलेख, एर्राकोट का खण्डित तेलुगु-शिलालेख (हीरालाल 285 : 166) है, किन्तु उपेत के अभिलेख के पहली बार इस प्रबन्ध के माध्यम से प्रकाश में आ जाने से अब उनको अपना अभिमत बदलना होगा।

एर्राकोट जगदलपुर से दस मील दूर स्थित एक गाँव है। यहाँ से प्राप्त अभिलेखों में छिन्दकनृपति के वर्णित नाम को पूरी तरह पढ़ा नहीं जा सकता। इसमें निश्चित रूप से एक नागवंशी राजा का उल्लेख है, जिसका पूर्वांश लुप्त है तथा "**तिभूषण**" पढ़ा जा सकता है। इसे राजभूषण (परवर्ती-नाग-नृपति) के सादृश्य पर "**नृपतिभूषण**" या "**क्षितिभूषण**" पढ़ा जा सकता है। राजभूषण इसी वंश के एक परवर्ती नृपति की उपाधि थी। चूँकि राजा के नाम का एक अंश मिट गया है, अतएव हम यह निश्चय के साथ नहीं कह सकते कि क्या यह राजा का व्यक्तिगत नाम था अथवा उसकी उपाधि थी? इस राजा को "चक्रकोट्य" का स्वामी कहा गया है।

इस अभिलेख के उत्कीर्ण होने की तिथि शक 945 अर्थात् 1023 ई० मिलती है। उत्कीर्ण तिथि के आधार पर विद्वानों ने दो प्रकार के अनुमान लगाये हैं :—

(क) गांगुली (1965 : 98) तथा महालिंगम (1965 : 10) प्रभृति विद्वानों की मान्यता है कि सम्भवतः इसी राजा के कार्यकाल में चोल-सम्राट् राजेन्द्र (राजराज का पुत्र तथा उत्तराधिकारी) ने अपनी उत्तरापथ की दिग्विजय में अपनी सेना के साथ अपनी शक्ति और सामर्थ्य के लिए बस्तर पर आक्रमण किया होगा। तदनुसार चोल राजा ने सम्भवतः 1023 ई० से पूर्व बस्तर पर आक्रमण किया होगा। यदि ऐसा स्वीकार कर लिया जाय, तो यह स्पष्ट नहीं है कि क्या राजेन्द्र चोल के पश्चात् नागों की स्वामिभक्ति चालुक्य-नृपति जयसिंह द्वितीय (1022-44 ई०) के साथ थी या सोमेश्वर प्रथम (1043-68 ई०) के साथ थी? या किसी एक के साथ थी या दोनों के साथ या किसी से नहीं?

(ख) यहाँ गांगुली के इस मत को स्वीकार नहीं किया जा सकता है कि छिन्दक-नृपति नृपतिभूषण राजेन्द्र चोल प्रथम की सेना का अनुगामी बन कर बस्तर आया होगा और उसने इस क्षेत्र पर अपने शासन की स्थापना की होगी; क्योंकि हमें इससे पूर्व छिन्दक नागों की एक पूरी परम्परा मिलती है, जो इससे पूर्व चक्रकोट पर शासन कर रहे थे।

राजेन्द्र चोल के चक्रकोट्ट पर आक्रमण के परिणाम पूर्णतया ज्ञात नहीं हैं; किन्तु इसमें कोई सन्देह नहीं है कि इस काल में चक्रकोट चोलों के अधिकार में आ गया होगा और पुनः चोलों ने नागनृपति को अपने माण्डलिक के रूप में स्थापित किया होगा। उपर्युक्त तिथि (1023 ई०) से यह भी संकेत मिलता है कि छिन्दकवंशी नृपतिभूषण के शासनकाल में चोल-नृपति राजेन्द्र अपनी शक्ति-प्रदर्शन के उद्देश्य से उत्तरांचल की दिग्विजय के लिए निकला था तथा उसने इस क्षेत्र को नष्ट-भ्रष्ट कर दिया था।

तिरुक्कुलर-ताम्रपत्र की तमिल-प्रशस्ति में यह उल्लेख (साउथ इण्डियन इंस्क्रिप्शंस 3:468) मिलता है कि राजेन्द्र चोल ने "शक्करकोट्टम" पर अधिकार कर लिया था, जिसके योद्धा महान् शक्तिशाली थे। इससे यह संकेत मिलता है कि राजेन्द्र चोल के आक्रमण के अवसर पर एक नाग-नृपति यहाँ शासन कर रहा था। ऐसा प्रतीत होता है कि चोल-आक्रमण को यहाँ के शत्रु-वर्ग के किसी सदस्य ने इस क्षेत्र की विजय में सहायता की थी, जिसके पुरस्कार-स्वरूप वह विजित क्षेत्र का राजा बना दिया गया था।

नृपतिभूषण के शासनकाल में राजेन्द्र चोल का शक्करकोट्टम पर अभियान

चोल-नृपति राजेन्द्र (1011-1033 ई०) ने चक्रकोट पर अधिकार कर लिया था, जिसे दक्षिण के अभिलेखों से "शक्करकोट्टम" (तदेव 2:108) कहा गया है। तिरुमलै-पहाड़ी की तमिल-प्रशस्ति (उत्तरी आर्काट) में इस आक्रमण पर विस्तृत विवरण मिलता है—"**राजेन्द्र चोल ने उस शक्कर-कोट्टम को अधिकृत कर लिया, जिसके सैनिक अत्यन्त साहसी थे। उसने मेघाच्छन्न दुर्गों वाले मदुरैमण्डलम को क्षण भर में विनष्ट कर दिया। उसने सघन कुंज वाले ऐश्वर्यवान् नगर नामणैक-कोणम को ध्वस्त कर दिया। उसने पंचपल्लि को विनष्ट कर दिया, जिसके योद्धा दृढ़ आघात करने में प्रसिद्ध थे। उसने धन-सम्पत्ति से भरपूर हरीतिमायुक्त मासुनि-देश का संहार किया था।** (तदेव 3:468, शास्त्री 1955:248)।

शक्कर-कोट्टम के साथ मासुणिदेश के अन्य स्थलों की खोज वेंगीं से संलग्न उत्तर-पश्चिमी क्षेत्र में ही करनी होगी। चूंकि वेंगी-क्षेत्र चालुक्य-शासक राजराज

नरेन्द्र के द्वारा शासित था, इसलिए राजेन्द्र ने सोचा था कि वेंगी के दक्षिणवर्ती राज्य चोल-साम्राज्य के अविभाज्य अंग बन जाने चाहिए। इसलिए उसकी आक्रामक सेना ने वेंगी से कूच किया था। इस सेना ने सर्वप्रथम शक्करकोट्टम पर धावा बोला, जो आधुनिक चित्रकोट (बस्तर) का उपलक्षक है। यह राज्य मासुणिदेश के नाम से भी जाना जाता था और यहाँ छिन्दक नागों का शासन था, जो अपने को भोगवतीपुर का स्वामी कहते थे। राजेन्द्र की सेना ने मासुणिदेश के मदुरैमण्डलम, नामैककोणम तथा पंचपल्लि को भी विजित किया था। इससे यह भी ध्वनित होता है कि "नागों का देश बस्तर" ही मासुणिदेश का उस समय पर्याय था। मासुणिदेश एक व्यापक क्षेत्र का वाचक था। इसके अन्तर्गत उस काल में अधोलिखित दुर्गम क्षेत्र सम्मिलित थे और उसने एक के बाद दूसरे क्षेत्र को विजित किया और अन्ततः सम्पूर्ण मासुनिदेश को अधिगृहीत कर लिया :—

(क) चक्रकोट-मण्डल
(ख) मधुरमण्डल (मदुरैमण्डल)
(ग) नामणैक्ककोणम मण्डल (आन्ध्रप्रदेश के उत्तरी गोदावरी जिले का अमलापुरम तालुक, शर्मा 1945:100)
(घ) पंचपल्लि-मण्डल
(ङ) नवनिधिकुलमण्डल
(च) भ्रमरकोट-मण्डल

मासुणिदेश या माशुणिदेश या माशुनिदेश का शाब्दिक अर्थ है 'नागों या सर्पों का देश'। इससे यह संकेत मिलता है कि राजेन्द्र चोल की विजययात्रा के समय इस क्षेत्र पर नागवंश का शासन था। राजपुरताम्रपत्र (1065 ई०) के छिन्दकवंशी राजा अपने को "नागवंशोद्भव" (नागवंश से उत्पन्न) एवं "भोगवतीपुरवरेश्वर" (भोगवती के स्वामी) मानते थे। 1140 ई० के एक अभिलेख में एक राजा ने अपने को "भुजगवर भूषणमहाराजुलु" (इपी० इण्डिका 9:163) कहा है अर्थात् वह सर्पों के श्रेष्ठ वंश का सर्वश्रेष्ठ महाराजा था। यह मानना पूर्णतया तार्किक होगा कि माशुनिदेश इन राजाओं के द्वारा शासित क्षेत्र का ही वाचक था। इसी अनुमान पर मदुरैमण्डल, नामणैक्ककोणम तथा पंचपल्लि आदि को इसी क्षेत्र के अन्तर्गत मानना होगा; क्योंकि ये माशुनिदेश के मण्डल (जिले) थे। यह भी कहा जा सकता है कि अभिलेखों में चक्रकोट को भी यदा-कदा मण्डल (इपी० इण्डिका 1:29, 10:80) कहा गया है। तदनुसार मदुरैमण्डल के समान चक्रकोट भी प्रारम्भ में मण्डल रहा होगा।

ऐसा प्रतीत होता है कि चोल-सम्राट् के इस अभियान में उसकी सहायता छिन्दक-वंश के कनिष्ठ शाखा के एक विरोधी सदस्य ने की थी और उस सहायता

के पुरस्कारस्वरूप उसने उस विरोधी सदस्य को विजित देश का शासक बना दिया था। प्रशस्ति का मदुरैमण्डल राजपुरताम्रपत्र के दानदाता मधुरान्तकदेव से सम्बद्ध रहा होगा। मधुरान्तकदेव के राजपुरताम्रपत्र (1065 ई० से इस बात की पुष्टि होती है। मधुरान्तकदेव ने यह दावा किया है कि वह नागवंशी है तथा भ्रमरकोट का शासक है। यह भ्रमरकोट सम्प्रति उड़ीसा (कोरापुट) के उमरकोट का वाचक है। "मधुरान्तक" का शाब्दिक अर्थ ही है "मदुरै" का अन्त (विनाश) करने वाला। सम्भवतः राजेन्द्र चोल के साथ मदुरैमण्डलम को अधीनस्थ करने के क्षण की स्मृति में उसने अपना यह नाम रखा होगा। मधुरान्तकदेव का नागों की एक दूसरी शाखा से संबद्ध होने का यह प्रमाण है कि उसने जो मुकुट पहन रखा था, उसमें "धनुर्व्याघ्र" के प्रतीक थे तथा ध्वज पर "कमलकदली" के आरेखण थे। उसने भ्रमरकोट्य-मण्डल के अंतर्गत स्थित राजपुर नामक गाँव का दान नरबलि के लिए वध्य पकड़ने वालों को क्षतिपूर्ति में दिया था (इपी० इण्डिका 9:12-14; 9:176-8)।

5.4.4. जगदेकभूषण धारावर्ष (1050-1062 ई०)

चक्रकोट के नागवंश की ज्येष्ठ (प्रमुख) शाखा के अन्तर्गत चौथा शासक था महाराज जगदेकभूषण धारावर्ष। इससे सम्बद्ध चार अभिलेख मिलते हैं। उनमें से दो अभिलेख 1060-61 ई० के हैं तथा तीसरे की तिथि 1061-62 ई० है (हीरालाल 231, 234, 243)। बारसूर से प्राप्त 1060 ई० के अभिलेख (मद्रास रिपोर्ट ऑन एपीग्राफी 1908-9:111) में छिन्दकनाग-नृपति धारावर्ष उर्फ जगदेकभूषण नाम मिलता है उसके पौत्र कन्नरदेव के अभिलेख में उसकी विधवा महारानी गुण्ड महादेवी का उल्लेख मिलता है तथा उसी से पता चलता है कि जगदेकभूषण का एक नाम धारावर्ष भी था। गांगुली (1965:98) धारावर्ष को प्रमुख अभिधान मानते हैं, जबकि महालिंगम (तदेव) तथा हीरालाल (तदेव) धारावर्ष को उपनाम मानते हैं और जगदेकभूषण को प्रथम नाम।

धारावर्ष से सम्बद्ध अधोलिखित महत्वपूर्ण सूचनाएँ मिलती हैं—

(क) धारावर्ष से 1060 ई० के बारसूर-अभिलेख (हीरालाल 1916: 158-59)। में उल्लेख है कि "जगदेकभूषण" का एक तेलुगु-चोड सामन्त महामण्डलेश्वर चन्द्रादित्य महाराज अम्मगाम का शासक था। उन दिनों बारसूरू नागों की राजधानी थी। उसने कार्तिक शुक्ल पक्ष की पंचमी शक तिथि 983 (2 अक्टूबर 1060) को बारसूरु में "चन्द्रादित्य" नाम से एक सरोवर का निर्माण करवाया था। सरोवर के तट पर उसने एक शिव-मन्दिर भी बनवाया था। जिसका नाम "चन्द्रादित्येशवास" था। इस प्रकार सरोवर तथा

मन्दिर दोनों उसी सामन्त के नाम पर थे। आगे यह विवरण मिलता है कि चन्द्रादित्य ने मन्दिर के संरक्षण हेतु ग्राम-दान भी किया था। यह भी ज्ञात होता है कि उपर्युक्त ग्राम उसने स्वामी महाराज जगदेकभूषण से खरीदा था और उसे मन्दिर के देवता को अर्पित कर दिया था। ऐसा कहा जाता है कि इस लेन-देन के अवसर पर तथा मन्दिर के शुद्धीकरण-संस्कार के समय धारावर्ष भी वहाँ उपस्थित थे। उपर्युक्त तथ्य से यह प्रतीत होता है कि महामण्डलेश्वर चन्द्रादित्य का मुख्यालय अम्मगाम में था, जबकि उसके स्वामी छिन्दक-नाग बारसूरु में शासन कर रहे थे।

उपरिवर्णित तेलुगु-चोड सामन्त अपने को चोल-करिकाल का वंशज मानता है, जिसने कव्वैरि (कावेरी) को अधिग्रहीत किया था और जो सर्वोत्क्रष्ट नगरी ओरैयूर (उरैयूर) का स्वामी था। इस महामण्डलेश्वर (सामन्त) के मुकुट में व्याघ्र का प्रतीक (व्याघ्रलांछन) था। यह स्पष्ट नहीं हो पाता कि चुड्डापा-क्षेत्र पर शासन करने वाला वह तेलुगु-चोड-सामन्त इतनी दूरी बारसूरू किस प्रकार पहुँच गया, जहाँ से उसने एक दान-पात्र भी जारी किया। रायबहादुर हीरालाल (इण्डियन हिस्टारिकल क्वार्टर्ली 9:1:92-97) का यह सुझाव सही हो सकता है कि अपनी युवावस्था में जब राजेन्द्र कुलोत्तुंग प्रथम ने बस्तर पर आक्रमण किया होगा, तो उस अभियान में चन्द्रादित्य भी उसकी सेना के साथ आया होगा और नवविजित क्षेत्र के एक महामाण्डलिक के रूप में धारावर्ष की अधीनता स्वीकार कर इसी क्षेत्र में बस गया होगा। इससे स्पष्ट है कि चन्द्रादित्य चुड्डापा ज़िले के प्राचीन चोलों से सम्बन्धित रहा होगा। प्राचीन चोलों ने बस्तर पर आक्रमण किया होगा और उसे या उसके किसी पूर्वज को इस क्षेत्र का स्वामित्व सौंप दिया होगा। स्थानीय राजा ने उसे महामाण्डलिक का स्तर प्रदान किया।

(ख) दन्तेवाड़ा से प्राप्त एक खण्डित अभिलेख (हीरालाल 1916:165) में एक नाग-नृपति का 984 शक आषाढ़ नवमी का अभिलेख मिलता है, जिसकी तिथि 28 जून 1061 निश्चित होती है; किन्तु दुर्भाग्यवश अभिलेख की कुछ पंक्तियाँ मिट गयी हैं और राजा के नाम को नहीं पढ़ा जा सकता है। इस अभिलेख के अनुसार एक नाग राजा ने एक कृषक से ग्राम खरीदा था और भैरव के धूपदान के लिए मन्दिर को समर्पित कर दिया था। इस अभिलेख का नृपति या तो

धारावर्ष जगदेकभूषण रहा होगा या मधुरान्तकदेव। सम्भावना है कि यह धारावर्ष का ही रहा होगा।

(ग) ऐसा प्रतीत होता है कि जगदेकभूषण धारावर्ष के खिनाली (उड़ीसा का गंजाम जिला) के भंजों के साथ मधुर सम्बन्ध नहीं थे। यह भी अनुभव होता है कि भंज-नृपति यशोराज ने कभी जगदेकभूषण धारावर्ष को पराजित किया था। यशोभंज ने आंतरि ग्राम—ताम्र-पत्र (इपी० इण्डिका 1 : 298-9) में अपने को "जगदेकमल्लविजयी" कहा है। आंतरिग्राम-ताम्रपत्र में यह वर्णित है कि प्रौढ़ावस्था में यशोभंज रामानुज से अधिक प्रभावित हुआ था और उसने "श्रीवैष्णवधर्म" को स्वीकार किया था, जिससे उसे ग्यारहवीं शताब्दी के उत्तरार्द्ध में प्रस्तुत करना उपयुक्त प्रतीत होता है। ऐसा भी सम्भव है कि जगदेकभूषण यशोभंज के हाथों मारा गया हो तथा उसकी मृत्यु के पश्चात् छिन्दक-राजवंश के शासन पर उसके सम्बन्धी मधुरान्तकदेव का वर्चस्व हो गया हो। सम्भव है कि भ्रमरकोट्य-मण्डल के मधुरान्तकदेव ने चक्रकोट पर शासन की लालसा से यशोराज को शैवमतावलम्बी धारावर्ष के विरुद्ध भड़काया हो।

(घ) यहाँ यह स्मरणीय है कि छिन्दक-नागवंश में प्रचलित व्यक्ति नाम धारावर्ष या कन्हर, आदि से यह संकेत मिलता है कि यह परिवार मूलतया राष्ट्रकूटों के अधीन रहा होगा, जबकि इस वंश में सोमेश्वर तथा उसके माण्डलिक का भी सोमेश्वर नाम इसके कल्याणी के चालुक्य-सम्राट सोमेश्वर प्रथम आह्वमल्ल (1043-1068 ई०) की अधीनता के वाचक हैं।

(ङ) धारावर्ष की विधवा गुण्ड महारानी के एक अभिलेख (इपी० इण्डिका 9:316) में यह चर्चा है कि उसने दो दान दिए थे। एक तो था नारायण भगवान के लिए नारायणपुर ग्राम का दान (यशोभंज का सन्दर्भ "ग" देखें) और दूसरा लोकेश्वर भगवान के लिए कुछ भूमि-दान। इस सम्बन्ध में ध्यातव्य है कि गुण्ड महादेवी शैवमताव-लम्बिनी थीं, तथापि रामानुज के वैष्णव धर्म के आन्दोलन से प्रभा-वित होकर उन्होंने वैष्णवधर्म को भी मान्यता दी। इस अभिलेख (1111 ई०) में धारावर्ष के शासन की कोई सूचना नहीं मिलती है तथापि यह वर्णन मिलता है कि गुण्ड महादेवी एक भद्र महिला थीं। इससे यह भी संकेत मिलता है कि ग्यारहवीं शताब्दी में नागों को "गुण्ड" (परवर्ती गोंड) कहा जाने लगा था और गुण्ड-परिवार कोई

प्रमुख राजपरिवार रहा होगा। जहाँ तक इस राजा के कालनिर्धारण का प्रश्न है, हम यह संकेत कर सकते हैं कि 1050-1062 ई० के बीच वह अवश्यमेव जीवित रहा होगा। ऐसा अनुमान इस तथ्य से होता है कि उसका पुत्र सोमेश्वरदेव 1069 ई० में चक्रकोट का राजा था।

(च) ऐसा अनुमान है कि चालुक्य नृपति सोमेश्वर प्रथम अध्वरमल्ल (1043-68 ई०) या आह्वमल्ल ने अपने पुत्र युवराज विक्रमादित्य एवं काकतीय-माण्डलिक प्रोल-प्रथम के नेतृत्व में चक्रकोट के विरुद्ध एक अभियानदल भेजा था। इन्होंने चोलों को चक्रकोट मण्डल से निष्कासित करने में सफलता प्राप्त की तथा नाग-नृपति धारावर्ष को वहाँ पुनः अभिषिक्त किया, जगदेकभूषण की उपाधि से विख्यात था। धारावर्ष बहुत दिनों तक शासन नहीं कर सका। 1062 ई० के आसपास उसके विरोधी मधुरान्तकदेव ने सम्भवतः उसका वध कर डाला। धारावर्ष के विरुद्ध मधुरान्तक की सहायता चोल तथा भंज कर रहे थे; क्योंकि धारावर्ष चालुक्यों के आश्रित था। इस सम्बन्ध में पुनः हम आंतरिग्राम से प्राप्त एक भंज-अभिलेख (इपी० इण्डिका 18:298-9) पर विचार करें, जिसमें यह कहा गया है कि भंज-नृपति यशोभंज ने जगदेकमल्ल को जीता था। "जगदेकमल्ल" चक्रकोट का "जगदेकभूषण" ही रहा होगा। हम डी० आर० भण्डारकर (तदेव) के इस मत से सहमत नहीं हैं कि यह "जगदेकमल्ल" कल्याणी का चालुक्य जगदेकमल्ल द्वितीय था; क्योंकि भंज-क्षेत्र से चालुक्य-क्षेत्र की दूरी बहुत अधिक है। ऐसा आभास होता है कि गंजामक्षेत्र का यह नृपति कलिंगनगर के गंगों का मित्र था और गंग चोलों के मित्र थे और यही कारण है कि मधुरान्तकदेव की सहायता के लिए यशोभंज को भेजा गया होगा और उसने चालों के साथ मिलकर धारावर्ष के विरुद्ध युद्ध किया होगा तथा चक्रकोट-शासन पर नागों की कनिष्ठ-शाखा के नृपति मधुरान्तकदेव को अभिषिक्त किया होगा।

5.4.5. मधुरान्तकदेव (1062-1069 ई०) : छिन्दक-वंश की कनिष्ठ-शाखा का चक्रकोट पर अधिकार

मधुरान्तक का अर्थ है "मदुरै-मण्डल का विजेता"। ऐसा प्रतीत होता है कि राजेन्द्र,चोल (1012-1044 ई०) के साथ उसने 1022-23 ई०

में "मदुरैमण्डल" के विजय के उपलक्ष्य में ऐसा नाम रखा था। हमने यह पहले ही कहा है कि चक्रकोट-मण्डल के अन्तर्गत छिन्दकों का एक कनिष्ठ घराना भी था। इस घराने के एक ही राजा से हम परिचित हैं, जिसे मधुरान्तकदेव के नाम से जानते हैं। यह मधुरान्तकदेव प्रसिद्ध सम्राट सोमेश्वर प्रथम (द्र० 5.4.6) का समकालीन था और इसकी प्राचीनतम तिथि 1065 (इपी० इण्डिका 10:29) निश्चित होती है। तदनुसार धारावर्ष की मृत्यु 1065 ई० के पूर्व हो चुकी थी। उस समय उसका पुत्र सोमेश्वरदेव अल्प-वयस्क रहा होगा और इसीलिए 1065 ई० में मधुरान्तकदेव ने उसे खदेड़ दिया होगा।

मधुरान्तकदेव छिन्दक नागवंश के एक अन्य घराने से सम्बद्ध था। इसका ज्ञान इस तथ्य से होता है कि उसके मुकुट पर "धनुर्व्याघ्र" का प्रतीक था तथा उसके ध्वज पर "कमल-पुष्प तथा कदली-पत्र" के संकेत उभरे हुए थे।

राजपुर-ताम्रपत्र (इपी० इण्डिका 10:26) के आधार पर विद्वान् यह सिद्ध करते हैं कि छिन्दक नागों की राजगद्दी पर 5 अक्टूबर 1065 ई० से पूर्व मधुरान्तकदेव का अधिकार हो गया होगा। मधुरान्तकदेव के उपर्युक्त ताम्रपत्र में यह उल्लेख मिलता है कि उसने जगदलपुर से 22 मील दूर उत्तर-पश्चिम में स्थित राजपुर नामक ग्राम को किसी मन्दिर में नरबलि-हेतु दान दिया था। उस समय राजपुर भ्रमरकोट्य-मण्डल के अन्तर्गत था, जो आधुनिक उड़ीसा का उमरकोट क्षेत्र रहा होगा और हम यह कह सकते हैं कि मधुरान्तकदेव का सर्वप्रथम अधिकार चक्रकोट राष्ट्र के पूर्वी भाग पर हुआ होगा। मधुरान्तकदेव शैवमतावलम्बी था।

यह निश्चित नहीं किया जा सकता कि क्या दन्तेवाड़ा का 1061 ई० का खण्डित अभिलेख धारावर्ष का है या मधुरान्तकदेव का। मधुरान्तकदेव को धारावर्ष के पुत्र सोमेश्वर प्रथम ने शीघ्र ही राज्य-सिंहासन से बहिष्कृत कर दिया था। सोमेश्वर प्रथम अभिलेख 1069 ई० (तदेव 10:31) का है। बस्तर के छिन्दक-राजवंश के एक ही वंश के दो विरोधियों के नामों से यह संकेत मिलता है कि सोमेश्वर की सहायता कल्याणी के चालुक्य ने की होगी, जबकि मधुरान्तकदेव को चोलों से सहायता मिली होगी। इस संबंध में यह ध्यातव्य है कि 1074 ई० के एक चोल-अभिलेख में कुलोत्तुंग-प्रथम के विजय की जो चर्चा है, उसमें उन्होंने वयिराग्राम (चाँदा का बैरागढ़) तथा सक्करकोट्टम को विजित किया था।

मधुरान्तकदेव वही नृपति था, जिसके वध करने का दावा सोमेश्वर प्रथम (तदेव 10:26) ने किया है। ऐसा आभास होता है कि अपने भ्रमरकोट्य-मण्डल के सीमित क्षेत्र से मधुरान्तकदेव सन्तुष्ट नहीं था। इसीलिए उसने अपने सम्ब-

न्धियों के राजसिंहासन पर अनुचित रीति से अधिकार कर लिया था। जैसा कि पहले कहा जा चुका है, उसे यह मौका धारावर्ष की मृत्यु के कारण मिला होगा; किन्तु सोमेश्वर-प्रथम के रूप में मधुरान्तकदेव को एक शक्तिशाली शत्रु का सामना करना पड़ा, जिसने अनधिकृत शासन को हथियाने वाले व्यक्ति को मार डाला और अपने वंशानुगत राज्य पर पुनः अधिकार प्राप्त कर लिया। सम्भवतः इसी कारण सोमेश्वर प्रथम के सम्बन्ध में कहा गया है कि उसने अपने "भुजबल" से अपना राज्य प्राप्त किया था (तदेव 10:37)।

मधुरान्तकदेव के दान पत्र में तीन राजकुमारों का वर्णन मिलता है :—

(क) कुमार कन्हरदेव
(ख) कुमार नायक
(ग) कुमार तुंगराज

इसमें उसकी पटरानी नागल महादेवी का भी उल्लेख है (तदेव 9:181)। परवर्ती अभिलेखों में इन राजकुमारों के सम्बन्ध में हमें कोई सूचना नहीं मिलती है। ऐसा प्रतीत होता है कि इनके क्षेत्र चक्रकोट की ज्येष्ठ (प्रमुख) छिन्दक-शाखा के अन्तर्गत विलीन हो गए और सोमेश्वर प्रथम ने दोनों ही छिन्द-घरानों को एक ही ध्वज के तले मिलाने का अभूतपूर्व काम किया।

मधुरान्तकदेव का राजपुरताम्रपत्र एक अद्वितीय अभिलेख है और इस पर विस्तृत समीक्षा आवश्यक है। इसमें यह लिपिबद्ध है कि राजपुर ग्राम किसी मेडि-पोट या छुरिकार-मेडिपोट एवं उसके उत्तराधिकारियों को दान में दिया गया है और उसी के साथ दानग्रहीता को 70 गद्याणक मुद्राएँ भी दी गयी हैं। इस दान का लक्ष्य इस प्रकार अभिलिखित है—"**ग्रामबलि के अवसर पर कोई व्यक्ति क्षुरि-प्रबन्ध में प्रवेश नहीं करता। स्थानीय योगिनियों के आ**.**ार्य (कौलाचार्य) के लिए भ्रमरकोट्यमण्डल में अब तक कोई स्थान उपलब्ध नहीं है। इसी लक्ष्य से यह ग्राम सभी जीवों के कल्याणार्थ दान में दिया जा रहा है।**" यह अभिकथन दान-ग्रहीता के द्वारा दिए गए अनुबन्ध-पत्र-जैसा है, जो गुप्त भाषा में लिखा गया प्रतीत होता है। मुझे ऐसा प्रतीत होता है कि नरबलि के लिए वध्य पकड़ने के लिए एक प्रकार की क्षतिपूर्ति है। ऐसा निष्कर्ष सकारण है। यह स्मरणीय है कि बस्तर अंचल में सौ वर्ष पहले तक नरबलि अनियंत्रित रूप में प्रचलित थी और कोई ऐसा दावा नहीं कर सकता कि यदा-कदा ऐसी घटना आज भी न होती हो। पोलिस के रिकार्डों की यदि सावधानी के साथ परीक्षा की जाय तो यह पता चलेगा कि इन दिनों भी नरबलि के प्रति आदिवासियों के विश्वास में कोई कमी नहीं आयी है। बस्तर में दन्तेश्वरी देवी का एक मन्दिर है, जिसमें प्रारम्भ से ही नर-

बलि की जाती रही है। जब इस क्षेत्र पर भौसलों का शासन हुआ तो उन्होंने नर-बलि को रोकने के लिए मन्दिर के आस-पास सुरक्षा-दल नियुक्त किया था।

जब यह वन्य अंचल ब्रिटिशों के अधिकार में आया तो उन्होंने इस प्रथा की जाँच के लिए एक अधिकारी की नियुक्ति की थी। मद्रास सेना के कर्नल मैकफर्सन (1852:10) ने अपने प्रतिवेदन में कहा था—"**भूमिदेवी की पूजा के निमित्त नरबलि दी जाती है। यह आम जनता के लिए आहुति का एक संस्कार है, जो सामाजिक उत्सवों तथा अति विशिष्ट आराधना के अवसरों पर किया जाता है; यथा अकाल मौत होने की स्थिति में या व्याघ्र के आतंक होने पर या शिशु-जन्म के अवसर पर, माता की मृत्यु पर या जानवरों के रोगग्रस्त हो जाने पर या वन्य पशुओं के आतंक बढ़ जाने पर या फसल के खराब हो जाने पर या आदिवासियों के मुखिया या राजा पर विपत्ति आने पर।**" मधुरान्तकदेव-जैसा लुटेरा यदि ऐसी नरबलि के लिए आज्ञापत्र जारी करता है तो उस युग में इसके व्यापक प्रचलन व लोकविश्वास की जानकारी मिलती है। उसने सर्वजनकल्याणार्थ वध्य पकड़ने के लिए यह दानपत्र जारी किया था। इसमें उसके कल्याण का भाव भी निहित था, क्योंकि वह जनता का ध्यान इस ओर खींचना चाहता था कि उसने लोक-कल्याण के लिए राज्य को छीना, क्योंकि वह नरबलि का हिमायती थी। इसलिए उसे लगा कि जनता का उसे विश्वास मिलेगा क्योंकि वह भी नरबलि में आस्था रखती थी।

5.4.6. सोमेश्वरदेव प्रथम (1069-1111 ई०) बस्तर का महान सम्राट्

धारावर्ष जगदेकभूषण ने गुण्ड महारानी के साथ विवाह किया था तथा इनके प्रतापी पुत्र का नाम सोमेश्वरदेव प्रथम था। सोमेश्वर प्रथम का परिचय दस अभिलेखों से होता है तथा इसका प्रथम अभिलेख 1069 ई० का है। सोमेश्वरदेव के राज्याभिषेक की सही तिथि हम नहीं जानते, किन्तु यह अनुमान होता है कि 1069 ई० में वह राजसिंहासन पर बैठा होगा; क्योंकि उससे सम्बद्ध सर्वप्रथम अभिलेख 1069 ई० का ही है। रायबहादुर हीरालाल (1933:94) इस तिथि के अंक पर सन्दिग्ध हैं और उनके मतानुसार 1069 ई० के अतिरिक्त उपर्युक्त अभिलेख की तिथि को 1095 ई० अथवा 1097 ई० अथवा 1109 ई० भी पढ़ा जा सकता है।

सोमेश्वरदेव से सम्बद्ध अभिलेखों में से एक कुरुषपाल (जगदलपुर से 22 मील दूर)-अभिलेख धारण महादेवी का है एवं द्वितीय महारानी शासनदेवी का है, जिसकी तिथि खर सम्वत्सर है, जो 1069 ई० निश्चित होती है। दो अन्य अभि-लेख इसी राजा के शासनकाल से सम्बद्ध हैं, जिनमें से एक कुरुषपाल से प्राप्त है और दूसरा गढ़िया से मिला है। सोमेश्वरदेव की द्वितीय पट्टमहिषी धारणदेवी के

1097 ई० के अभिलेख से ज्ञात होता है कि वह नागवंशी राजाओं में सर्वश्रेष्ठ था। कुरुषपाल तथा गढ़िया से प्राप्त दो अन्य अभिलेखों में भी 1097 ई० तिथि अंकित है।

सोमेश्वर प्रथम की दो पत्नियाँ थीं—सासन महादेवी या सोमल महादेवी तथा धारण महादेवी (हीरालाल 1916:254; इपी० इण्डिका 4:316,10:34)। धारण महादेवी अभिलेखों में दानदात्री भी है। सोमेश्वर प्रथम की छोटी बहन मासकदेवी थी तथा शासन कार्य में वह भी अपने अग्रज का हाथ बँटाती थी तथा प्रजातांत्रिक मूल्यों पर उसका अधिक ध्यान था। उसने एक शिलालेख भी जारी किया था (हीरालाल 1916:166)।

गुण्ड महादेवी के नारायणपाल-प्रस्तराभिलेख (इपी० इण्डिका 9:311-16) से ज्ञात होता है कि धारावर्ष के पुत्र सोमेश्वरदेव की दो उपाधियाँ थीं—रायभूषण तथा प्रतिगण्डभैरव। उससे सम्बद्ध राजकीय प्रशस्ति का एक उदाहरण यहाँ प्रस्तुत है—**सहस्त्रफणमणिकिरणनिकरावभासुर-नागवंशोद्भव - भोगवतीपुरवरेश्वरसवत्स व्याघ्रलांछन-काश्यपगोत्र-प्रकटीकृतविजयघोषणालब्ध - विश्वविश्वम्भर-परमेश्वर-परमभट्टारक - महेश्वरचरणकंजकिंजल्क - पुंजपिंजरित - भ्रमरायमाण-सत्य हरिश्चन्द्र - शरणागत - वज्रपंजर - प्रतिगण्डभैरव श्रीमद्रायभूषण-महाराज-सोमेश्वरदेव :।**

इसमें कोई सन्देह नहीं है कि सोमेश्वरदेव प्रथम छिन्दक नागवंश का सबसे प्रतापी सम्राट् था। उसके शासनकाल का सर्वाधिक महत्वपूर्ण अभिलेख कुरुषपाल का खण्डित अभिलेख (इपी० इण्डिका 10:25) है, जिसमें उसकी सैन्य-उपलब्धियों के विवरण के साथ समसामयिक राजाओं की चर्चा है। इस अभिलेख में सोमेश्वर के पुत्र कन्हर की चर्चा है और सम्भवतः यह उसके शासनकाल के अन्त में उत्कीर्ण कराया गया होगा। सोमेश्वर की महत्ता की आख्यापक इस प्रशस्ति में यह कहा गया है कि वह एक ऐसा सम्राट् था, जिसने उड्र के राजा का वध किया। वीरचोड, लांजी के राजकुमार व रतनपुर को हराया। पुनः यह विवरण है कि उसने मधुरान्तक का वध किया एवं दिव्य वन, खाण्डव को जला डाला। उसने वत्स को परास्त कर उसकी नगरी भद्रपट्टण को तहस-नहस कर डाला। उसने कोसल को स्वाधीन कर लिया, जहाँ 6 लाख 96 गाँव थे। दुर्भाग्यवश उपर्युक्त अभिलेख क्षतविक्षत है; अन्यथा उसके अन्य पराक्रमों के बारे में हमें और अधिक जानकारी मिल सकती थी। उपर्युक्त तथ्यों से सम्बद्ध अभिलेख का मूल पाठ (इपी० इण्डिका 5:29-30) यहाँ प्रस्तुत है: —

श्रीप्रतिगण्डभैरव इतिख्यातिं नृपालं भवा-
द्रुदात्नेति च राजभूषण इति ख्यातिं गतो भूतले।

उड्रायमदनोग्रमहेशः वीरचोडनृपसंवरकाम
लेभ्णधा······ पग चक्रो लंजिरत्नपुर पद्ममहेभः ।।

निहत्य बीरो मधुरान्तकं नृपं
महाबलस्तं मधुरानिभं रणे।
तत्रार्दयित्वा नृपतीनिवासान्
कुमारनारायणतामुपागतः ।।

लक्षाष्टकं षण्णावत्या समेतं
ग्रामाणां यः कोसलानामहार्षीत ।।

इन श्लोकों से यह सुस्पष्ट है कि सोमेश्वर छिन्दक-नागवंश का एक शक्तिशाली नृपति था। उसने विन्ध्यवासिनी की कृपा से चक्रकोट पर न केवल अपनी सार्वभौम-सत्ता स्थापित की, अपितु उसने अपनी विजय-यात्रा में पड़ोसी देशों को भी स्वाधीन कर लिया था। क्रमिक सूत्रों के आधार पर अब हम सोमेश्वर देव के सामरिक कार्यकलापों को इस प्रकार आरेखित कर सकते हैं।

सोमेश्वरदेव की विजय यात्रा

(क) मधुरान्तकदेव का वध

ग्यारहवीं शताब्दी के उत्तरार्द्ध में दक्षिण भारत में चोलों तथा कल्याणी के चालुक्यों के मध्य सार्वभौम सत्ता को लेकर भयंकर संघर्ष छिड़ गया था। ग्यारहवीं शताब्दी में चोल उत्कर्ष पर थे। राजराज प्रथम (985-1015) तथा राजेन्द्र प्रथम (1015-1044) के राज्य कालों में चोलों का वेंगी के पूर्वी चालुक्यों के साथ दीर्घकालिक संघर्ष चला, जिन्हें उन्होंने अन्त में करद बना लिया; किन्तु पूर्णतः अधीनस्थ न कर सके। 1070 ई० में चोल तथा वेंगी के पूर्वी चालुक्य-वंश संयुक्त हो गए और इस प्रकार एक नये चालुक्य-चोल वंश की स्थापना हुई। यह स्थिति सम्भवतः उस समय आयी होगी जब इससे एक वर्ष पूर्व बस्तर में चोल मधुरान्तकदेव की सहायता कर रहे थे और सोमेश्वरदेव के पक्ष में पूर्वी चालुक्य लड़ रहे थे। जब सोमेश्वरदेव ने अपने पिता के हत्यारे मधुरान्तकदेव का वध चालुक्यों की सहायता से किया होगा और अपने खोए हुए राष्ट्र को पुनः स्वाधीन किया होगा तो चोलों को अपनी गलती का अहसास हुआ होगा और उन्होंने चालुक्यों के साथ छिन्दक नागों से भी मैत्री की होगी। इसी के परिणामस्वरूप सोमेश्वरदेव ने चन्द्रादित्य के पुत्र को पुनः सम्मान दिया होगा, जो मूल-रूप से चोलवंश का था।

मधुरान्तक वही नाग-शासक था, जो सोमेश्वरदेव से पूर्व भ्रमरकोट्य-मण्डल पर शासन कर रहा था और पूर्व में सन्दर्भित राजपुर—ताम्रपत्र को जारी किया था। मधुरान्तकदेव चक्रकोट का असली शासक नहीं था; अपितु चक्रकोट का वंश-

पारम्परिक शासक सोमेश्वरदेव प्रथम था। अभिलेख में यह सुस्पष्ट वर्णित है कि युद्ध में शक्तिशाली राजा मधुरान्तकदेव का वध एवं अन्य राजाओं को आतंकित कर सोमेश्वर "कुमार नारायण"—जैसा बन गया था। उसने भी मधुर-वध एवं विविध राक्षसों के विनाश की तरह "नारायण" का ही अनुकरण किया था। मधुरान्तकदेव छिन्दकों की एक कनिष्ठ शाखा का नृपति था और उसने सोमेश्वर के पारम्परिक क्षेत्र को भी हड़प लिया था (इपी० इण्डिका 9:174)।

(ख) वेंगी पर आक्रमण

सोमेश्वरदेव ने वेंगी को भस्मीभूत करने की आत्मश्लाघा प्रदर्शित की है। जिस प्रकार वीर अर्जुन ने खाण्डव वन का दहन किया था, उसी प्रकार उसने वेंगी को जला दिया था (तदेव 10:25। वेंगी गोदावरी के दक्षिण में गोदावरी तथा कृष्ण नदियों के मध्य के क्षेत्र का नाम था। वेंगी को जलाकर उसने "जैसे को तैसे" मुहावरे को चरितार्थ किया; क्योंकि हम यह जानते हैं कि गोदावरी के दक्षिण के राजाओं ने अनेकों बार चक्रकोट को जलाया था। यहाँ यह ध्यान देने योग्य है कि दक्षिण के अनेक राजाओं ने समय-समय पर चक्रकोट पर आक्रमण किया था। प्रथम आक्रमण विजयादित्य तृतीय ने किया था, जो पूर्वी चालुक्य-शाखा का था और जिसका शासनकाल 844 से 888 ई० के मध्य था। उसने भी चक्रकोट को जलाया था (तदेव 4:226)। उसके पश्चात राजेन्द्र चोल (1011-1033) ने चक्रकोट पर अधिकार कर लिया था, जिसे दक्षिण के अभिलेखों में "शक्करकोट्टम" (साउथ इण्डियन इंस्क्रिप्शंस 2:108) कहा गया है। राजेन्द्र का एक उत्तराधिकारी वीर राजेन्द्र प्रथम भी यह दावा करता है कि उसने कलिंग से गुजरते हुए चक्रकोट पर आक्रमण किया था (तदेव 3:70)।

सोमेश्वरदेव के काल में चोल-नृपति कुलोत्तुंग ने अपनी युवावस्था में चक्रकोट पर आक्रमण किया था। यह घटना 1070 ई० से पहले की है। यह तथ्य तमिल-कविता "कलिंगट्टपरणि" में भी निर्दिष्ट है एवं एक अभिलेख में भी इसकी चर्चा है। राजकुलोत्तुंग प्रथम (1070-1120) के अभिलेख से यह ज्ञात होता है कि उसने साहसपूर्ण जीवन बिताते समय नाग-नृपति पर "कर" लगा दिया था (बुद्ध प्रकाश 1965:363, 365) तथा कुछ समय के लिए चक्रकोट को भी अधीनस्थ कर लिया था एवं वेंगी से एक हजार हाथी छीन लिये थे। ऐसा प्रतीत होता है कि यह घटना मधुरान्तक के काल में घटी हुई होगी; क्योंकि चोल-नृपति उसी के समर्थक थे (सत्यनाशिगर 1966:212)। अभिलेख में यह वर्णित है कि कुलोत्तुंग प्रथम ने वयिराग्राम (आधुनिक चाँदा का बैरागढ़) एवं शक्करकोट्टम (चक्रकोट) पर विजय-पताका फहराई थी (बनर्जी 1920:79)। मधुरान्तकदेव की यह विजय अस्थायी थी; क्योंकि विवेचनाधीन

करुषपाल के खण्डित अभिलेख से यह पता चलता है कि मधुरान्तक तथा सोमेश्वर के मध्य पुनः युद्ध हुआ और विन्ध्यवासिनी की कृपा से सोमेश्वर ने युद्ध-भूमि में उसका वध किया तथा चक्रकोट में वंशानुक्रमिक-शासन-स्थापना की। यह घटना 1065 ई० के पश्चात् हुई होगी क्योंकि इस काल तक मधुरान्तकदेव भ्रमरकोट्य का स्वामी था।

पश्चिमी चालुक्यवंश के विजयादित्य षष्ठ चक्रकोट का पाँचवाँ आक्रामक था। उसने युवराज की स्थिति में ही चक्रकोट को जीत लिया था। विजयादित्य 1076 ई० में राजसिंहासन पर बैठा और यह घटना इस तिथि से पूर्व की है। वेंगी के चालुक्य-नृपति विक्रमादित्य-षष्ठ के प्रसिद्ध सभा-पण्डित बिल्हण ने अपने काव्यग्रन्थ "विक्रमांकदेवचरित" में यह कहा है कि "विक्रमादित्य ने चक्रकोट-दुर्ग पर चढ़ाई की थी और उसे अपने अधिकार में कर लिया था। उसने उस दुर्ग के राजा का सब कुछ छीन लिया था, केवल उन हाथियों को छोड़कर जो राजप्रासाद की भित्तियों पर चित्रित थे—

आक्रान्तरिपुचक्रेण चक्रकोटपतेः परम्।
लिखिताश्चित्रशालासु तेनामुच्यन्त दन्तिनः॥

(विक्रमांकदेवचरित 4:30)

मणिमंगलम—अभिलेख (इपी० इण्डिका 30:140) से यह ज्ञात होता है कि पूर्वी क्षेत्र में विक्रमादित्य की यह विजय अल्पकालिक थी।

छिन्दक नागवंशी सोमेश्वर ने जिस वेंगी को जला दिया था, वह गोदावरी तथा कृष्णा के मध्य का ही क्षेत्र था। अभिलेख में वीर चोड का नाम आता है। अन्य सन्दर्भों (साउथ इण्डियन इंस्क्रिप्शंस 1:51) से हमें यह ज्ञात होता है कि उसके पिता ने यहाँ का माण्डलिक बनाया था। पौराणिक प्रद्युम्न (काम) के समान सोमेश्वर ने शम्बर राक्षस-रूपी वीरचोड का विनाश किया था। वीरचोड कुलोत्तुंग राजेन्द्र चोल का तृतीय पुत्र था। उसके पिता ने उसे 1074-1084 के मध्य वेंगी का माण्डलिक नियुक्त किया था। दूसरी बार पुनः 1088-1093 के मध्य वह माण्डलिक बना (शास्त्री 1955:2:31)। इस प्रकार वेंगी में सोमेश्वर की सामरिक गतिविधियाँ 1078 से 1093 के मध्य सीमित मानी जा सकती हैं। हमने यह पहले ही उल्लेख किया है कि कुलोत्तुंग ने बैरागढ़ एवं चक्रकोट पर 1074 ई० से पूर्व विजय प्राप्त की थी (स्वेल, 1923:85)। ऐसा लगता है कि कुलोत्तुँग के विजय से पूर्व अर्थात् 1074 ई० से पूर्व सोमेश्वर ने कभी वेंगी पर अधिकार कर लिया होगा।

यह कहना अनुचित न होगा कि सोमेश्वर के द्वारा पराजित होने के बाद वीर चोड ने वेंगी को छोड़ दिया होगा। उसके बाद उसने कलिंग को अपना

उपनिवेश बनाया होगा, जहाँ से उसके कुछ अभिलेख मिले हैं। ऐसा अनुमान है कि गंगवंश का अनन्तवर्मा चोडगंगदेव का ससुर था (जो एच० आर० एस० 5:49-54)। चोडगंग अभी बालक ही था कि उसके पिता राजराज देवेन्द्र वर्मा की मृत्यु हो गयी। शक 999 (1077 ई०) में वह केवल चार-पाँच वर्षों का रहा होगा और इसी समय उसका राज्याभिषेक हुआ होगा। उस समय प्रचलित धार्मिक रीतिरिवाजों के अनुसार अभिषेक-संस्कार में उसके साथ सिंहासन पर उसकी रानी को बैठना चाहिए था। उसके अतिरिक्त दाक्षिणात्य परम्परा के अनुसार मामा की पुत्री के साथ उसका विवाह होना चाहिए था। इन परम्पराओं के कारण अनन्तवर्मा चोडगंग की प्रथम पत्नी, अभिलेखों के अनुसार जयमगण्ड चोडदेवी थी, जिसे "कलिंग महादेवी" (साउथ इण्डियन इंस्क्रिप्शंस 1052, 1194) कहा गया है। वह चोडगंग के किसी मामा की पुत्री रही होगी। मुझे ऐसा लगता है कि वह कुलोत्तुंग का तृतीय पुत्र वीरचोड ही था, जिसे 1078 ई० में वेंगी का माण्डलिक बनाया गया था। कलिंग में चोडगंग के राज्यारोहण के तुरन्त बाद की यह घटना प्रतीत होती है। ऐसा अनुमान है कि या तो कुलोत्तुंग के निर्देशों का पालन वीरचोड ने नहीं किया अथवा चोलवंश में कुछ भ्रम की स्थिति निर्मित हो गयी होगी, जिससे वह वेंगी में सोमेश्वर के हाथों पराभूत हुआ होगा। वेंगी में सोमेश्वरदेव के हाथों पराजित होने के बाद उसने कलिंग में शरण ली होगी, जहाँ न केवल वह अपने को बचा सका; अपितु शत्रुओं से घिरे हुए अपने दामाद की स्थिति को भी सुदृढ़ किया। राजनैतिक क्षेत्र में वीरचोड के जीवन का यह परवर्ती भाग है। यहाँ कहना उचित होगा कि 1070 ई० से चोल एवं गंगों के सम्बन्ध मधुर नहीं रहे; क्योंकि कुलोत्तुंग ने कलिंग पर आक्रमण करने का दुस्साहस ही नहीं किया, वह राजराज के एक सेनानायक बनपति के द्वारा बुरी तरह पराजित हुआ था (इपी० इण्डिका 4:314-18)। उसी समय कुलोत्तुंग ने चक्रकोट पर धावा बोला था, जहाँ उसने धारावर्ष को पराजित किया व नागवंशी राजा को वार्षिक नजराना देने के लिए भी बाध्य किया। इस सम्बन्ध में नीलकण्ठ शास्त्री [1955:2(1) 4] के विचार दृष्टव्य हैं—

"Of the early wars fought by Kulottunga in youth, some account has been given in discussing his position between 1063 and 1070 A.D. It has been pointed out that he levied tribute from the Nagavanshi ruler Dharsvarsha and possibly carved out for himself a separate and independent principality in that region."

यहाँ यह समझ पाना कठिन है कि कलिंग में परास्त होने व अपनी पुत्री राजसुन्दरी को राजराज देववर्मा के हाथों सौंपने वाले कुलोत्तुंग ने किस प्रकार चक्रकोट में धारावर्ष को पराजित कर उस पर वार्षिक कर का आरोपण किया

था। इस सम्बन्ध में गंग-अभिलेख का अधोलिखित पद्य उद्धृत किया जा सकता है—

स राजराज प्रथमं जयाश्रियः
पतिर्बभूव द्रविता ह्वोत्सवे।
विसर्जमानामथ राजसुन्दरी-
मुदूढवान्श्चोडमहीमुस्मजान्॥

(कोर्नी-ताम्रपत्र, पंक्ति 87-89)

धारावर्ष उर्फ राजभूषण ने स्वर्ण-मुद्राओं को जारी कर अधिराजत्व की स्थिति प्राप्त कर ली थी। इसलिए उस पर कुलोत्तुंग के कर लगाने या उसे माण्डलिक बनाने की बात अतिरंजित लगती है।

चोल-अभिलेखों से हमें यह सूचना मिलती है कि कुलोत्तुंग ने अपने देश के पूर्व में स्थित देशों व कलिंग पर आक्रमण करने के लिए सेना नायकों को भेजा था। तिरुमुक्कुदल-अभिलेख (इपी० इण्डिका 21:244) से जानकारी मिलती है कि जब उसके प्रमुख माण्डलिक उत्तर दिशा चक्रकोट में अवरुद्ध हो गए थे, तो उसने अपने सेनापति को कलिंगम भेजा था। उसी समय चोल सेना ने सोनैनगर के धनुर्धारी सोमयन पर आक्रमण किया था। इस अभिलेख के सम्पादक के० वी० सुब्रह्मण्यम ने स्वीकार किया है (तदेव 21:228) कि 'सोनैनगर" स्थान की वे शिनाख्त नहीं कर सके।

मुझे ऐसा लगता है कि सोमयन चक्रकोट के सोमेश्वर उर्फ प्रपगण्डभैरव का ही एक उपनाम था, जो दक्षिण कोसल के समग्र क्षेत्र को अधिगत करने की आत्मश्लाधा से पीड़ित था। "सोनैनगर" की पहचान सुवर्णनगर (सोनपुर) से की जा सकती है, जो दक्षिण कोसल के सोमवंशी राजाओं की राजधानी था और सोमवंशियों के पश्चात् चोलों की करिकाल-शाखा के अधीन चला गया। यह चोल नृपति ही अपने को दक्षिण कोसल का अधिपति मानने लगा था। ऐसी स्थिति में यह पूर्ण सम्भावना है कि दक्षिण कोसल को हस्तगत करने वाले एवं सोमवंशी राजाओं को वहाँ से खदेड़ने वाले (ययाति महाशिवगुप्त के काल में सोमवंशी नृपतियों ने सुवर्णपुर छोड़ दिया और उत्कल चले गए) चक्रकोट के सोमेश्वरदेव चोल-सेना के लक्ष्य बने हों। इन सन्दर्भों से अब हमारी समझ में हमें आ सकता है कि चोलों ने सोनैनगर (दक्षिण कोसल का सुवर्णपुर) पर उस समय आक्रमण क्यों किया, जबकि उनके माण्डलिक चक्रकोट में रुके हुए थे। यद्यपि इतिहास में ऐसा संकेत कहीं नहीं मिलता है कि चोल शासक ने सोमेश्वर को स्वाधीन किया था, तथापि यह अनुमान लगाया जा सकता है कि उसने दक्षिण कोसल की राजधानी सुवर्णपुर के माध्यम से सोमेश्वर को दबाने की कोशिश की होगी। चोलवंश के

सोमेश्वरदेव वर्मा के महादेव-ताम्रपत्र में यह वर्णन है कि उसने सुवर्णपुर से एक दानपत्र जारी किया था (तदेव 28:283-321)। अपने पाटणा-संग्रहालय-ताम्र-पत्र (तदेव 19:213) तथा कुमारीसिगाताम्रपत्र (जे० के० एच० आर० एस० 1:3:291) में उसने अपने लिए "सकलकोसलाधिपति" की उपाधि का प्रयोग किया है। इन विवरणों से हम यह निष्कर्ष निकाल सकते हैं कि जैसे ही सोमवंशी राजाओं ने सुवर्णपुर तथा दक्षिण कोसल को छोड़ा, उनके स्थान पर चक्रकोट के सोमेश्वर का वहाँ अधिकार हो गया; किन्तु जब सोमेश्वर के मूल राष्ट्र चक्रकोट पर चोलों ने आक्रमण किया तो सुवर्णपुर-सहित दक्षिण कोसल का राजतंत्र चोलों के हाथों में चला गया। तदनन्तर चेदि नृपति रतनदेव (तदेव 1:3-3) ने चोल नृपति सोमेश्वर से अपनी भूमि छीन ली, जैसाकि जाजल्लदेव के खरोद-अभिलेख (इण्डियन एण्टीक्वेरी 32:82-83) से ज्ञात होता है।

नागों, चोलों एवं चेदियों के राजनैतिक सम्बन्धों का इतिहास अभी अन्धकार में है। अन्धकार जैसे ही छटेगा, इतिहास के नए पृष्ठ लिखे जाएँगे।

(ग) उड्र नरेश पर आक्रमण

अभिलेख में वर्णित 'उड्र' उड़ीसा का प्राचीन नाम है। अभिलेख में वर्णित उड्र नृपति सम्भवतः सोमवंशी उद्योतकेसरी था।

(घ) वज्रदेश पर आक्रमण

वज्रदेश को 'वज्र' 'वयिर', 'वयिराग्राम' आदि नामों से विविध अभिलेखों तथा ऐतिहासिक काव्यों में सम्बोधित किया गया है। यह महाराष्ट्र के चाँदा जिले के बैरागढ़ का उपलक्षक है। तमिल-साहित्य में बैरागढ़ को "वैरियगारेम" कहा गया है, जो "वज्राकरम्" का उपभ्रंश है और जिसका अर्थ है "हीरों की खदान"। यह सुविदित तथ्य है कि मध्ययुग में यह क्षेत्र हीरों के लिए प्रसिद्ध था। वैरागढ़ के साथ चक्रकोट की शत्रुता पारम्परिक थी। शंखपाल नामक नाग नृपति (980-1012) भी यहाँ के दुर्धर्ष शत्रु को बश में करने के लिए मालवा के परमार राजा से सहायता ली थी। सोमेश्वर ने वज्रदेश को जला दिया था और उसे राख का ढेर बनाकर अपनी कीर्त्ति में एक हीरक पताका जोड़ ली थी (इपी० इण्डिका 10:25)।

(ङ) भद्रपट्टण पर आक्रमण

'भद्रपट्टण' आधुनिक "भाण्डक" का वाचक है, जो बैरागढ़ या वज्र क्षेत्र से 70 मील दूर है। भाण्डक शब्द का प्रयोग अति प्राचीन है।

(च) लांजी पर आक्रमण

अभिलेख में वर्णित "लंजि" मध्यप्रदेश के बालाघाट ज़िले का "लांजी" नामक एक सुपरिचित क्षेत्र है तथा यहाँ के गोंड-शासक प्रसिद्ध रहे हैं। सम्प्रति यह "खेरला-लांजी" के नाम से जाना जाता है। उत्तर मध्ययुग में मुगल बादशाह फिरोज शाह (1397-1422) ने खेरला के नरसिंहराय पर धावा बोलते समय समूचे गोंड़वाना में लूटपाट मचायी थी। नरसिंहराय एक हिन्दू राजा था और उस पर मालवा तथा खानदेश के मुसलमानों ने एक साथ मिलकर आक्रमण किया था। बहमनी-बादशाह फिरोजशाह के पक्ष में कोण्डाविडु के रेड्डी भी थे। फिरोजशाह ने हजारों लोगों को बंदी बना लिया, जिनमें से अधिकतर ब्राह्मण थे। इन ब्राह्मणों को तभी छोड़ा गया, जब उन्होंने ग्यारह लाख "होन" बदले में दिया (एक होन 3-1/2 टंका के बराबर था)। सम्पन्न ब्राह्मणों ने छह लाख "होन" अपनी मुक्ति के लिए दिया तथा नरसिंह राय को पाँच लाख "होन" अपने छुटकारे के लिए देने पड़े थे (ब्रिग्स: 1909:371)।

(छ) लेम्ण पर आक्रमण

अभिलेख (इपी० इण्डिका 10:26-8) में वर्णित "लेम्ण" रायपुर ज़िले का "लवण"—क्षेत्र था, जो सम्प्रति रायपुर ज़िले के पूर्वी भाग में आज भी इसी नाम से प्रसिद्ध है।

(ज) रत्नपुर का आक्रमण

अभिलेख (तदेव 26) में वर्णित "रतनपुर" दक्षिण कोसल के हैहयों की राजधानी थी और सोमेश्वरदेव के काल में वहाँ का राजा जाजल्लदेव था। छिन्दक नरेश सोमेश्वरदेव प्रथम के अभिलेख में यह उल्लिखित है कि रतनपुर का राजा उसका शत्रु था एवं कलचुरियों (हैहयों) के साथ सोमेश्वरदेव का युद्ध हुआ था। मिराशी (1965:171) की यह मान्यता है कि नागवंशी सोमेश्वर प्रथम को कलचुरी-राजा जाजल्लदेव ने 1114 ई० से पूर्व कभी घटित युद्ध में राजमहिषी के साथ बन्दी बना लिया था तथा अपनी माता के कहने पर मुक्त किया था। इस सम्बन्ध में अभिलेखीय साक्ष्य दृष्टव्य है—

> **लक्ष्मी : सप्तविधायि यस्य जगृहे युद्धे च सोमेश्वरो**
> **···दग्धमभितं सैन्यं निहत्यामुना ।**
> **वद्धं मंत्रिकलत्रसार्थमनुतन्मातुर्गिरा मोचितं**
> **येन ब्रूत स ईदृशः क्षितिपतिर्दृष्टः क्षितौ वाश्रुतः ।।**

(इपी० इण्डिका 1:38)

युद्ध-भूमि में जाजल्लदेव ने सोमेश्वर को बन्दी बना लिया और उसकी अपार सेना का वध कर डाला। यहाँ मिराशी जी भले ही श्लोकान्तर्गत सोमेश्वर को छिन्दक नागवंशी सोमेश्वर से जोड़ें, किन्तु श्लोक में यह संकेत नहीं है कि वह कौन था! मिराशी के समान दिनकर देसाई (1951 : 133-40), रायबहादुर हीरालाल (1916:191), तथा डी० सी० सरकार (1956:6) प्रभृति सभी इतिहासकारों का यही निष्कर्ष है कि जाजल्लदेव के अभिलेख का "सोमेश्वर" चक्रकोट का छिन्दकनृपति ही था।

जाजल्लदेव के 1114 ई० के अभिलेख से यह बात अवश्यमेव पुष्ट होती है कि उसने घमासान युद्ध में "सोमेश्वर" को बन्दी बनाया था, किन्तु अभिलेख में वर्णित यह "सोमेश्वर" छिन्दक नागवंशी सोमेश्वर नहीं है; क्योंकि वारसुरु-अभिलेख (इपी० इण्डिका 9:162) से हमें यह ज्ञात होता है कि सोमेश्वर 1109 ई० में जीवित था एवं उसकी मृत्यु 1111 ई० में हुई थी। नारायणपाल से प्राप्त उसकी माता गुण्ड महादेवी के अभिलेख (तदेव 9:311-16) से भी उपर्युक्त तथ्य प्रमाणित होता है।

वस्तुस्थिति तो यह है कि जाजल्लदेव के द्वारा बन्दी बनाया गया "सोमेश्वर" सोनपुर का सोमेश्वरदेव था, जो चक्रकोट के छिन्दक-नृपति सोमेश्वरदेव प्रथम के अधीन एक माण्डलिक (सामन्त) था। वेंगी के विवरण के प्रसंग में उसका विस्तृत परिचय (द्र० 5.4.6. "ख") है। आगामी परिच्छेद में पुनः उसकी चर्चा है।

(झ) कोसल पर आधिपत्य

सोमेश्वरदेव के शासन की सर्वाधिक महत्वपूर्ण घटना दक्षिण कोसल पर उसका आक्रमण है। कुरुषपाल अभिलेख (इपी० इण्डिका 10:25) के अनुसार सोमेश्वर ने केवल 'भद्रपट्टन' को वशीभूत नहीं किया व मात्र 'वज्र' को ही विजित नहीं किया, अपितु उसने केवल कोसल के 6 लाख 96 गाँवों को भी अधिकृत कर लिया था। यह "कोसलदेश" दक्षिण कोसल ही था, जो उन दिनों बरार से लेकर उड़ीसा तक तथा अमरकण्टक से लेकर चक्रकोट की सीमा तक फैला हुआ था (तदेव)। यह अपनी संकुचित सीमा के साथ सम्प्रति "छत्तीसगढ़" का वाचक है, जिसके अन्तर्गत पहले उड़ीसा का सम्बलपुर जिला भी सम्मिलित था।

सोमेश्वर की यह दर्पोक्ति अतिशयोक्तिपूर्ण लगती है कि उसने कोसल के 6 लाख 96 गाँव जीते थे; क्योंकि ऐसा नहीं स्वीकार किया जा सकता है कि कोसल में कभी इतने गाँव रहे होंगे। सम्भवतः यह एक पौराणिक मिथक का उपलक्षक है। पद्मपुराण (कुमारिकाकाण्ड, अध्याय 39) के अनुसार पारम्परिक रूप में कोसल में दस लाख गाँव थे। यदि यहाँ "ग्राम" शब्द को सामान्य अर्थ में

लिया जाये तो यह भी अतिशयोक्ति होगी (तथापि इससे यह संकेत मिलता है कि सोमेश्वर ने कोसल के एक विशाल क्षेत्र पर आधिपत्य कर लिया था); क्योंकि कितना ही बड़ा विस्तार भले ही क्यों न हो, इसके अन्तर्गत इतने अधिक गाँवों की विद्यमानता को प्रमाणित नहीं किया जा सकता है। यह भी नहीं सिद्ध किया जा सकता है कि सोमेश्वर कभी इस विशाल क्षेत्र का स्वामी बन गया था। यह सम्भव है कि उसने कोसल के एक विशाल क्षेत्र पर आक्रमण किया हो और उसका उस पर आधिपत्य रहा हो। इससे यह भी संकेत मिलता है कि छिन्दक नागवंशी सोमेश्वरदेव प्रथम एक महत्वाकांक्षी शासक था तथा उसकी हार्दिक अभिलाषा थी कि वह दक्षिण कोसलपर्यन्त सम्पूर्ण साम्राज्य का अधिपति बने।

दक्षिण कोसल पर अपनी विजय-पताका फहराने के लिए सोमेश्वरदेव को एक ओर कोसल के उस क्षेत्र पर आक्रमण करना पड़ा होगा, जिस पर सोमवंशियों का अधिकार था और दूसरी ओर उसे कोसल के उस दूसरे क्षेत्र पर आक्रमण करना पड़ा होगा, जो कलचुरियों के अधीन था। ऐसा लगता है कि इस कार्य को पूरा करने के लिए उसने साहसी तेलुगु-चोडों की सहायता ली थी। इस सम्बन्ध में हम इस तथ्य को भुला नहीं सकते कि सोमेश्वरदेव के पिता धारावर्ष के अधीन अम्मगाम के तेलुगु-चोड नामक महामाण्डलिक चन्द्रादित्य के पुत्र यशोराज ने भी कोशल में एक राज्य की स्थापना की थी। सामग्री की न्यूनता के कारण यह निश्चित करना तो कठिन है कि सोमेश्वर प्रथम ने किस तेलुगु-चोड के साथ कोशल पर आक्रमण किया था। यह पूरी तरह सम्भावित है कि यशोराज का कोसल में प्रवेश सोमेश्वर प्रथम के सेना-नायक के रूप में हुआ होगा और उसने विजित देश के एक क्षेत्र पर उसे माण्डलिक नियुक्त कर दिया होगा। सोमवंशियों के गढ़ पर तेलुगु-चोड का आधिपत्य बारहवीं शताब्दी के प्रथम दशक में हुआ होगा।

इस सम्बन्ध में दूसरा रोचक तथ्य यह है कि सुवर्णपुर (सोनपुर) व पश्चिमी लंका के सोमवंशी राजा को यशोराज के उत्तराधिकारियों ने पराभूत किया था। इस उत्तराधिकारी का नाम "कुमार सोमेश्वर" था, जिसे जाजल्लदेव ने बन्दी बनाया था। ऐसा भी सम्भव है कि उसने सोमेश्वरदेव प्रथम (छिन्दक नागवंशी) के अनुकरण पर ही अपना यह नाम रखा हो। इससे यह भी संकेत मिलता है कि सोमवंशी राजाओं को छिन्दकों की सार्वभौमिकता स्वीकार करनी पड़ी थी। यह कथन इससे भी प्रमाणित होता है कि सोमेश्वर के ताम्रपत्रों की शैली पर ही तेलुगु-चोड-दानपत्र आधारित है।

परवर्ती सोमवंशियों के शासनकाल में सुवर्णपुर के मुख्यालय के साथ कोसल क्षेत्र के एक नए भाग का उदय हुआ था। युवराज धर्मरथ वहाँ का माण्डलिक

था, जिसने जनमेजय द्वितीय (1065-1080) के कार्यकाल में "तुआपाटणा-दानपत्र" (अप्रकाशित) जारी किया था। कर्णदेव के रत्नपुर-अभिलेख (इपी० इण्डिका 33, श्लोक 13) में यह संकेत मिलता है कि जनमेजय को किसी नाग-राजा के साथ युद्ध करना पड़ा था। यह नाग-राजा सोमेश्वरदेव ही था। इस युद्ध के परिणामस्वरूप 1070 ई० में सोमेश्वरदेव ने सोमवंशियों से जीत लिया था।

कोशल का एक दूसरा क्षेत्र कलचुरियों का गढ़ था। कलचुरी नृपति पृथ्वीदेव प्रथम ने अपने 1097 ई० के अमोदा-ताम्रपत्र (इपी० इण्डिका 19:75) अपने को "कोसलाधिपति" कहा है। इसमें कोई सन्देह नहीं कि कलचुरियों तथा नागों ने कोसल-क्षेत्र के सोमवंशियों को पराभूत कर-क्षेत्र को स्वाधीन कर लिया होगा।

निष्कर्ष

उपर्युक्त विजय-यात्राओं के कारण सोमेश्वरदेव की कीर्ति-पताका न केवल उत्तरापथ तथा दक्षिणापथ; अपितु सुदूर कर्नाटक में भी फहराने लगी थी। हमें यह जानकारी मिलती है कि महान् होयसल-नृपति विष्णुवर्धन भी चक्रकोट के इस शासक का लोहा मानता था। उसके एक अभिलेख (इपी० कर्नाटिका 6:22) के अनुसार "**अपनी तीक्ष्णधारा से विष्णुवर्धन ने चक्रकोट के प्रतापी सम्राट् सोमेश्वर को आतंकित कर दिया था।**" इस संघर्ष को बताने वाले अभिलेख की तिथि 1129 ई० है। यहाँ इसे हमें पूर्व सन्दर्भ ही मानना होगा; क्योंकि हमें मालूम है कि 1111 ई० में सोमेश्वरदेव की मृत्यु हो चुकी थी।

सोमेश्वर प्रथम एक महान योद्धा होने के साथ-साथ एक कुशल प्रशासक था। अपने शासनकाल के अंत में उसने योग्यतापूर्वक राज्य का संचालन किया था। इस कार्य में उसे अपनी छोटी बहन की भी सहायता मिलती थी। उसके मंत्री और सेनानायक असामान्य योग्यता के धनी थे। उसके एक अभिलेख में उसे "**राजकोशल का कोष**" (इपी० इण्डिका 10:37) कहा गया है। उसका व्यक्तित्व बहुत ही गरिमामय था और वह कामदेव के समान सुन्दर था (तदेव)। उसका शासनकाल बस्तर के इतिहास में स्वर्णाक्षरों में लिखे जाने योग्य है।

5.4.7. **कन्हरदेव प्रथम** (1111-1153 ई०)

छिन्दक-नागवंश का सोमेश्वर प्रथम सर्वोत्कृष्ट विजेता सिद्ध होता है किन्तु उसकी मृत्यु के पश्चात् इस वंश का पतन प्रारम्भ हो जाता है। सोमेश्वर प्रथम का उत्तराधिकारी कन्हरदेव प्रथम था। कुरुषपाल अभिलेख में यह वर्णित है कि सोमेश्वर प्रथम का पुत्र कन्हरदेव प्रथम का प्रभाव इस क्षेत्र पर विलम्ब से

स्थापित हो पाया था। सम्भवतः इसके शासनकाल में बंगाल के रामपाल ने चक्रकोट पर आक्रमण किया था और उसका आतंक बना ही रहा (गांगुली 1965: अध्याय 5)

1111 ई० के नारायणपाल-अभिलेख (इपी० इण्डिका 9:31) में गुण्ड महादेवी का उल्लेख है, जो धारावर्ष की पत्नी, सोमेश्वर प्रथम की माता तथा कन्हरदेव प्रथम की दादी थीं। इससे यह सुस्पष्ट संकेत मिलता है कि पिता की मृत्यु के पश्चात कन्हरदेव प्रथम चक्रकोट पर शासन कर रहा था। योगेन्द्रनाथ शील (1922:254) का अनुमान है कि कन्हरदेव या कन्नरदेव 1111 ई० में राजसिंहासन पर बैठा होगा। इससे यह प्रतीत होता है कि सोमेश्वरदेव प्रथम का राजत्वकाल लगभग 1111 ई० में समाप्त हुआ होगा।

कन्हरदेव प्रथम के शासनकाल में धारावर्ष की रानी गुण्ड महादेवी ने नारायण भगवान के लिए नारायनपुर ग्राम को दान में दिया था (तदेव 9:315)। ऐसा लगता है कि नारायणपुर (आधुनिक नारायणपाल) प्राचीन काल में एक महत्वपूर्ण तीर्थ स्थान था, जहाँ विविध क्षेत्रों के तीर्थ यात्रियों का आगमन होता रहता था। अभिलेख से ज्ञात होता है कि यह नगर **"नानादेशजनसंकुल"** था और लोग नारायण भगवान की अर्चना के लिए दूर-दूर से यहाँ आते थे। भवसागर को पार कराने में सेतुस्वरूप इस नगर के नारायण भगवान ने आम जनता के लिए स्वर्ग के द्वार को उद्घाटित कर दिया था। स्पष्टतः यह शैव क्षेत्र के मध्य स्थित एक अकेला किन्तु अति प्रसिद्ध वैष्णव तीर्थ था। इससे कन्हरदेव की वैष्णवधर्म के प्रति बढ़ती हुई आस्था की प्रतीति होती है। कन्हरदेव के महत्वपूर्ण कार्यों के सम्बन्ध में हमें अन्य कोई जानकारी नहीं मिलती है। रेखाराम (1858) के अनुसार कन्हरदेव ने अपनी पुत्री का विवाह रतनपुर के हैहयवंशी नृपति भूपालसिंह से किया था। जगपालदेव के राजिम प्रस्तराभिलेख (हीरालाल 1916:98) से भी यह ज्ञात होता है कि रतनपुर के कलचुरी सामन्त जगपालदेव ने 1145 ई० में 'भ्रमखद्र' (भ्रमरकूट) तथा काकरय (कांकेर) पर विजय प्राप्त की थी। संभवतः इसी के परिणामस्वरूप कन्हरदेव को अपनी पुत्री का विवाह हैहयसामन्त से करना पड़ा था।

5.4.8 **कन्हरदेव द्वितीय** (1153-1195 ई०)

कन्हरदेव प्रथम के पश्चात चक्रकोट के छिन्दकों में 75 वर्षों का एक गहरा शून्य अन्तराल मिलता है। यह अन्तराल सोमेश्वर प्रथम के 42 वर्षों के राजत्वकाल को मानने पर भरा जा सकता है। तदनुसार कन्हरदेव प्रथम का शासनकाल 1111-1153 ई० तक माना जा सकता है। इसी वंश के तिथि-विहीन दो अन्य अभिलेखों में 'कन्नर' या 'कन्हरदेव' नाम पढ़ा जाता है और सम्भवतः यह

कन्हरदेव द्वितीय रहा होगा, जिसका राजत्वकाल 1153-1195 ई० के मध्य अनुमानित है।

बारसूर के एक शिलालेख (हीरालाल 1917:169) में 'कन्हर' नामक राजा का वर्णन मिलता है, जो छिन्दक-वंश का परवर्त्ती सदस्य प्रतीत होता है तथा उसे सोमेश्वर द्वितीय के समान कन्हर द्वितीय माना जा सकता है। गांगुली (तदेव) ने इसे सोमेश्वर द्वितीय के पश्चात माना है; किन्तु सोमेश्वर द्वितीय तथा नरसिंहदेव की अभिलेखीय तिथियों की समीपता और जयसिंहदेव व हरिश्चन्द्रदेव की तिथियों की दूरी को देखकर उनका उपर्युक्त मत समीचीन प्रतीत नहीं होता है। रायबहादुर हीरालाल (तदेव) ने कन्हर द्वितीय का काल 1242 ई० माना है, जो उचित नहीं प्रतीत होता है (उपर्युक्त विवेचन का आधार)।

5.4.9 सोमेश्वरदेव द्वितीय (1195-1218 ई०)

1208 ई० में चक्रकोट के एक अन्य छिन्द-राजा से परिचित होते हैं, जिसे सोमेश्वरदेव द्वितीय कहा गया है और जिसे सभी नागवंशी उपाधियों से सम्पन्न माना गया है। छिन्दक घराने का यह प्रथम राजा है, जिसे "चक्रवर्ती" (सम्राट्) की उपाधि मिली है। इससे हम इस दुर्निवार निष्कर्ष पर पहुँचते हैं कि विविध माण्डलिक राजाओं ने उसे अपना स्वामी मान लिया होगा। यह अनुमान इस बात से पुष्ट होता है कि सोमेश्वरदेव द्वितीय के उत्तराधिकारी नरसिंहदेव (इपी० इण्डिका 3:318) के अभिलेख में "सोमराज" नाम के एक माण्डलिक का उल्लेख है, जो नरसिंहदेव के अधीन था। यह पूरी तरह सम्भव है कि सोमराज सोमेश्वरदेव द्वितीय के काल में भी माण्डलिक हो।

शक 1130 (1208 ई०) के बारसूर के एक अभिलेख (तदेव 9:162) में यह वर्णन है कि गंग महारानी छिन्दक-नृपति सोमेश्वर द्वितीय की पटरानी थी। यह नृपति राजभूषण सोमेश्वर द्वितीय ही रहा होगा, जिसे हम गढ़ियाअभिलेख (तदेव) में भी पाते हैं। दन्तेवाड़ा के एक तिथि-विहीन अभिलेख (हीरालाल 1916:166) से भी राजभूषण महाराज का परिचय मिलता है। बारसूर-अभिलेख के अनुसार उसने अपने द्वारा बनवाए गए बारसूर के दो शिवमन्दिरों के लिए एक ग्राम दान में दिया था। रायबहादुर हीरालाल (1933) भ्रमवश सोमेश्वर प्रथम तथा द्वितीय को एक ही व्यक्ति मानते हैं।

5.4.10. जगदेकभूषण नरसिंहदेव (1218-1224 ई०)

नरसिंहदेव सोमेश्वर द्वितीय का पुत्र तथा उत्तराधिकारी था। (इपी० इण्डिका 10:42)। तीन अभिलेखों में वह शासक-नृपति के रूप में वर्णित है। पहला अभिलेख 1218 ई० का जाटनपाल-अभिलेख (इपी० इण्डिका 10:40)

है। अभिलेख के उत्कीर्ण-वर्ष में सूर्य-ग्रहण हुआ था और ज्येष्ठ मास का मलमास था। उसी समय उसके एक माण्डलिक राजा ने ब्राह्मणों को भूमि-दान किया था और उस घटना को पत्थर में उद्ंकित करवाया था। उसी के शासन का एक दूसरा अभिलेख दन्तेश्वरीगुड़ी अभिलेख (इपी० इण्डिका 9:162) नागरी लिपि किन्तु तेलुगु भाषा में है, जिसमें नरसिंहदेव को "महाराजुल" कहा गया है। अभिलेख की तिथि 1219 ई० है। एक तीसरा अभिलेख दन्तेवाड़ा अभिलेख (इपी० इण्डिका 10:40) है, जो 1224 ई० में तेलुगु लिपि में लिखा गया था। तीनों ही अभिलेखों से यह ज्ञात होता है कि जगदेकभूषण नरसिंह या महाराज नरसिंहदेव नामक एक छिन्दक नृपति 1218-1224 ई० के मध्य इस क्षेत्र पर शासन कर रहा था। भैरमगढ़ अभिलेख (इपी० इण्डिका 10:40) से यह ज्ञात होता है कि महाराज जगदेकभूषण माणिक्यदेवी (दन्तेवाड़ा की दन्तेश्वरी) के चरण-कमलों का पुजारी था। इससे अधिक इस राजा के सम्बन्ध में अन्य कोई जानकारी नहीं मिलती; किन्तु इतना अवश्य कहा जा सकता है कि इसके शासन काल से बस्तर का शैव धर्म तांत्रिक सम्प्रदाय में पूरी तरह परिवर्तित हो गया था।

5.4.11. **राजाधिराज महाराज जयसिंहदेव** (1224-1248 ई०)

केसरपाल अभिलेख (अप्रकाशित) तथा सोनारपाल अभिलेख (इपी० इण्डिका 10:35:36) में नागवंशी शासक जयसिंहदेव की चर्चा मिलती है, किन्तु दुर्भाग्यवश दोनों ही अभिलेख तिथि-विहीन हैं; अतएव वास्तविक काल का ज्ञान नहीं हो पाता है। नाम-सादृश्य के आधार पर इसे नरसिंहदेव का पुत्र माना जा सकता है और इसके शासनकाल के 1224-1248 ई० के मध्य माना जा सकता है।

जयसिंहदेव की दो पत्नियाँ थीं—लोक महादेवी तथा महाराज्ञी शशाण महादेवी (इपी० इण्डिका, तदेव)। जयसिंहदेव के अभिलेखों का महत्व इसमें है कि इनके माध्यम से बस्तर के छिन्दक राजाओं की प्रशासनिक व्यवस्था पर कुछ प्रकाश पड़ता है। राजा की सहायता पाँच मंत्री किया करते थे, जिन्हें "पंचप्रधान" कहा जाता था। पंचप्रधान के अन्तर्गत मुख्य मंत्री, प्रमुख सेनानायक, प्रमुख चामरधारी, राजकुमार तथा गुप्तचर संस्था का प्रमुख सम्मिलित थे।

5.4.12. **चक्रकोट के इतिहास में 75 वर्षों का गहरा अंधकार**

नरसिंहदेव के पश्चात चक्रकोट के शासकों के इतिहास में पुनः 75 वर्षों का लम्बा अन्तराल मिलता है। इससे पूर्व का अन्तराल कन्हरदेव प्रथम के बाद का 75 वर्षों का था, जिसे कन्हरदेव द्वितीय, सोनेश्वरदेव द्वितीय तथा नरसिंहदेव

आदि राजाओं के माध्यम से आंशिक रूप से मैंने भरने का प्रयास किया था; किन्तु प्रस्तुत अन्तराल उस समय तक नहीं भरा जा सकता, जब तक छिन्दक नागों के कम से कम तीन राजाओं के अभिलेखीय साक्ष्य हमें नहीं मिल जाते। इस प्रकार के एक राजा रणजीतसिंह (द्र० 7.6.1) का ज्ञान हमें है (द्र० मेरी पुस्तक 'सर्वे ऑव ट्राइवल हिस्ट्री,' दिल्ली 1986)।

5.4.13 हरिश्चन्द्रदेव (1300-1324 ई०)

1324 ई० के टेमरासती—अभिलेख (इपी० इण्डिका 10:39-40) में "चक्रकोट" की संज्ञा पहली बार "चक्रकोटराष्ट्र" मिलती है। इसके राजा हरिश्चन्द्रदेव का सुस्पष्ट उल्लेख हुआ है। संक्षिप्तता के कारण इस अभिलेख में वंशादि की चर्चा नहीं है, किन्तु अभिलेख के सम्पादक का कथन है कि 'जब तक अन्य प्रमाणों से सिद्ध नहीं होता, यह मानना असंगत न होगा कि वह छिन्दक-वंश का नाग-शासक ही रहा होगा।"

इस युग में "चक्रकोट" मण्डल के स्थान पर "राष्ट्र" की संज्ञा तो मिलती ही है, ऐसा लगता है कि "राष्ट्र" की प्रकल्पना के साथ अब बस्तर का विभाजन विविध राज्यों में किया जाने लगा था। इस प्रकार के एक "सैरहराजराज्य" की चर्चा अभिलेख में है, जहाँ पर टेमरा नाम गाँव अवस्थित था। राजा "कलंकी नारायण" का भक्त था।

इस राजा से सम्बद्ध अभिलेख में यह संकेत नहीं मिलता है कि वह राज-सिंहासन पर कब बैठा होगा। किन्तु उसी अभिलेख से हमें ज्ञात होता है कि उसकी मृत्यु 1324 ई० में हुई थी, जब उसकी पतिव्रता पत्नी माणिक्यदेवी ने उसके साथ चिता में प्रवेश किया था। अब यदि हम उसके शासन की अवधि 25 बर्ष मान लें, तो कहना होगा कि वह 1300 ई० में राजसिंहासन पर बैठा होगा।

चक्रकोट के पूर्ववर्ती छिन्दक नागों की कुलदेवी विन्ध्यवासिनी थी, जबकि परवर्ती छिन्दकों की माणिक्यदेवी कुलदेवी प्रतीत होती है। सोमेश्वरदेव प्रथम ने "विन्ध्यवासिनी" की कृपा से अपने खोए हुए राष्ट्र को पुनः प्राप्त किया था, तो नरसिंहदेव "माणिक्यदेवी" का उपासक कहा गया है। यह एक महत्वपूर्ण संकेत है, क्योंकि कालहंडी के राज्य के नाग शासकों की कुल देवता "माणिक्यदेवी" ही थीं। कालाहंडी के नाग वंश परम्परा या अपने को छोटा नागपुर से आया हुआ मानते हैं। कालाहंडी के नाग-वंश की स्थापना 1300 ई० में हुई थी (नरला मन्दिर अभिलेख का साक्ष्य)। यही काल बस्तर के नागों के अवसान का काल है। बस्तर (चक्रकोट) से कालाहंडी की निकटता, बस्तर के नाग-शासन के पतन के साथ कालाहंडी में नाग-शासन की स्थापना की कालक्रमिकता एवं दोनों

नाग-राजाओं के धर्म तथा विश्वासों में समानता के कारण हमारा यह अनुमान है कि कालाहंडी के नाग बस्तर के नागों के ही वंशज रहे होंगे।

5.5 छिन्दक नागों के पतन के कारण

यह जिज्ञासा स्वाभाविक हो सकती है कि बस्तर के नाग, जिनका दक्षिण कोसल तथा आन्ध्र देश के इतिहास में एक महत्वपूर्ण स्थान था, जो स्वर्ण-मुद्राओं आदि को जारी कर "चक्रवर्ती" राजाओं की श्रेणी में आ गए थे, और जिन्होंने स्थापत्यकला के अनुपम उदाहरण हमें दिया है, उनका एकाएक पतन कैसे हो गया।

चौदहवीं शताब्दी के आरम्भ के काल से बस्तर का दक्षिणी अंचल मुस्लिम विजेताओं के आक्रमणों का मैदान बन गया था और काफिरों के खिलाफ जिहाद के नाम पर ये हमले निरन्तर बढ़ रहे थे। इस अवधि में विविध नरेश परस्पर-घाती युद्धों में लगे हुए थे, जिससे उनके लिए इन मामलों को झेल पाना कठिन था। और इस प्रकार दक्षिण के वारंगल के काकतीयों के अन्तिम नृपति प्रतापरुद्र द्वितीय (1296-1323) को भी तुर्कों के साथ निरंतर घात-प्रतिघात करना पड़ रहा था; किन्तु अन्त में मलिक काफूर व उलुख खाँ के सामने उन्हें झुकना पड़ा और 1323 ई० में प्रतापरुद्र बन्दी बना लिए गए। प्रतापरुद्र रुद्रम्मा (1209-1296) का नाती था। अन्नंदेव प्रतापरुद्र का अनुज था, जिसका मुम्मुडम्बा हुआ था। यह अन्नंदेव प्रारम्भ में तुर्कों के विरुद्ध प्रतापरुद्र के साथ लड़ता रहा, किन्तु प्रतापरुद्र के बन्दी हो जाने पर अपनी सेना-सहित बस्तर पर आक्रमण किया और हरिश्चन्द्रदेव का मुगलों द्वारा वध कर दिए जाने पर चक्रकोट के शासन को हथिया लिया।

अन्नंदेव के साथ ही बस्तर के इतिहास का एक नया अध्याय प्रारम्भ हो जाता है। इसकी विवेचना आगामी खण्ड में विस्तार के साथ की गयी है (द्र० शुक्लः सर्वे ऑव ट्राइबल हिस्ट्री, दिल्ली 1986)। यह भी उल्लेखनीय है कि स्वतंत्र राजनैतिक स्वरूप **बस्तर** नाम को उड़ीसा के गंगनृपतियों ने भी दिया था और सम्भवतः अन्नंदेव ने उनकी अधीनता को स्वीकार किया होगा। **माँदलापाँजी** (कटक 1940 : 38) के 1329 ई० के पत्र में बस्तर शब्द का पहली बार उपयोग हुआ है—

कालाहंडी बस्तरे पत्रंकु रखइ राज्य भोग करले।

स्पष्टतः कबिकान्त नरसिंह ने 1329 ई० से पूर्व कभी बस्तर पर आक्रमण किया था। कबिकान्त नरसिंह का राजत्वकाल 1329 ई० तक था (जे० के० एच० आर० एस० 2 : (1) (74)]। यह भी ध्यातव्य है कि चौदहवीं शताब्दी में भ्रमरकोट के स्थान पर बस्तर नाम का प्रचलन हो रहा था।

६

सामन्ती व्यवस्था : छिन्दकों के माण्डलिक

विविध वंशों के माण्डलिकों ने छिन्दक नागों के सत्तारोहण में जितना योगदान दिया, उतने ही वे छिन्दकों के पतन के कारण भी थे। तेलुगु चोड नृपति चन्द्रादित्य धारावर्ष का अभिन्न सहायक था और उसके वंशजों ने छिन्दक नागों की प्रभुसत्ता को स्थिर रखने में अपने जीवन की भी आहुति दी थी। दूसरी ओर छिन्दक-वंश की ही कनिष्ठ शाखा का माण्डलिक मधुरान्तकदेव था, जिसने अवसर पाते ही छिन्दकों की सत्ता को छीन लिया।

बस्तर के छिन्दक नाग प्रभुत्व-सम्पन्न सम्राट् थे और अपने साम्राज्य का विस्तार और उसकी सुरक्षा के लिए ये चोलों, पूर्वी चालुक्यों, पश्चिमी चालुक्यों, सोमवंशियों, भंजों, कलचुरियों, पालों तथा होयसलों आदि से निरंतर संघर्ष करते रहे। अपने शासन के विस्तार के कारण इन्होंने यथासमय अनेक माण्डलिकों की नियुक्ति की थी। इनमें से सबसे प्रमुख माण्डलिक तेलुगु-चोड थे। इनके अतिरिक्त चक्रकोट से जुड़ी हुई अनुश्रुतियों के आधार पर विविध माण्डलिकों का इतिहास मिलता है, जिनमें सोमराज का उल्लेख किया जा सकता है।

आगामी पृष्ठों में सर्वप्रथम तेलुगु-चोड माण्डलिकों की चर्चा है और उनके पश्चात् कुछ आदिवासी गणराज्यों का विवरण है, जिनकी स्मृतियाँ बस्तर के आदिवासियों को आज भी हैं।

6.1. तेलुगु-चोड माण्डलिक

तेलुगु-चोडों ने अपने अभिलेखों में अपने को "दिनकरकुलमण्डन" "करिकालान्वय'., "काश्यपगोत्री", "कावेरीनाथ", एवं "वरयूरपुरवराधीश्वर" आदि

उपाधियों से अलंकृत किया है। इन उपाधियों से ज्ञात होता है कि वे प्रसिद्ध चोल-वंश के ही वंशज थे। यह भी सुस्पष्ट है कि वे तेलुगु देश से ही यहाँ आए होंगे, जहाँ इन उपाधियों से अलंकृत अनेक तेलुगु-चोड नृपति चुड्डापा, अनन्तपुर एवं कुर्नूल जिलों में शासन कर रहे थे (इपी० इण्डिका 11 : 348-49)। यहाँ यह ध्यातव्य है कि इनमें से अनेक तेलुगु-चोड नृपति पश्चिमी चालुक्य सोमेश्वर प्रथम (1043-1068) के माण्डलिक थे और ये उसी के अधीन क्षेत्रों के शासनाधिकारी थे। उनमें से एक माण्डलिक नागदेव था, जिसने यादवों को पराभूत किया था (गांगुली 1965 : 172)। यह प्रतीत होता है कि यशोराज प्रथम एक ऐसा माण्डलिक था, जो पश्चिमी चालुक्य के सेनापति के रूप में चक्रकोट आया था। सम्भवतः चालुक्य नृपति सोमेश्वर प्रथम के पुत्र युवराज विक्रमादित्य के साथ वह चक्रकोट आया होगा। एक छिन्दक नृपति तथा एक तेलुगु-चोड नृपति दोनों के नाम सोमेश्वर होने से यह संकेत मिलता है कि वे कुछ काल तक पश्चिमी चालुक्यों के अधीन रहे होंगे। कतिपय तेलुगु-चोड सेनापतियों की "अय्यनगन्ध-वर्ण" उपाधि पश्चिमी चालुक्य-सेनापतियों के ही समान है। यह कहा जा सकता है कि राजेन्द्र चोल (1022-23) के चक्रकोट आक्रमण पर तेलुगु-चोड बस्तर आए होंगे, किन्तु इस विचार को प्रकट करने के लिए कोई अन्य सबल प्रमाण नहीं मिलता है (इपी० इण्डिका 28 : 290)। इसके अतिरिक्त विवेच्य अवधि में चोलों तथा तेलुगु-चोडों के मध्य अत्यधिक कटुता देखने को मिलती है (शास्त्री : 1955 : 217)। इस साक्ष्य के साथ यह अनुमान लगाया जा सकता है कि तेलुगु-चोड नृपति बस्तर में पश्चिमी चालुक्यों के साथ आए होंगे, न कि चोलों के साथ।

तेलुगु-चोड शासकों के द्वारा सुवर्णपुर (सोनपुर) से जारी किए गए तीन ताम्रपत्र मिलते हैं—

(क) कुमारीसिंगा ताम्रपत्र (इपी० इण्डिका 12 : 29)
(ख) पाटणाभ्यूजियमप्लेट (इपी० इण्डिका 19 : 18)
(ग) माहदा-ताम्रपत्र (इपी० इण्डिका 28 : 283)

यह सुविदित है कि छिन्दक नरेश सोमेश्वरदेव प्रथम के माण्डलिक यशोराज प्रथम ने लगभग 1070 में कोसल को जीता था और उस राज्य क्षेत्र में एक नए राजवंश के शासन का सूत्रपात किया था। यशोराज ने कोसल में अपने छिन्दक नाग अधिपति के माण्डलिक के रूप में कार्य किया था, परन्तु उसके पुत्र सोमेश्वर ने एक अधीनस्थ शासक का पद ग्रहण किया था। तेलुगु-चोडों की राजधानी सुवर्णपुर थी और यहीं से उपर्युक्त तीनों ताम्रपत्र जारी किए गए थे।

माहदा-ताम्रपत्र की तिथि 1090 ई० है तथा अन्य दो ताम्र-पत्रों में पाटणा-

ताम्रपत्र 21 जनवरी, 1106 को जारी किया गया था व कुमारी-सिंगाताम्रपत्र 1113 ई० में जारी किया गया था।

यशोराज प्रथम के पुत्र सोमेश्वर प्रथम का उत्तराधिकारी उसका यशोराज द्वितीय उर्फ धारल्लदेव हुआ एवं यशोराज द्वितीय का उत्तराधिकारी 1090 ई० में माहदा-ताम्रपत्र जारी करने वाला सोमेश्वर द्वितीय था। सम्भवतः सोमेश्वर द्वितीय पुत्रहीन होकर मरा और उसके बाद यशोराज तृतीय (यशोराज प्रथम का पुत्र और सोमेश्वर का भाई) कोशल का शासक हुआ। वह आयु में अवश्यमेव वृद्ध रहा होगा तथा उसका शासन अल्पकालिक था। उसका उत्तराधिकारी उसका पुत्र सोमेश्वर तृतीय (1095-96) था।

डाहल के कलचुरी तेलुगु-चोडों के प्रतिद्वन्द्वी थे और सोनपुर-क्षेत्र को अपने अधिकार में करने के लिए सभी प्रयास कर रहे थे; परन्तु छिन्दक नागों का ध्यान अपने माण्डलिकों पर सदैव रहा है, जो दुर्जेय शक्ति वाले थे और तेलुगु-चोड उनसे सभी प्रकार की सहायता प्राप्त कर रहे थे। 1114 ई० में कलचुरि नृपति जाजल्लदेव (इपी० इण्डिका 1:32) ने सोमेश्वर को बुरी तरह पराजित किया था और युद्ध भूमि में ही उसे पकड़ लिया था। इस प्रकार तेलुगु-चोडों का शासन छिन्दक नृपति सोमेश्वरदेव प्रथम की मृत्यु के कारण ढह गया और कलचुरियों के हाथों चला गया।

6.2 विविध जनजाति-शासन : मिथक और इतिहास

नागवंशी अभिलेखों से हमें ज्ञात होता है कि तद्युगीन चक्रकोट-शासन (द्र० अष्टम अध्याय) विविध जनजातीय मण्डलों में विभक्त था। ऐसे मंडलों में मधुर मंडल, पंचपल्लि, नवनिधिकुल, अम्मगाम, भ्रमरकोट्य आदि की चर्चा विगत अध्याय में हुई है। विविध मण्डलों की राजधानियों—बारसूर, कुरुषपाल, राजपुर, टेमरा, मट्टिनाडु—आदि का उल्लेख भी शिलालेखों में हुआ है।

कालान्तर में नागवंशी शासकों की दुर्बलता और अदूरदृष्टि के कारण ये मंडल चक्रकोट शासन से पृथक् हो गए तथा इन्होंने अपने छोटे-छोटे राज्य स्थापित किया। ऐसे राज्यों में हरिश्चन्द्रदेव के समकालीन "सैरहराजराज्य" की चर्चा की जा चुकी है। अन्य राज्यों में सुकमा, चितलनार, भोपालपटनम, कुटरू, कोतपल्ली, पामेर तथा भोजी आदि दक्षिण के राज्य उल्लेखनीय हैं; जिनका विस्तृत-वर्णन बस्तर के क्रमिक इतिहास की योजना के अन्तर्गत आगामी खण्ड (प्रस्तुत ग्रन्थ से पृथक्) में है।

इन मण्डलों (जमींदारियों) के राजाओं के अतिरिक्त अन्य जन-जातीय शासकों का भी बस्तर के भिन्न-भिन्न अंचलों में प्रभुत्व रहा होगा, जिनके संबंध में आज भी विविध दन्तकथाएँ और लोकगीत मिलते हैं।

इन विविध माण्डलिकों के प्रभुसत्ता में आने पर प्रतापी छिन्दक नागवंश कमजोर पड़ जाता है। इसी समय वारंगल में तुर्कों के आक्रमण शुरू हो जाते हैं। वारंगल के गणपतिदेव निःसंतान होने की स्थिति में अपनी पुत्री रुद्रम्मा (1209-1296) को राज्य का उत्तराधिकारी घोषित करते हैं। रुद्रम्मा अपने ही शासनकाल में अन्नंदेव को दक्षिणी कलिंग का माण्डलिक नियुक्त करती है। सम्भवतः छिन्दक नागवंशी महाराज जयसिंह देव (1224-1248 ई०) के बाद का अन्तराल इस संदर्भ के समझ में आ सकता है कि 1248 ई० से चक्रकोट-मंडल काकतीयों के अधिकार में चला जाता है। अन्नंदेव 5 लाख पदातिसेना का सर्वोच्च सेनापति था और उसके अधीन सिंहाचलम से लेकर वारंगल की सीमा तक का क्षेत्र था। उसने अनेक उपाधियों को अर्जित किया था, जिनमें एक थी "स्थल-गिरि वन-दुर्ग-जल-कोटमल्ल"। तुर्कों के खिलाफ प्रतापरुद्र (1296-1323) ने जो लड़ाइयाँ लड़ी थीं, उनमें अन्नंदेव सभी लड़ाइयों में प्रतापरुद्र के साथ था। तुर्कों ने जब प्रतापरुद्र को बन्दी बना लिया तो अन्नंदेव बस्तर के घने जंगलों में आकर बस गया और उसी के साथ उसने नए राजवंश की नींव डाली। अन्नंदेव के इस क्षेत्र में पूर्णतया सक्रिय होने के कारण छिन्दक नागयुगीन माण्डलिक, जो निर्बल होने के कारण से राजा बन बैठे थे, पुनः या तो माण्डलिक बना दिए गए या उन्हें समाप्त कर दिया गया। इस प्रकार के माण्डलिकों की चर्चा यहाँ संक्षेप में की जा रही है—

(क) परलकोट माण्डलिक

इस माण्डलिक से सम्बद्ध जो अनुश्रुतियाँ मिलती हैं, उनके अनुसार पहले यहाँ किसी दामल राजा का शासन था, जिसकी राजधानी अबूझमाड़िया क्षेत्र का परल-कोट था। दामल राजा पर अन्नंदेव ने आक्रमण किया था। दामल राजा के दो पुत्र सन्दलसाय तथा बिजासाय ने अन्नंदेव से प्रतिरोध किया और अन्त में अपनी बहन के साथ उनका विवाह कर समझौता कर लिया। अन्नंदेव ने उन्हें परलकोट का माण्डलिक बना दिया (मुरिया-घोटुलपाटा पर आधारित)।

(ख) हलबा-गणराज्य : अठारह गण

कोंडागाँव तहसील में राजा कर्ण की परम्परा (ग्रिग्सन 1938:5) इतिहास-मूलक है। बस्तर के पार्श्ववर्ती राज्य काँकेर के इतिहास से हमें ज्ञात होता है कि वहाँ के राजा अपने को सोमवंशी क्षत्रिय मानते हैं। परम्परागत कथाओं के अनु-सार इस राज्य का संस्थापक कर्णदेव या वीर कान्हरदेव था। पहले वह उड़ीसा में जगन्नाथपुरी का राजा था। उसे कुष्ठ रोग हो गया। अतएव उसने सिंहासन का परित्याग किया। नीरोग हो जाने के लिए वह भिन्न-भिन्न स्थानों में भ्रमण

करता रहा और अन्त में धमतरी तहसील (जयपुर जिला) के सिहावा में शृंगी ऋषि के आश्रम में जा पहुँचा। एक दिन यहाँ के एक पोखर में स्नान करने से उसका कुष्ठ रोग जाता रहा। उस चमत्कार के प्रभाव का सिहावा के हलबा निवासियों पर इतना पड़ा कि उन लोगों ने उसे अपना राजा बना लिया (ब्रेट : 1909:40) कर्ण राजा की इस परम्परागत कथा की प्रामाणिकता 1192 ई० के एक अभिलेख (इपी० इण्डिका 9:182) से भी प्रमाणित है।

कर्णदेव शैव था। उसने शिव के अनेक मन्दिर बनवाए और उनके नाम पर अनेक तालाब खुदवाए। वह बड़ा महत्वाकांक्षी राजा था (ब्रेट, तदेव)।

कर्णदेव की अनुश्रुति इस प्रकार इतिहास की एक घटना प्रमाणित होती है और यह भी अभिलेखों के माध्यम से ही सिद्ध हो जाता है कि बारहवीं शताब्दी कोण्डागाँव तहसील में हलबा गणराज्य था। वे अठारह गढ़ों के अधिपति थे तथा उनकी राजधानी बड़े डोंगर थी। ऐतिहासिक साक्ष्यों से यह भी ज्ञात होता है कि हलबाओं का यह क्षेत्र "हलबापट्टी" के नाम से प्रसिद्ध था तथा इस क्षेत्र पर हलवाओं का शासन 1500 ई० तक था (द्र० आगामी खण्ड)। ध्यातव्य है कि हलबा आज आदिवासी माने जाते हैं और इनकी भाषा बस्तर की "सम्पर्क भाषा" (लिंग्वा फ्रैंका) है।

बड़े डोंगर का शासन 1501 ई० से बस्तर राजा के अधीन चला गया। माण्डलिक और अच्छे सैनिक होने के कारण अनेक हलबा परिवार बस्तर राजा की नौकरी में लग गए। उत्तर बस्तर के प्रमुख हलबा-गाँव; यथा बड़े डोंगर, छोटे-डोंगर, कोलर, सोनपुर, अन्तागढ़, परतापपुर व नारायनपुर प्राचीन गढ़ व आधुनिक परगनों के मुख्यालय हैं। इनके चारों तरफ या तो मुरिया परगने हैं अथवा माड़िया परगनें।

उपर्युक्त विवेचन से यह सुस्पष्ट होता है कि छिन्दक नागों के ही काल में उत्तर बस्तर में हलबा जनजाति का प्रभुत्व हो गया था तथा उनकी दुर्बलता की स्थिति में इसने अपने को राजा घोषित कर दिया था। सम्भवत: हलबा लोगों की इस कार्य में सोमवंशी सहायता कर रहे थे, जो छिन्दक नागों के पारम्परिक शत्रु थे।

(ग) कर्णाटक राजा

ग्रियर्सन (1938:5) ने जगदलपुर के कर्णाटक राजा अनुश्रुति की ओर हमारा ध्यान आकृष्ट किया है। इस अनुश्रुति के आधार पर कहा जा सकता है कि वह छिन्दक नागवंश के सिन्द घराने की कोई शाखा रही होगी, जो होयसल के आक्रमण के समय बस्तर आयी होगी और होयसल ने उसे विजित जगदलपुर क्षेत्र का माण्डलिक बना दिया होगा। कर्णाटक के होयसल नृपति के बस्तर अभियान की

चर्चा विगत अध्याय में है। ऐसा लगता है कि अन्नंदेव ने इसे पराभूत कय होगा।

(घ) पूंछवाला राजा

तीरथगढ़ (जगदलपुर) के पूंछवाले राजा की अनुश्रुति से आंध्रप्रदेश के मुसुनुरि घराने के प्रोलय नायक का बोध होता है, जिसकी प्रारंभ में भद्राचलम तालुक की रेकापल्ली राजधानी थी। विलासदान-पत्र में इसकी चर्चा है। इसने तीरथगढ़ तथा रेकापल्ली के आदिवासियों को मुगलों के खिलाफ संगठित किया था तथा उनसे गुरिल्ला युद्ध करता रहा, जिससे मुगलों ने बस्तर प्रदेश की अनिच्छा व्यक्त की (शर्मा 1945:44)।

(ङ) कुआ कोण्डा का राजा

कोआकोण्डा के राजा की अनुश्रुति को ग्रिग्सन (1938:5) ने सन्दर्भित किया है। कुआकोण्डा आधुनिक दन्तेवाड़ा तहसील के अंतर्गत एक गाँव व परगने का वाचक है। बस्तर के इतिहास से ज्ञात होता है कि यह दण्डामी माड़िया राज्य था तथा यहाँ का राजा अत्यन्त शक्तिशाली था। 1379 ई० तक कुआकोण्डा का राजा अन्नंदेव के वंशज शासन का विरोध करता रहा। इसका प्राचीन नाम "कोषकुण्ड" राज्य था। अन्नंदेव के वंशज भैरबदेव (1379-1407) ने सर्वप्रथम इस प्रतापी राजा से समझौता किया। माड़िया राजा ने अपनी पुत्री "मेघी अरिचकेलिन" का विवाह भैरवदेव के साथ कर उसकी अधीनता स्वीकार कर ली (द्र० आगामी खण्ड)।

(च) कटेकल्याण का राजा

इसकी भी चर्चा ग्रिग्सन (1938:5) ने की है। कटेकल्याण दन्तेवाड़ा तहसील के अन्तर्गत एक स्थान व परगने वा वाचक है और इस तथ्य का सूचक है कि जब कल्याणी के चालुक्यों (848-925) का इस क्षेत्र पर अधिकार रहा होगा, तभी इसी राज्य की नींव पड़ी होगी। छिन्दक नागों ने प्रभुसत्ता की स्थिति में कल्याणी के चालुक्य वंश के किसी नृपति को माण्डलिक बना दिया होगा। नागों व चालुक्यों में मैत्री थी। इस प्रकार चालुक्यों का इस क्षेत्र पर बने रहना समझ में आता है। अन्नंदेव ने इसे पराजित कर राज्य कों अपने क्षेत्र में मिला लिया होगा।

(छ) बारसूर के राजा

किंवदन्ती से ज्ञात होता है कि बारसूर के राजा तथा अन्नंदेव के मध्य

संघर्ष हुआ था (ग्रिग्सन 1938:5) तथा अन्त में अन्नंदेव ने उसका वध किया था। बारसूर का यह नृपति हरिश्चन्द्रदेव ही था, जिसकी 1324 ई० में मृत्यु होने पर उसकी पत्नी माणिक्यदेवी सती हो गयी थी। ब्रेट (1909:52) के अनुसार (**"बारसूर का हुसेण्डी नेगी परिवार अत्यंत प्राचीन है। इनका कहना है कि पहले ही नागवंशी क्षत्रिय थे तथा कालान्तर में हलबाओं के साथ वैवाहिक सम्बन्ध के कारण हलबा कहलाए।"** इस कथन से पुनः यह सिद्ध होता है कि पूर्व मध्ययुग के छिन्दक नागों की ही वंशज हैं बस्तर की माड़िया जनजाति (द्र० चतुर्थ अध्याय)। 1908 ई० तक बारसूर का यह नेगी-परिवार (प्राचीन नाग) मौजूद था तथा इसे जमींदारी प्राप्त थी। स्पष्टतः यह नागवंश का उत्तराधिकारी माड़िया-घराना था।

(ज) भैरमगढ़ का राजा

भैरमगढ़ का राजा ग्रिग्सन (1938:5) सम्भवतः छिन्दक नागवंश का माण्डलिक था, जिसको अन्नंदेव ने स्वाधीन किया था। भैरमगढ़ की यह जमींदारी 1896 ई० तक विद्यमान थी तथा अन्त में इसे कुटरू जमींदारी में मिला दिया गया था (ब्रेट 1909:52)। ब्रेट (1909) के काल में भैरमगढ़ में हलबा परिवार "समरथ" के पास कुटरू जमींदारी के 40 गाँव स्वामित्व में थे।

(झ) अन्य आदिवासी गणराज्य

दक्षिण बस्तर के उपर्युक्त माण्डलिकों या राजाओं के अतिरिक्त नाग—युग में अन्य अधोलिखित तीन राज्य अस्तित्व में आ चुके थे—

(अ) कुटरू राज्य

(ब) भोपालपटनम राज्य

(स) भीजी राज्य।

इन सभी का विवरण बस्तर पर मेरे द्वारा लिखित "चतुर्थ खण्ड" के इतिहास में उपलब्ध है।

इन राज्यों के विवरण से हमें ज्ञात होता है कि जब बस्तर के छिन्दक नागों की केन्द्रीय सत्ता दुर्बल हो गयी तो विविध अंचलों में नियुक्त उनके ही सम्बन्धी अवसर पाते ही राजा बन बैठे। इन राज्यों के विवरण से पुनः इस प्रकल्पना को हम दुहरा सकते हैं कि बस्तर के छिन्दक नाग वहां के आदिवासी कबीलों से ही राज्यत्व तक पहुँचे और मुसलमानों के दवाब के कारण व अन्नंदेव के बस्तर-प्रदेश के साथ पुनः संकुचित हो गए। आदिवासी बन गए। अन्नंदेव के आक्रमण

की अनुश्रुतियाँ आज भी उनमें विद्यमान है तथा आज भी वे अपने को प्राचीन योद्धावर्ग से ही जोड़ते हैं, वे चाहे बस्तर के माड़िया हों अथवा हलबा । इन सभी के पूर्वज कभी इस अंचल के स्वामी थे । अन्नंदेव के वंक्षजों ने उन्हें निपट दरिद्रता की स्थिति में धकेल दिया।

७

सार्वभौम शक्ति के लिए संघर्ष

आठवीं शताब्दी के उत्तरार्द्ध से चौदहवीं शताब्दी के पूर्वार्द्ध तक के लगभग 600 वर्षों की अवधि सार्वभौम शक्ति को प्राप्त करने के निमित्त विविध राजाओं, महामाण्डलिकों, माण्डलिकों तथा नायकों के तीव्र संघर्ष का इतिहास है, जिसमें बस्तर के छिन्दक नागों को अपने "चक्रकोट राष्ट्र" की रक्षा के लिए अनेक बार कठिन परीक्षा से होकर गुजरना पड़ा था। लूट-पाट और विनाश से भरे हुए भीषण युद्ध आम जनता की जिन्दगी से जुड़ गए थे।

विविध अभिलेखों तथा साहित्यिक ग्रन्थों में इस भीषण युद्ध का वर्णन है, जिसमें यह कहा गया है कि आक्रामकों ने एकमात्र विध्वंस का ही रास्ता अपनाया था। इस प्रकार के विध्वंस का प्रतिरोध छिन्दक नागों ने अपने मित्र राष्ट्रों के साथ मिलकर किया था। ऐसे ही कतिपय शत्रु और मित्र राजवंशों का यहाँ परिचय प्रस्तुत है, जो बस्तर के छिन्दकों के इतिहास से जुड़े हुए हैं।

7.1 सोमवंश और छिन्दक नागवंश

सोमवंशियों का उद्भव दक्षिण कोसल के इतिहास और संस्कृति में एक महत्वपूर्ण घटना है। उन्होंने कोसल के एक लघु क्षेत्र से अपना शासन प्रारंभ किया और शीघ्र ही एक सार्वभौम शक्ति के रूप में प्रकट हुए। उन्होंने प्रशासन की एक ऐसी व्यवस्था का सूत्रपात किया, जिससे इस क्षेत्र की राजनीतिक एकता और समन्वयात्मकता में वृद्धि हुई। संस्कृति और सभ्यता के क्षेत्र में उनका योगदान अविस्मरणीय है। भुवनेश्वर के अनेक मन्दिर (यथा लिंगराज), रानी झरियाल के देवालय, तथा उड़ीसा और मध्यप्रदेश के अनेक स्मारक इनके कीर्ति-स्तम्भ हैं।

वस्तुतः सोमवंशी-युग से दक्षिण कोसल के इतिहास एक में नए अध्याय का शुभारम्भ होता है।

सोमवंशियों के राजनीतिक इतिहास का अध्ययन दो भागों में किया जा सकता है। (क) प्रथम भाग के अन्तर्गत तीवरदेव से लेकर बालार्जुन तक की कालावधि का अध्ययन होता है। इन्हें "पाण्डुवंशी" या "प्राचीन सोमवंशी" के नाम से भी अभिहित किया जाता है, जो मध्यप्रदेश के रायपुर तथा बिलासपुर ज़िलों के अतिरिक्त पश्चिमी उड़ीसा के एक विस्तृत भूखण्ड के स्वामी थे। महानदी के तट पर स्थित श्रीपुर (रायपुर जिला) उनकी राजधानी थी।

सोमवंशियों के इतिहास का (ख) द्वितीय कालखण्ड बालार्जुन के पुत्र महाभवगुप्त से शुरू होता है, जिसकी परिवर्तित राजधानी पश्चिमी उड़ीसा के केन्द्र में थी। प्रारम्भिक स्थिति में सोमवंशियों के राजनीतिक क्रियाकलाप पश्चिमी कोसल तक सीमित थे। परवर्ती काल में इस क्षेत्र से उनका आधिपत्य शीघ्रता के साथ समाप्त हुआ और नागों तथा कलचुरियों ने उन्हें निस्तेज कर दिया; किन्तु तब भी वे पूर्वी-कोसल में एक अधिक शक्तिशाली राजा के रूप में उभरे और उड़ीसा का समुद्र तटीय क्षेत्र उनके अधिकार में आ गया।

ऐसी स्थितियों में सोमवंशियों के अध्ययन के दो चरण सकारण हैं। प्रथम चरण में हम उन्हें **"श्रीपुर के प्राचीन सोमवंशी"** के रूप में जानते हैं और द्वितीय चरण में उन्हें **"उड़ीसा के सोमवंशी"** के नाम से अभिहित करते हैं।

7.1.1 श्रीपुर के सोमवंशी

कोसल में सोमवंशी-शासन के संस्थापक तीवरदेव की तिथि के सम्बन्ध में विद्वानों में अत्यधिक मतभेद है। कनिंघम (जे० आर० ए० एस० 17:203) उन्हें 425 ई० में मानते हैं, किन्तु उनका यह मत "मादलापाँजी" के काल्पनिक वर्णनों पर आधारित है, जिसे आधुनिक विद्वान् नहीं मानते हैं। मिराशी (इपी० इण्डिका 22:17) तथा लोचनप्रसाद पाण्डेय (आई० एच० क्यू० 19:144) उन्हें छठी शताब्दी के पूर्वार्द्ध में रखते हैं। रायबहादुर हीरालाल (इपी० इण्डिका 11:184) के अनुसार वे सातवीं शताब्दी में ठहरते हैं, जबकि डी० आर० भण्डारकर (इपी० इण्डिका 17:240), आर० डी० बनर्जी (1920:204), कीलहार्न (इपी० इण्डिका 4:258) एवं फ्लीट (सी० आई० आई० 3:294) उन्हें आठवीं शताब्दी में मानते हैं।

प्राचीन सोमवंशी राजाओं, विशेषकर तीवरदेव, की तिथि को निश्चित करने के सम्बन्ध में प्रमुख सूत्र सूर्यवर्मा की है, जिसका नाम सिरपुर के प्रस्तराभिलेख (इपी० इण्डिका 4:333) में मिलता है। यह अभिलेख महा-शिवगुप्त बालार्जुन के काल का है। इसमें यह उल्लिखित है कि बालार्जुन की माता वासटा सूर्यवर्मा

की पुत्री थी। रायचौधरी (1962:512) तथा मिराशी (इपी० इण्डिका 22:17) इसे मौखरी-नृपति सूर्यवर्मा से सम्बद्ध मानते हैं, जो ईशानवर्मा का पुत्र था और जिसका हरहा अभिलेख (इपी० इण्डिका 14:110) संवत् 611 अर्थात् 554 ई० में लिखा गया था; किन्तु इस प्रत्यभिज्ञान के सम्बन्ध में कतिपय गम्भीर ऐतिहासिक आक्षेप हैं। ए० घोष (ई० आई० 23:116) के अनुसार यह किसी भी रूप में निश्चित नहीं है कि मौखरी सूर्यवर्मा कभी सिंहासनारूढ़ हुआ होगा; क्योंकि मौखरियों के असीरगढ़ तथा नालंदा-मुद्राओं (तदेव 24:283) में उसका नाम नहीं मिलता। न ही उससे सम्बद्ध कोई मौद्रिक प्रमाण ही हैं। ऐसी स्थिति में केवल इसी आधार पर तीवरदेव की तिथि निश्चित नहीं की जा सकती।

तीवरदेव के सम्बन्ध में शैलोद्भव नृपति धर्मराज श्रीमानभीत के ताम्रपत्र में हमें प्रत्यक्ष प्रमाण मिलता है। इस नृपति के लगभग छह घोषणापत्रों (निविन-पत्र—इपी० इण्डिका 21:34, चण्डेश्वरपत्र—जे० के० एच० आर० एस० 2 (1) 59; रणपुरपत्र—इंस्क्रिप्शंस आव उड़ीसा। (2) 218; बाणपुरताम्रपत्र इपी० इण्डिका 29:38; पुरीताम्रपत्र—जे० बी० ओ० आर० एस० I 1:176; कोण्डेइ-डाताम्रपत्र—इपी० इण्डिका 29:265) में एक पद्य बार-बार आया है, जिसमें यह वर्णन है कि अपने पिता मध्यमराज प्रथम अयसुमित के पुत्र धर्मराज तथा माधव पिता की मृत्यु के पश्चात् संघर्ष करते रहे। इस युद्ध में फासिका के पास माधव पराजित हुआ और उसने तीवरदेव से सहायता ली। माधव तथा तीवर की सम्मिलित सैन्य शक्ति ने भी धर्मराज को परास्त न किया और अन्त में माधव विन्ध्यपाद में जाकर अपने अन्तिम दिन गिनने लगा। यहाँ विन्ध्यपाद से तात्पर्य सम्भवतः उससे सलग्न कोसलदेश से है, जहाँ का शासक तीवरदेव था, जिसने माधव को शरण दी थी। माधव तथा धर्मराज के संघर्ष की तिथि-गणना के आधार पर हम यह कह सकते हैं कि शैलोद्भव नृपति धर्मराज ने तीवर को 700 ई० के आसपास हराया होगा। सम्भवतः तीवरदेव 690 ई० के आसपास सिंहासन पर बैठा होगा। ऐसा प्रतीत होता है कि हर्षदेव के अभियान-काल में तीवरदेन को उत्कल क्षेत्रसे हटना पड़ा होगा और कोसल तक उसे सीमित रहना पड़ा होगा। यह कथन इस उदाहरण से स्पष्ट हो जाता है कि तीवरदेव अपने को कोसल तथा उत्कल का अधिपति कहता है, किन्तु उसका पुत्र नन्नराज अपने क्षेत्र के भीतर उत्कल को सम्मिलित नहीं करता। इस प्रकार तीवरदेव का शासन-काल 690-730 ई० तक माना जा सकता है।

तीवरदेव का पुत्र महाभवगुप्त नन्नराज द्वितीय (730-740) था, जिसका शासन अल्पकालिक था। इनके पौत्रों ने चक्रकोट में नागशासन को स्थापित करने के लिए यहाँ की जनजातियों की सहायता की थी (द्र० 5.3)।

7.1.2 उड़ीसा के सोमवंशी

श्रीपुर के प्राचीन सोमवंशी बस्तर के छिन्दक नागों के मित्र थे, जब कि उनके वंशज उड़ीसा के सोमवंशी छिन्दकों के प्रति शत्रुता की भावना रखते थे।

रत्नगिरि-ताम्रपत्र (इपी० इण्डिका 32:263-74) से उद्योतकेसरी की परवर्ती तीन पीढ़ियों का ज्ञान होता है—जनमेजय द्वितीय, पुरंजय तथा कर्ण। सोमवंशी राज्य का विघटन उद्योतकेसरी के पुत्र जनमेजय द्वितीय के काल से प्रारम्भ हो जाता है। ज्ञात होता है कि बस्तर के नाग-राजा सोमेश्वरदेव प्रथम (1069-1111) ने उड्रदेश (उड़ीसा) से युद्ध किया था (द्र० पंचम अध्याय)। अतएव इसमें कोई सन्देह नहीं रह जाता है कि सोमवंशी-राज्य एवं छिन्दक नाग-राज्य संघर्षरत थे। यह युद्ध नाग नृपति के विजय में परिणत हुआ। सोमवंशी महाशिवगुप्त कर्ण के रत्नगिरि-अभिलेख से ज्ञात होता है कि जनमेजय द्वितीय (1065-1086) का संघर्ष एक नाग नृपति से हुआ था। इस सम्बन्ध में उपर्युक्त अभिलेख (इपी० इण्डिका 32:263-74) का चालीसवाँ श्लोक द्रष्टव्य है :—

कृपाणधाराधरधौतवैरि—
भूपालकान्तमृगनाभिपंकः।
वसुन्धराधारमहाधुरीण
दोः काण्डनिर्भसितनागराजः॥

इस "नागराजा" को हम चक्रकोट के छिन्दक नागवंश का सोमेश्वरदेव प्रथम मान सकते हैं। सोमेश्वर 1069 ई० पर राजसिंहासन पर बैठा। अपने शासन के प्रारम्भिक चरण में उसने तेलुगु-चोड माण्डलिक यशोराज प्रथम को सुवर्णपुर भेजा, जिसने कोसल में नागशासन की नींव रखी। ऐसा करते समय उसने वहाँ से सोमवंशी माण्डलिक धर्मरथ को खदेड़ दिया (जनमेजय द्वितीय नामक सोमवंशी राजा के अधीन युवराज धर्मरथ अन्तिम ज्ञात प्रशासक था)। इस समय तक पश्चिमी कोसल कलचुरियों के हाथों से निकल चुका था; यद्यपि उसका राजा पृथ्वीदेव प्रथम 1079 ई० के अभिलेख में अपने को "**सकल कोसलाधिपति**" (इपी० इण्डिका 19:75) कहने का दम्भ करता है।

जनमेजय द्वितीय सम्भवतः गंगराजा राजराज प्रथम (1070-1077) का समसामयिक था, जिसके वीर सेनानायक वनपति ने 1075 ई० में उत्कल देश को वशीभूत किया था (इपी० इण्डिका 4:314-18)। इस अपमानजनक पराभव के कारण जनमेजय की मृत्यु हो गयी थी तथा 1080 ई० के आसपास उसका पुत्र पुरंजय उत्तराधिकारी बना।

7.1.3 काँकेर के सोमवंशी

काँकेर (बस्तर की एक तहसील, इससे पूर्व एक स्वतंत्र राज्य) के सोमवंश की

स्थापना का अभिलेखीय प्रणाम व्याघ्रराज के गुरूरस्तम्भलेख (इण्डियन एण्टीक्वेरी 1926:44) से मिलता है। गुरूर दुर्ग से 48 मील दूर है। इसमें "काकरया (कांकेर) के व्याघ्रराज का उल्लेख है तथा यह निर्देश मिलता है कि किसी नायक ने कालभैरव के मन्दिर के लिए एक ग्रामदान किया था। तदनन्तर कर्णराज के सिहावा अभिलेख (1192 ई०) से यह स्पष्ट हो जाता है कि इस वंश का संस्थापक कर्णदेव या कान्हरदेव उड़ीसा के जगन्नाथपुरी से भंजों के भय के कारण यहाँ आकर बस गया था। तदनुसार कांकेर का सोमवंश उड़ीसा के सोमवंश की ही शाखा है। वर्णराज के वंशज कुछ काल तक सिहावा में ही शासन करते रहे तथा यह अनुमान होता है कि कर्णदेव का बस्तर के छिन्दक नृपति कन्हरदेव द्वितीय (1153-1195) से इस क्षेत्र के लिए संघर्ष भी हुआ होगा। यह बात 1192 ई० के उत्कीर्ण अभिलेख (इपी० इण्डिका 10:182) से प्रमाणित होती है। इस अवधि में सिहावा बस्तर के छिन्दक नागों के अधीन था। बार्नेट (1906:93) के अनुसार कर्णदेव 1192-93 ई० में शासन कर रहा था। कर्णदेव शिव-भक्त था तथा उसने शिव के अनेक मन्दिर व सरोवर बनवाए थे।

कर्णदेव निःसंतान था, इसलिए उसके लघु भ्राता सोमराजदेव के पुत्र पम्पराजदेव को सोमवंशियों का सिंहासन उत्तराधिकार में मिला। पम्पराजदेव के कांकेर-ताम्रपत्र (इपी० इण्डिका 9:166) के उत्कीर्ण कराए जाने की तिथि 1213 ई० है तथा इस अवधि में बस्तर का शासक सोमेश्वरदेव द्वितीय (1195-1218) था। यह अभिलेख राजमहिषी लक्ष्मीदेवी तथा राजकुमार बोपदेव की उपस्थिति में 12 अगस्त, 1213 ई० को जारी किया गया था। पम्पराज के एक अन्य कांकेर-ताम्रपत्र (इपी० इण्डिका 9:166) की तिथि 1214 ई० है। इसमें पम्पराज के साथ सोमराजदेव तथा बोंपदेव का भी उल्लेख है। पम्पराज के उपर्युक्त विवरण से यह ज्ञात होता होता है कि वह चक्रकोट के भीतर निरन्तर दवाब बनाए हुए था।

भानुदेव के कांकेर-शिलालेख (इपी० इण्डिका 9:123) की तिथि 1320 ई० है और इस काल में बस्तर में हरिश्चन्द्रदेव का शासन था। भानुदेव के पश्चात् कांकेर का सोमवंशी घराना आज तक जीवित है, जो बस्तर क्षेत्र की भूमि पर बसा था।

7.2 कलचुरी और नाग

कलचुरी नृपति रत्नदेव के पश्चात् जब उसका पुत्र पृथ्वीदेव द्वितीय 1135 ई० में कलचुरिशासन का उत्तराधिकारी बना तो शासन-सूत्र सम्हालते ही उसने अनुशासनहीन माण्डलिकों को पराजित किया एवं राज्य में शान्ति व अनुशासन की स्थापना की। इसके पश्चात् उसने एक गंग-शत्रु पर आक्रमण करने की योजना

बनायी, जिसने उसके पिता के काल में कलचुरी-राज्य पर आक्रमण किया था। इस योजना में उसने सर्वप्रथम चक्रकोट के छिन्दक नाग नृपति कन्हरदेव प्रथम (1111-1153) के विरुद्ध अभियान किया था और चक्रकोट राष्ट्र को विध्वंस कर दिया था। उसका यह आक्रमण इतना आतंकपूर्ण था कि इस अभियान के मुहिम को ही देखकर चोडगंग इतना भयभीत हुआ कि वह समुद्र पार करके भाग गया (पृथ्वीदेव का विलाईगढ़ ताम्रपत्र)।

7.3 भंज और नाग

छिन्दक नाग-क्षेत्र के अन्तर्गत उस युग में आधुनिक तीन ज़िले समाहित थे—बस्तर, कोरापुट तथा कालाहंडी। खिंजलि (उड़ीसा के आधुनिक गंजाम तथा बौद खण्डमाल क्षेत्र) के भंज चक्रकोट के छिन्दक नागों से संघर्ष की स्थिति में थे। 1060 ई० में भंज नृपति यशोभंज ने धारावर्ष को पराजित किया था। और सम्भवत: वध किया था। अपने आंतरिग्राम दानपात्र में उसने अपने को **"जगदेकमल्लविजयां"** कहा है।

7.4 होयसल और नाग

होयसल-नृपति विष्णुवर्धन (1104-1141) की दूसरी महत्वपूर्ण उपलब्धि 1116 ई० में उसके द्वारा चक्रकोट राष्ट्र पर अभियान की थी। **"चक्रकोट शासन की अधिष्ठात्री मांणिक्यदेवी के समक्ष अपना शौर्य प्रदर्शित करने वाले दुर्धर्ष मत्तगजरूपी सोमेश्वर के लिए वह एक विकराल व्याघ्र था"** (इपी० कर्नाटिका 5:58)। अपनी दुधारू तलवार से उसने लोकविश्रुत चक्रकोट के शासक सोमेश्वर को आतंकित कर दिया था (इपी० कर्नाटिका 6:22)।

उसके इस उत्तरापथ-अभियान की चर्चा बेल्लूर-अभिलेख (इपी० कर्नाटिका 5:17) में भी मिलती है। यह भी संकेत मिलता है कि उसने सोमेश्वर का वध किया था (द्र० पंचम अध्याय)।

7.5 परवर्ती सोमवंशयुगीन कोसल और छिदन्कनाग

सोमवंशीकुमार सोमेश्वरदेव के सोनपुर-ताम्रपत्र (इपी० इण्डिका 12:237-43; 28:-321) से यह सुस्पष्ट हो जाता है कि उद्योतकेसरी ने कोसल (सम्भलपुर-सोनपुर क्षेत्र) पर शासन करने के लिए अभिमन्यु को नियुक्त किया था। अभिमन्यु तथा उद्योतकेसरी के मध्य क्या सम्बन्ध थे, यह तो ज्ञात नहीं है; किन्तु ऐसा लगता है कि अभिमन्यु सोमवंशी राजवंश का एक सदस्य रहा होगा। यह भी ज्ञात नहीं हो सका कि कोसल से अभिमन्यु का शासन कब समाप्त हुआ। कोसल में अभिमन्यु का उत्तराधिकारी स्पष्टतया सोमेश्वर ही था, जि ने उपर्युक्त आज्ञा-पत्र को सुवर्णपुर (सोनपुर) से जारी किया था।

विगत परिच्छेद (7.1.) में यह कहा गया है कि जनमेजय द्वितीय तथा बस्तर के नाग-नृपति सोमेश्वर के मध्य संघर्ष हुआ था तथा बस्तर-नृपति सोमवंशी राज्य कोसल को बलात् छीनने में सफल हुआ था। कोसल को हस्तगत करने में नागराजा की सहायता तेलुगु-चोड परिवार ने की थी, जिसने आखिर में इस नव विजित क्षेत्र पर सोनपुर को राजधानी बनाकर शासन किया था। किन्तु ऐसा लगता है कि इस प्रबन्ध के कार्य रूप में परिणत होने से पूर्व नाग-राजा ने कुमार सोमेश्वर को अल्प अवधि के लिए कोसल का शासक बने रहने की अनुमति दे दी थी। कुमार सोमेश्वर के उपर्युक्त आज्ञापत्र के अनेक प्रमाणों के आधार पर इस प्रकल्पना को बल मिलता है। इसमें सोमेश्वर ने अपने को सोमेश्वर-कुल का एक सदस्य माना है, किन्तु किसी सोमवंशी राजा के साथ उसने न तो अपने सम्बन्ध की चर्चा की है और न ही वह उनको अपना स्वामी या सार्वभौम सम्राट् ही स्वीकार करता है। वह अपने को "**कुमाराधिराज**" कहता है, यद्यपि विरोधाभास यह है कि वह पूर्ण अधिराज की—**परममाहेश्वर, परमभट्टारक** तथा **परमेश्वर**—उपाधियों से अपने को अलंकृत करता है। इन अस्वाभाविक विशेषताओं के अतिरिक्त डी० सी० सरकार (इपी० इण्डिका 12:237-43; 28:321) ने उपर्युक्त आज्ञापत्र की अधोलिखित पंक्तियों में तेलुगु-चोड का भी प्रभाव देखा है—"**सोम-कुल-कमल-कलिका-विकास-भाष्कर**" तथा **श्रीसोमेश्वरदेवपादाः**।"

बहुत सम्भव है कि नाग-राजा ने इस सोमवंशी राजकुमार को स्वाधीन किया हो तथा अपने राजनीतिक स्वार्थ की सिद्धि के लिए उसे कुछ समय तक कोसल का प्रशासक नियुक्त कर रखा हो, किन्तु उसे पूर्ण स्वन्त्र न किया हो तथा अपने विश्वसनीय प्रतिनिधि तेलुगु-चोड के अधिकार में कर दिया हो। तेलुगु-चोड का प्रभाव इसीलिए उपर्युक्त आज्ञापत्र में देखा जा सकता है। जिस तेलुगु-चोड वंश ने बस्तर के नागराजा की सहायता सोनपुर क्षेत्र को अधिकृत करने में की थी, अन्त में उसी ने सोमवंशी राजा सोमेश्वर को उस क्षेत्र से खदेड़ दिया और वहाँ के स्वमेव स्वामी बन गए।

ये तेलुगु-चोट करद सामन्त थे, जो बारसूरु को राजधानी बनाकर एक लघु क्षेत्र पर शासन कर रहे थे तथा बस्तर के नाग-राजाओं के प्रति इनकी राजभक्ति थी (पाणिग्रही 1961:40; हिस्ट्री एण्ड कलचर आव इण्डियन प्यूपिल 5:219)।

सोनपुर के शासक कुमार सोमेश्वर (इपी० इण्डिका 28:321) तथा तेलुगु चोड-राजाओं (इपी० इण्डिका 28:285) के ताम्रपत्रों का पुनः सम्पादन तथा विशद व्याख्या करके डी० सी० सरकार ने एक महत्वपूर्ण कार्य किया है। सरकार तथा एम० वेंकटरमय्या (इपी० इण्डिका 28:289) ने तेलुगु-चोड शासकों की जो वंशावली दी है, वह तो सही प्रतीत होती है; किन्तु हम उनके

इस निष्कर्ष से सहमत नहीं हो पाते कि सोनपुर में तेलुगु-चोड शासक 1180 ई० तक था (तदेव)। यह तिथि 1060 ई० से गणना करने पर प्राप्त हुई है, जबकि बारसूर अभिलेख के अनुसार यशोराज द्वितीय का पिता चन्द्रादित्य जीवित था। तदनुसार तेलुगु-चोड-शासकों के प्रत्येक शासक की शासनावधि को 25 वर्ष की अवधि तक सीमित मान लेने से यह तिथि मिलती है।

कोसल पर 1180 ई० तक तेलुगु-चोड शासन का विस्तार करते हुए सरकार तथा वेंकटरमय्या ने अन्य बातों की ओर ध्यान नहीं दिया है। उन्होंने सोनपुर क्षेत्र में कलचुरी-शासन की अवधि पर विचार नहीं किया है। यह तथ्य कलचुरी अभिलेखों के सन्दर्भों से भी प्रमाणित है कि कलचुरियों ने इस क्षेत्र पर विजय प्राप्त की थी। इस क्षेत्र से कलचुरियों के सिक्कों की प्राप्ति से भी यही बात सिद्ध होती है।

इन्होंने इस संभावना पर भी विचार नहीं किया कि यशोराज द्वितीय तथा उसके पुत्र सोमेश्वर द्वितीय ने एक ही समय में शासन किया होगा। प्रथम ने वंश-परम्परा से प्राप्त क्षेत्र बस्तर में तथा द्वितीय ने नव्य विजित क्षेत्र में राज्य किया होगा। ऐसी स्थिति में दोनों शासकों के लिए 25-25 वर्ष की अवधि निश्चित करना आवश्यक था। तेलुगु-चोड परिवार की कालक्रमिक वंशावली हेतु प्रत्येक शासक के निमित्त निर्धारित पच्चीस वर्षों की अवधि एक रूढ़ि परम्परा हो सकती है; किन्तु वह सत्य ही हो, यह आवश्यक नहीं है। ऐसी स्थिति में तेलुगु-चोड की इन्होंने जो कालक्रमिक वंशावली तैयार की है, उसे स्वीकार कर लेना सम्भव नहीं है।

सोमवंशी युग में सोनपुर क्षेत्र में शासन करने वाले शासक परिवारों की कालक्रमिक सूची हमारे अनुसार इस प्रकार है—

7.5.1 सोमवंशी शासन

हम उस अधीनस्थ शासक के नाम से परिचित नहीं हैं, जिसे ययाति द्वितीय ने कोसल का शासक नियुक्त किया था; किन्तु हमें यह ज्ञात है कि सोमवंशी कुल का एक सदस्य अभिमन्यु (1040-1065) के द्वारा प्रशासक नियुक्त किया गया था।

7.5.2 भंज-अधिकार

शिलाभंज के पुत्र दुर्जयभंज ने कुछ समय के लिए सोनपुर पर शासन किया था।

7.5.3 नागवंशी शासन

बस्तर के नागराजा के द्वारा मनोनीत सोमवंशी राजकुमार कुमार सोमेश्वर ने सोनपुर क्षेत्र पर शासन किया था। ऐसा प्रतीत होता है कि 1069 ई० में तेलुगु-चोड परिवार ने कुमार सोमेश्वर को सोनपुर से खदेड़ा होगा। तदुपरान्त तेलुगु-चोड परिवार के अधोलिखित सदस्यों ने सोनपुर से शासन किया—

सोमेश्वर द्वितीय (1069-1088 ई0)
धारल्ल देव (1088-1095 ई0)
सोमेश्वर तृतीय (1095-1119 ई0)

सोमेश्वर तृतीय नामक अन्तिम शासक को कलचुरि-अभिलेखों में **'भुजवल'** भी कहा गया है। जाजल्लदेव प्रथम (1090-1120 ई०) ने **'भुजबल'** को परास्त कर उसे सोनपुर से खदेड़ दिया था।

7.5.4 कलचुरी शासन

जाजल्लदेव प्रथम के काल से रतनपुर के कलचुरी सोनपुर क्षेत्र के स्वामित्व में थे। यह स्वामित्व प्रतापमल्ल के शासन तक चलता रहा और जब यह अनंगभीमदेव तृतीय (1216-1235) के गंग शासन से संयुक्त हो गया तो यह स्वामित्व भी समाप्त हो गया।

सोनपुर के तेलुगु-चोड शासकों में सोमेश्वर द्वितीय तथा सोमेश्वर तृतीय ने कम-से-कम क्रमशः 17 तथा 23 वर्षों तक शासन किया था। तदनुसार हमने पूर्ववर्ती शासन की शासन अवधि को 19 वर्ष एवं परवर्ती शासक के शासन को 24 वर्षों तक माना है। धारल्लदेव का कोई भी अभिलेख नहीं मिला। उसका शासन भी अल्पावधि तक सीमित था।

सोनपुर रतनपुर के कलचुरियों के स्वामित्व में जाजल्लदेव (1090-1120) के काल से ही था। इसकी पुष्टि अभिलेखीय तथा मौद्रिक प्रमाणों से भी होती है। ऐसा प्रतीत होता है कि जाजल्लदेव ने ही अन्तिम तेलुगु-चोड शासक को सोनपुर क्षेत्र से खदेड़ा होगा। रत्नदेव द्वितीय के शिवरीनारायण अभिलेख (कार्पस इंस्क्रिप्शनम इण्डिकेरम 4(2) 422) में यह वर्णित है कि जाजल्लदेव प्रथम ने **'बल'** का विनाश उसी प्रकार किया था, जिस प्रकार इन्द्र ने **'वृत्र'** का किया था : रत्नदेव तृतीय के खरोद-अभिलेख (तदेव 540) में भी यह उल्लिखित है कि **"अपनी शस्त्रशक्ति से जाजल्लदेव प्रथम ने भुजबल को सुवर्णपुर के स्वामित्व से वंचित किया था।"** मिराशी (तदेव 427) उपर्युक्त "बल" तथा "भुजबल" को एक ही व्यक्ति मानते हैं। हम दोनों को एक ही व्यक्ति मानते हुए मिराशी (तदेव, प्रथम भाग, 84-85) के इस कथन से सहमत नहीं हैं कि **"भुजबल एक सोमवंशी राजकुमार था तथा वह अभिमन्यु का उत्तराधिकारी था।"** हम

डी० सी० सरकार (हिस्ट्री एण्ड कलचर आव इण्डियन प्यूपिल, 5:213) के इस मत को भी स्वीकार करने में समर्थ हैं कि "**भुजवल सोनपुर-ताम्रपत्र के सोमवंशी राजकुमार सोमेश्वर का ही दूसरा नाम है।**" एन० के० साहू (ओ० एच० आर० जे० 3:135-36) का यह मत भी पूरी तरह सच नहीं है कि **भुजबल तेलुगु-चोड परिवार का सोमेश्वर द्वितीय है।** हमारे मतानुसार यथार्थ तो यह है कि 'भुजवल' उसी वंश का सोमेश्वर तृतीय है, जो तेलुगु-चोडों का अन्तिम शासक था। कलचुरी अभिलेखों के उद्धरणों से भी यह प्रमाणित होता है कि सुवर्णपुर के स्वामी भुजवल के स्वामित्व को जाजल्लदेव प्रथम ने समाप्त किया था और यदि पूर्व अभिलेखों के साक्ष्य को स्वीकार किया जाये तो यह कहना होगा कि वह जाजल्लदेव प्रथम द्वारा मारा गया था। कलचुरी अभिलेखों के उपर्युक्त सन्दर्भ इससे भी प्रमाणित होते हैं कि सोमेश्वर तृतीय के पश्चात इस क्षेत्र में तेलुगु-चोड परिवार का कोई भी चिन्ह किसी भी स्रोत से भी नहीं मिलता है। अतएव हम कलचुरी अभिलेखों के 'भुजबल' को सोमेश्वर तृतीय मान सकते हैं।

यहाँ "भुजबल" उपाधि पर विचार कर लेना उचित होगा। "केसरी" तथा "गजपति" के समान "भुजबल" भी एक प्रचलित उपाधि या नाम था, जिसके द्वारा सोनपुर के सभी तेलुगु-चोड शासक जाने जाते थे। इसका शाब्दिक अर्थ है—"**अपनी भुजाओं के बल पर निर्भर रहने वाला**"। ताम्रपत्रों में मिलने वाले तेलुगु-चोड नृपतियों के विरुद्ध इस प्रकार प्रारम्भ होते हैं—**अरि-दुर्धर-वर--आसिभासुर** (इपी० इण्डिका 28:286)। विरुद्ध से प्रतीत होता है कि तेलुगु-चोड यह मानते थे कि उनकी भुजाएँ इतनी दुर्धर हैं कि वे ऐसी तलवार भी चला सकते हैं, जिन्हें उनके शत्रु नहीं चला सकते। उनकी यही शक्ति उनके "भुजबल" नामकरण का कारण रही होगी। उड़ीसा में आज "भुजबल" एक उपाधि या नाम के रूप में मिलता है। उड़ीसा के सोमवंशी इसी प्रकार "केसरी" उपाधि से विख्यात थे। इस प्रकार कलचुरी अभिलेखों के "भुजबल" को हम सोमवंशी राजकुमार सोमेश्वर नहीं मान सकते।

ऊपर यह लिखा जा चुका है कि सोनपुर के तेलुगु-चोड शासक बस्तर के नागराजा के अधीन थे; किन्तु सोमेश्वर तृतीय के शासन के उत्तरकाल में उनका सम्बन्ध बदल जाता है। डी० सी० सरकार (इपी० इण्डिका 28:288-89) ने यह गौर किया है कि "**सोमेश्वर तृतीय ने अपने विरुद्ध बदल लिए थे तथा उसने सार्वभौम उपाधि चक्रवर्ती को धारण किया था।**" तेलुगु-चोड शासक नागराज सोमेश्वर प्रथम के अधीन थे। यह सोमेश्वर प्रथम बहुत ही शक्तिशाली राजा था। इसने 1069 ई० से 1111 ई० पर्यन्त लम्बी अवधि तक शासन किया था।

ऐसा लगता है कि रतनपुर के कलचुरी राजा जाजल्लदेव प्रथम के हाथों पराजय के पश्चात ही तेलुगु-चोड सोमेश्वर तृतीय ने अपनी अधीनता-युक्त

विरुदों को संशोधित किया तथा सार्वभौम "चक्रवर्ती" से अपने को अलंकृत किया। किन्तु उसकी अर्धतंत्र स्वतंत्र स्थिति चिरकाल तक बनी नहीं रही; जैसाकि हमने ऊपर देखा है कि उसकी भी हार होती है और सम्भवतः 1119 ई० के आसपास वह कलचुरी राजा जाजल्लदेव प्रथम द्वारा मारा जाता है। उसकी मृत्यु के साथ ही सोनपुर क्षेत्र से तेलुगु-चोड शासन का दीप हमेशा के लिए बुझ जाता है।

मिराशी (कार्पस इंस्क्रिप्शनम इण्डिकेरम 4 (1) 73-74) के अनुसार नाग-राजा सोमेश्वर ने 'उड्र' के राजा को पराजित किया था तथा 96 ग्राम वाले "षण्णवति-क्षेत्र"—सहित कोसल को अधीनस्थ कर लिया था। "षण्णवति" ययाति के ताम्रपत्र में एक क्षेत्रीय विभाग के रूप में आया है (जे० ए० एस० बी०। 1905:19) तथा ऐसा लगता है कि यह "स्वर्णवती" का प्राकृतीकरण है। "स्वर्ण्णवती" के अन्य नाम "स्वर्ण्णपुर" या सुवर्ण्णतेर" (सोनपुर) सोमेम्वरदेव वर्मा के महद-ताम्रपत्र (इपी० इण्डिका 28:285-292) में मिलते हैं। इस प्रकार उपर्युक्त स्थान नाम "षण्णवति" के प्रत्यभिज्ञान से हमारा यह निष्कर्ष पुष्ट होता है कि सोमवंशी राजा जनमेजय द्वितीय (1065-1085) की नाग-राजा सोमेश्वर के हाथों पराजय के कारण सोनपुर भी नाग-राजा के अधिकार में आ गया। जब नाग-राजा ने सोनपेर पर विजय प्राप्त की थी, उस समय ताम्रपत्र को जारी करने वाले सोमवंशी राजकुमार सोमेश्वर सम्भवतः वहाँ पहले से ही सोमवंशी राजा द्वारा गोण शासक (माण्डलिक) के रूप में नियुक्त कर दिए गए थे; किन्तु नाग-राजा ने उन्हें एक स्वतंत्र शासक का दर्जा देकर उनकी पदोन्नति की तथा उन्हें अपने विश्वासपात्र प्रतिनिधि तेलुगु-चोड के नियंत्रण में रखा।

सोमवंशी-राजाओं के द्वारा नियुक्त उत्कल तथा कोसल के माण्डलिकों को यह अधिकार नहीं प्राप्त था कि वे ताम्रपत्र या दानपत्र जारी करते। इसलिए ऐसे माण्डलिकों का आज तक एक भी ताम्रपत्र या दानपत्र नहीं मिला है।

कुमार सोमेश्वर मूलतया कोसल का एक माण्डलिक था, किन्तु जब छिन्दक नाग-नृपति ने उसे स्वतन्त्र शासक बना दिया, तो उसने न केवल एक दानपत्र जारी करने का साहस किया, अपितु उसने उसमें सार्वभौम उपाधियों का भी प्रयोग किया।

सोनपुर क्षेत्र में तेलुगु-चोड शासन बस्तर के नाग-नृपति सोमेश्वर प्रथम के उस क्षेत्र पर विजय से प्रारम्भ होता है, जो उसकी मृत्यु के दस वर्षों बाद तक भी जारी रहता है। रतनपुर के कलचुरियों को भी कुछ काल के लिए सोनपुर क्षेत्र पर अधिकार था। इसकी जानकारी उन स्वर्ण-मुद्राओं से प्राप्त होती है, जो इस क्षेत्र से मिली है तथा जिनका परीक्षण बी० बी० नाथ (ओ० एच० आर० जे० 1:36) ने किया है। ये स्वर्ण-मुद्राएँ सोनपुर तथा बैद्यनाथ से मिली हैं। बैद्यनाथ वही स्थान है, जो तेलुगु-चोड अभिलेखों में "**रक्षक देवों के प्रमुख स्थान**" नाम से

अभिहित है (इपी० इण्डिका 28:284)। ये मुद्राएँ रत्नदेव द्वितीय, पृथ्वीदेव द्वितीय तथा जाजल्लदेव द्वितीय की हैं। इसी वंश की कुछ स्वर्ण-मुद्राएँ उत्तरी महानदी, विशेषकर बरम्बा-क्षेत्र (ओ० एच० आर० जे० 1:36) से मिली हैं।

रतनपुर के शासक तथा गंग-राजाओं के मध्य सोनपुर क्षेत्र के आधिपत्य को लेकर चिरकाल तक उग्र संघर्ष चलता रहा। सोमवंशियों के उत्तराधिकारी होने के कारण गंगों ने इस क्षेत्र पर अपना अधिपत्य चाहा होगा। कलचुरी-अभिलेखों (कार्पस इंस्क्रिप्शनम इण्डिकेरम 4 (1) 76-8) में यह वर्णित है कि रत्नदेव द्वितीय तथा पृथ्वीदेव द्वितीय ने क्रमश: चोडगंग एवं उसके पुत्र तथा उत्तराधिकारी जटेश्वर (उपनाम मधु कामार्ण्णव) को हराया था। जाजल्लदेव द्वितीय के शिवरी-नारायण-प्रस्तराभिलेख (तदेव 2:519) में यह सूचना मिलती है कि रत्नदेव द्वितीय तथा चोडगंग के मध्य शिवरीनारायण (ज़िला-बिलासपुर) में युद्ध हुआ था। युद्ध-क्षेत्र की स्थिति से ज्ञात होता है कि यह युद्ध सोनपुर-क्षेत्र के आधिपत्य को लेकर छिड़ा था। गंग अभिलेखों में कलचुरियों के साथ उनके युद्ध का वर्णन कहीं नहीं मिलता है; जिससे परोक्ष रूप से यह सिद्ध होता है कि कलचुरियों का गंगों को पराजित करने का दावा सही है।

सोनपुर-क्षेत्र कलचुरियों के आधिपत्य में बना रहा तथा यह पुन: अनंगभीम-देव तृतीय (1216-1235) के शासनकाल में गंगों के आधिपत्य में आया। चटेश्वर-अभिलेख (मिराशी, तदेव 4 (1) 76-8) से यह प्रमाणित होता है। ऐसा लगता है कि किसी मैत्रीपूर्ण समझौते के साथ इस चिरकालिक संघर्ष का पटाक्षेप हुआ होगा। कलचुरी-वंश या हैहयों के एक सदस्य परमर्दिदेव के साथ अनंगभीम-देव ने अपनी पुत्री चन्द्रिकादेवी का विवाह किया था। परमर्दिदेव अनंगभीमदेव के सेनापति हुए तथा बंगाल के मुसलमानों के साथ लड़ते हुए उनकी मृत्यु हुई थी। परमर्दिदेव की विधवा चन्द्रिका ने 1273 ई० में भुवनेश्वर में "अनन्त-वासु-देव" नामक मन्दिर का निर्माण करवाया था (तदेव), जो कि भुवनेश्वर में आज भी विद्यमान है। अनंगभीमदेव तृतीय के पोते भानुदेव के सोनपुर-प्रस्तराभिलेख से भी यही सिद्ध होता है कि सोनपुर क्षेत्र पर परवर्तीकाल में उड़ीसा के गंग-राजाओं का अधिकार था।

7.6 गंगकालीन कोसल और छिन्दक नाग

अन्तिम सोमवंशी शासक कर्णदेव को 1111 ई० में पराजित कर (1112 ई० का चोडगंगदेव का कोर्नी-ताम्रपत्र) अनन्तवर्मा चोडगंगदेव ने उत्कल को विजित किया था। सोमेश्वरदेव प्रथम (छिन्दक नाग) इस गंग नृपति का मित्र था। चूँकि सोमेश्वर प्रथम ने दक्षिण कोसल पर अधिकार कर लिया था और गंगों से उसके मैत्री-सम्बन्ध थे, अतएव रतनपुर और डाहल के कलचुरी और कट्टर शत्रु बन गए थे; क्योंकि वे गंगों के भी प्रबल शत्रु थे।

अनन्तवर्मा चोडगंग की उत्कल की विजय की तिथि से बहुत पहले सोमवंशियों के हाथों से कोसल-क्षेत्र निकल चुका था। उसके पश्चिमी भाग पर कलचुरियों का आधिपत्य था तथा पूर्वी भाग के स्वामी नागों के माण्डलिक तेलुगु-चोड थे। कलचुरी तथा तेलुगु-चोड के मध्य कोसल पर अधिकार कर लेने के लिए एक अनवरत संघर्ष था, जो 1124 ई० में तेलुगु-चोड की पराजय के साथ ही समाप्त हो गया। कलचुरी-नृपति जाजल्लदेव प्रथम ने तेलुगु-चोड को करारी मात दी और उनके नृपति सोमेश्वर को बन्दी बना लिया (1114 ई० का रतनपुर-अभिलेख, इपी० इण्डिका 1:32)। इस प्रकार जब गंगनृपति चोड-गंगदेव उत्कल और कलिंग का **"सकलाधिपति"** बन गया, तो उसी समय जाजल्लदेव प्रथम **"सकल-कोसलाधिपति"** बना। चोडगंगदेव-जैसा एक महत्वाकांक्षी नृपति, जिसने उत्तर में समुद्रतटीय क्षेत्र हुगली नदी के दक्षिण से लेकर गोदावरी नदी तक के क्षेत्र को जीता था, उसने कोसल राज्य को जीतने की उपयोगिता इसलिए समझी थी, क्योंकि चिरकाल तक यह क्षेत्र सोमवंशी-साम्राज्य के अन्तर्गत था [ओ० एच० आर० जे० 1 (4) 274]। विजय के माध्यम से उत्कल के सोमवंशियों के उत्तराधिकारी के नाते उसने अपना यह नैतिक दायित्व माना कि कलचुरियों के हाथों से कोसल राज्य को छीन ले। सम्भवतः उस समय कोसल का दक्षिणी भाग (जिसमें कालाहंडी भी सम्मिलित था) वज्र-हस्तदेव पंचम (1038-1070) के काल से गंगों के अधीन था। मध्ययुग में कालाहंडी तथा कोरापुट-क्षेत्र **"त्रिकलिंग देश"** के अधीन थे। यह उल्लेखनीय है वज्र-हस्तदेव पंचम से लेकर नरसिंहदेव द्वितीय (1279-1306) तक के नृपति अपने को **"त्रिकलिंगाधिपति"** उपाधि से सम्बोधित करते रहे हैं। चोडगंगदेव के काल से सम्भवतः गंग कालाहंडी को कोसल के कलचुरियों के विरुद्ध सैन्य-संचालन के लिए प्रयोग करते थे। फिर भी चोडगंगदेव को दुर्धर्ष कलचुरियों के विरुद्ध कोई सफलता नहीं मिल सकी। कलचुरियों के अभिलेखीय सन्दर्भों (रत्नदेव तृतीय का खरोद-अभिलेख, इपी० इण्डिका 21:161; प्रतापमल्लदेव का पेण्ड्राबन्द-अभिलेख, इपी० इण्डिका 23:1; इण्डियन एण्टीक्वेरी 22:82) में यह दावा मिलता है कि उनके नृपति रत्नदेव द्वितीय तथा पृथ्वीदेव द्वितीय ने क्रमशः चोडगंगदेव और उसके पुत्र जटेश्वर उर्फ मधु कामार्णव (कुमारनव) को पराजित किया था। गंगों और कलचुरियों के मध्य सौ वर्षों तक निरन्तर संघर्ष रहा। अन्ततोगत्वा अनंगभीमदेव तृतीय 1220 ई० के पूर्व सम्बलपुर-सोनपुर-क्षेत्र को कलचुरियों से छीनने में सफल रहा। 1220 ई० के चटेश्वर-अभिलेख में यह वर्णित है कि अनंगभीमदेव तृतीय (1221-1238) के सेनानायक विष्णु ने तुम्माण के राजा (तुम्माण-पृथ्वीपतिः) को एक युद्ध में पराजित किया था (इपी० इण्डिका 29:125, 127, 131)। उस काल में रत्नपुर-शाखा के कलचुरियों की राजधानी तुम्माण थी। ऐसा प्रतीत होता है कि कलचुरी-नृपति

की पराजय के पश्चात् सम्बलपुर-सोनपुर-क्षेत्र गंग-साम्राज्य में मिला दिया गया था। यह विचार "माँदलापांजी" (प्राची सम्पादित 28-29) से भी प्रमाणित होता है, जहाँ यह कहा गया है कि अनंगभीमदेव ने पश्चिम में सोनपुर तक अपना क्षेत्र-विस्तार कर साम्राज्य की आय को बढ़ाया था। पश्चिमी उड़ीसा पर गंगों का आधिपत्य सोनपुर के खमेश्वर-मन्दिर-अभिलेख [ओ० एच० आर० जे० 10 (4) 1-11; इपी० इण्डिका 32:325] से भी सिद्ध होता है, जिसके अनुसार भानुदेव प्रथम (1264-1278) के कार्यकाल में उस क्षेत्र पर गंग-माण्डलिक की नियुक्ति हुई थी। भानुदेव प्रथम अनंगभीमदेव का तृतीय पोता था।

अनन्तवासुदेव-मन्दिर-अभिलेख (इपी० इण्डिका 13:150-55) इस तथ्य को उद्घाटित करता है कि अनंगभीमदेव तृतीय ने अपनी पुत्री चन्द्रदेवी (चन्द्रिका-देवी) का विवाह परमर्दिदेव नामक एक हैहय राजकुमार के साथ किया था, जो अनंगभीमदेव के पुत्र नरसिंहदेव प्रथम (1238-1264) के लिए युद्ध करता हुआ युद्ध-भूमि में वीरगति को प्राप्त हुआ था और विधवा राजकुमारी चन्द्रदेवी अपने पति की मृत्यु के पश्चात गंग-राजप्रासाद में चिरकाल तक निवास करती रही। उस विधवा ने 1278 ई० में अनन्तवासुदेव के मन्दिर का निर्माण करवाया था। एच० सी० राय [1940 (1) 478] की मान्यता है कि तुम्माण के शासक पर विजय के अनन्तर अनंगभीमदेव ने अपनी बहन चन्द्रिकादेवी का विवाह हैहय-नृपति से कर दिया था। चन्द्रदेवी ने अपने अभिलेख में किसी राजकीय उपाधि का प्रयोग नहीं किया, जिससे भी यही संकेत मिलता है। इन सभी बातों से यह सूचित होता है कि कलचुरियों पर गंगों की विजय के पश्चात् दोनों नृपतियों के बीच एक शान्ति-समझौता हो गया था, जिसके अनुसार सम्बलपुर-सोनपुर का क्षेत्र अनंग-भीमदेव तृतीय को मिल गया और उसने बदले में अपनी पुत्री का विवाह कलचुरी-राजकुमार से कर दिया। इसके साथ ही गंगों और कलचुरियों के मध्य चल रहे सौ वर्ष पुराने संघर्ष की समाप्ति हुई और कोसल में गंग-शासन स्थापित हो गया।

7.6.1 कोसलानन्द का रणसिंह

"कोसलानन्दमहाकाव्य" (अप्रकाशित) के प्रथम सर्ग में ही गंगाधरमिश्र ने गजपति (गंग) नृपति की कोसल पर विजय पर एक सुस्पष्ट चित्र प्रस्तुत किया है—**"कलियुग के 4200 वें (वियत् नभ-युगयुगब्द) वर्ष में महिमामण्डित कोसल देश पर रणसिंह का शासन था, जिसके शौर्य की प्रसंशा उसके शत्रु भी करते थे"** (श्लोक 7)

"कोसल देश विद्वान् और धार्मिक लोगों से सम्पन्न था और पूर्ववर्ती राजाओं ने योग्यता एवं सफलता के साथ उस पर शासन किया था, किन्तु दम्भी और

एकान्तप्रिय नरेश रणसिंह सदैव दुष्ट लोगों के द्वारा निर्दिष्ट होता रहा और राज्य में वह स्थिरता, नियम और व्यवस्था स्थापित न कर सका" (श्लोक 8)।

"उसने अपने घनिष्ट मित्रों के साथ भी दुर्निवार शत्रुता विकसित कर ली और नए-नए शत्रु बनाने में उसे आनन्दानुभूति होती थी। उसने पुराने मंत्रियों को हटाकर नए मंत्रियों की नियुक्ति की" (श्लोक-13)।

"रणसिंह के इस निस्तेज प्रशासन एवं कोसलदेश की अव्यवस्थित स्थिति को देखकर गजेश्वर (गजनृपति) ने शस्त्र-बल से सकल कोसल को जीत लिया" (श्लोक 14)।

कोसल पर गंगों की विजय की कोसलानन्द के अनुसार कलियुग की तिथि 4200 है, जो 1100 ई० के समकक्ष है। अभिलेखीय प्रमाणों के आधार पर इस तिथि की पुष्टि नहीं होती है, क्योंकि अभिलेखों के अनुसार गंगों के कोसल-विजय की तिथि 1220 ई० है। रणसिंह की पहचान भी यहाँ पर एक समस्या है।

ऐसा प्रतीत होता है कि अनंगभीमदेव के द्वारा पराजित राजा रणसिंह नाग-नृपति है, जिसकी स्वर्ण मुद्राएँ राजगुरु (1959:75-82) को अन्य नाग-नृपति धारावर्ष तथा सोमेश्वर प्रथम की स्वर्ण-मुद्राओं के साथ कोरापुट से मिली थी। राजगुरू (तदेव) का भी यही अनुमान है कि स्वर्ण-मुद्राओं में "!रणसिंह" के जो "सवत्सव्याघ्र" प्रतीक मिलते हैं, वे नाग-मुद्राओं के ही "लीजेण्ड" के अनुसार हैं। तदनुसार **कोसलानन्द** में वर्णित रणसिंह छिन्दक, नाग-नृपति रणसिंह ही हो सकता है, जिसके नाम से सिक्के भी मिलते हैं। यह नृपति चक्रकोट के इतिहास में एक अन्तराल को भरता है और इसे राजाधिराज महाराज जयसिंहदेव (1224-48) का उत्तराधिकारी माना जा सकता है, जो सोनपुर में एक माण्डलिक के रूप में शासन कर रहा था।

7.6.2. गंग-माण्डलिक

ऐसा प्रतीत होता है कि कोसल पर विजय के उपरान्त गंग-नरेशों ने इस क्षेत्र के आन्तरिक प्रशासन को अपने माण्डलिकों के हाथों सुपुर्द कर दिया था। चूंकि विवेच्य काल में ये मुस्लिम आक्रामकों के विरुद्ध युद्ध में संलग्न थे और दक्षिण के राजाओं के साथ लड़ रहे थे, इसलिए अपने साम्राज्य के पश्चिमी अंचल के प्रशासन को वे देख नहीं सकते थे। परिणामतः इस अंचल के राजनीतिक कार्यों पर हस्त-क्षेप नहीं करना चाहते थे और अपने माण्डलिकों द्वारा दिए गए नजराने से सन्तुष्ट थे। शक वर्ष 1153 (रामवनरुद्रसम्वत्सर) अर्थात् 1231 ई० के अपने नरला-मन्दिर-अभिलेख [जे० के० एच० आर० एस० 2 (4) 74] से यह प्रतीत होता है कि कमलामण्डल अर्थात् कालाहंडी-क्षेत्र पर शासन करने वाला मदन महादेव एक ऐसा ही माण्डलिक था। भानुदेव प्रथम के काल के सोनपुर-प्रस्तराभिलेख

[ओ० एच० आर० जे० 10 (4) 1-11] में यह मिलता है कि शंकरदेव नामक एक गंग माण्डलिक, जिसने **"पश्चिम देशाधिकारीसामन्त" "पदिराय-विषयपति"** जैसी उपाधियाँ धारण कर रखी थीं, वह सोनपुर से पश्चिमी कोसल पर शासन कर रहा था। यह अभिलेख भानुदेवनृपति के सप्तम अंक एवं तृतीय मीन (चैत्र) शनिवार कृष्णपक्ष का है, जो 3 मार्च 1268 ई० की तिथि को अभिव्यक्त करता है। मल्लिक (1952:73) ने पाटणागढ़ में शासन करने वाले गंग-माण्डलिकों की एक सूची दी है, जो स्थानीय परम्पराओं से भी पुष्ट होती है।

इस प्रकार तेरहवीं शताब्दी में कोसल की राजनीतिक स्थिति बहुत अधिक दयनीय थी। इसका पश्चिमी अंचल कलचुरियों के अधिकार में था, किन्तु अनंगभीमदेव तृतीय से पराजय के पश्चात् उनकी शक्ति में अत्यधिक ह्रास आया था। पूर्वी कोसल अनेक प्रशासनिक इकाइयों में बँट गया था, जो गंगों की नाममात्र अधीनता के साथ एक प्रकार से स्वतंत्र थीं। गंग-नृपति इस क्षेत्र पर अपना ध्यान केन्द्रित नहीं कर पा रहे थे। निर्बल और विभाजित होने के कारण कोसल पर बाहरी शक्तियों की दृष्टि लग गयी थी। इस अवसर का लाभ देवगिरि के यादवों ने लिया, जिनका शक्तिशाली नृपति सिंघन दक्षिण और मध्यप्रदेश के लिए एक आँधी के सामान उठ रहा था।

7.6.3 कमलामण्डल (कालाहंडी) और नाग

पूर्व मध्ययुग में कालाहंडी तथा कोरापुट ज़िले के क्षेत्र **"त्रिकलिंगदेश"** के नाम से जाने जाते थे। नौवीं शताब्दी के मध्य से ग्यारहवीं शताब्दी के मध्य तक यह क्षेत्र सोमवंशी राजाओं के अधीन था, जो अपने को **"त्रिकलिंगाधिपति"** कहते थे। गंग-नृपति वज्रहस्त (1038-1070) ने इस क्षेत्र को सोमवंशी-नृपति ययाति द्वितीय या उसके पुत्र उद्योतकेसरीदेव से जीता होगा। हमने पहले ही यह कहा है कि गंगों ने कालाहंडी का प्रयोग कोसल के कलचुरियों के विरुद्ध सैन्य-संचालन के निमित्त किया होगा और हमें दोनों के मध्य सौ वर्षों (1110-1220) तक चलने वाले युद्ध की जानकारी है। अन्त में अनंगभीमदेव तृतीय विजयी हुआ और उसने पूर्वी कोसल को गंग-साम्राज्य के अंतर्गत सम्मिलित कर लिया। कालाहंडी के इस सैनिक महत्व को देखते हुए उड़ीसा के गंग-राजाओं ने यहाँ के राजकीय परिवार के एक सदस्य को माण्डलिक नियुक्त किया था। गंगवंश की इस शाखा का इतिहास अभी अन्धकारमय है। "कालाहंडी-दरबार" से प्राप्त एक उड़िया पाण्डुलिपि (1680 ई०) में उस परिवार की वंशावली मिलती है, जिसकी कालक्रमिक वंशावली इस प्रकार है :—

- नरसिंहदेव
  - (1) कुशध्वज
    - (2) शिवस्कन्द
      - माहेश्वर
      - (3) मानहत
        - (4) विष्णुकुण्ड
          - (5) गोपाल नरसिंह
            - देवहरि
            - (6) नरहरि
              - (7) हरिहर
                - (8) चक्रयुद्ध
                  - (9) भागीरथी
                    - (10) नारायण
                      - (11) जगन्नाथदेव (अंतिम गंग-नृपति)
              - दामोदर

पाण्डुलिपि में इस वंशावली की प्राप्ति का स्रोत नहीं है। इसलिए इसे विश्वसनीय नहीं माना जा सकता। शक वर्ष 1153 (1231 ई०) के नरला-मन्दिर-अभिलेख में मदनमहादेव की चर्चा है, जो सम्भवतः इस क्षेत्र का एक गंग माण्डलिक था; किन्तु उपर्युक्त वंशावली में उसका नाम प्राप्त नहीं होता। मल्लिक (1952:73) ने एक अन्य गंग माण्डलिक नीलकण्ठदेव की चर्चा की है, जिसका द्वितीय पुत्र कुलशेखरदेव पाटनागढ़ का प्रशासक नियुक्त किया गया था। पाण्डुलिपि में उसका नाम भी नहीं मिलता।

इसके बावजूद सभी परम्पराओं एवं अभिलेखों से यह स्वीकृति मिलती है कि कालहंडी का अन्तिम गंग-नृपति जगन्नाथदेव था। जगन्नाथदेव के कोई पुत्र नहीं था। पुष्पा और सुरेखा नामक उसकी दो पुत्रियाँ थीं। पुष्पा का विवाह आठगढ़

के राजा रामचन्द्रदेव के साथ हुआ था, जबकि छोटी बहन सुरेखा नाग-राजकुमार रघुनाथदेव के साथ व्याही गयी थी। रामचन्द्रदेव की यह अभिलाषा थी कि उसका एक दामाद कालाहंडी की गद्दी का उत्तराधिकारी बने। आठगढ़ का रामचन्द्रदेव अपना राज्य नहीं छोड़ना चाहता था। इसलिए यह "आफर" रघुनाथदेव ने स्वीकार किया, जो बस्तर के अन्तिम नागनृपति हरिश्चन्द्रदेव (1259-1324) का पुत्र था और युद्ध में वह अन्नंदेव के हाथों मारा गया था। रघुनाथदेव ने बस्तर को हमेशा-हमेशा के लिए छोड़कर कालाहंडी में छिन्दक नागशासन की स्थापना की। यह सम्भवतः 1324 ई० की घटना है (द्र० पंचम अध्याय)।

८

छिन्दक नाग-प्रशासन

चक्रकोट के छिन्दक नागों का प्रशासन पूरी तरह राजतंत्रात्मक था। युद्ध और शांति के अवसरों पर राजा या सम्राट को पूरे अधिकार होते थे। शान्ति और व्यवस्था को सुचारु रूप से वनाए रखना ही उसका प्रमुख प्रशासनिक कार्य था। वह सेना का सर्वोच्च प्रमुख होता था और इस कार्य में अधिकारीगण उसकी सहायता करते थे।

8.1. चक्रकोट का क्षेत्रीय विभाजन

छिन्दकों ने अपने राज्य को "राष्ट्र" की संज्ञा दी थी। हरिश्चन्द्रदेव-कालीन टेमरा-सती-अभिलेख (इपी० इण्डिका 10:39-40) में "चक्रकोटराष्ट्र" अभिधान मिलता है। इसी के समकक्ष "देश" शब्द था, जो शत्रु-राष्ट्र के लिए प्रयुक्त होता था; उदाहरणार्थ नाग-अभिलेखों का "वेंगिदेश" (तदेव, 37-38) गोदावरी तथा कृष्णा के मध्य क्षेत्र का शत्रु-राष्ट्र था।

क्षेत्रीय परसर्ग "कोट" अथवा "कोट्य" अथवा "कोट्ट" अथवा "कूट" अथवा "गोट्ट" आदि के प्रयोग से इस क्षेत्र पर तमिल प्रभाव परिलक्षित होता है और यह "मण्डल" से बड़ा तथा "राज्य" के समतुल्य परप्रत्यय था। चक्रकूट (तदेव) या चक्रकोट्ट (हीरालाल 1916:284) या भ्रमरकोट्य (इपी० इण्डिका 9:174) आदि नाम इसी तथ्य के साक्षी हैं कि आठवीं शताब्दी से ही बस्तर-क्षेत्र को एक राज्य का दर्जा प्राप्त हो गया था। यहाँ उल्लेखनीय है कि पन्द्रहवीं शताब्दी तक के अभिलेखों में बस्तर को "चक्रकोट" या "भ्रमरकोट" कहा जाता था तथा विद्वानों में प्रचलित यह धारणा गलत है कि 1324 ई० में अन्नंदेव ने इस अंचल को "बस्तर" नाम से सम्बोधित किया था। उड़ीसा के गजपति (गंगनरेश)

भानुदेव चतुर्थ (अन्तिम पूर्वी गंग शासक) निस्सन्तान थे। इसलिए उन्होंने अपने एक मंत्री कपिलेन्द्र (1435-68) को राज्य का उत्तराधिकारी बनाया। उसने सत्ता सँभालते ही सर्वप्रथम अपने सेनानायक गोपीनाथ महापात्र की सहायता से बंगाल के राजा पर आक्रमण किया और विजयश्री प्राप्त कर उसने पश्चिम में **भ्रमरकूट** पर चढ़ाई की। उसके "भ्रमरकूट" आक्रमण की कथा "गंगवंशानुचरितचम्पू" (अप्रकाशित), तथा "माँदलापाँजी" (कटकराजवंशावली एवं जगन्नाथ कैफियत) में भी उल्लिखित है तथा जी० रामदास (जर्मन ऑव बिहार रिसर्च सोसाइटी 31;173-74) तथा सुब्रमण्यम (1957:2, 32, 33) भी इसे प्रमाणित करते हैं। इस आधार पर यह सिद्ध होता है कि पन्द्रहवीं शताब्दी तक इस अंचल के लिए "भ्रमरकोट" या "चक्रकोट" ही प्रचलित था। अन्नंदेव के वंशजों ने सोलहवीं शताब्दी में जब "बस्तर" ग्राम को राजधानी बनाया, उसी के बाद राजधानी के नाम से पूरे अंचल का नामकरण "बस्तर" हो गया।

चौदहवीं शताब्दी में "चक्रकोटराष्ट्र" बन गया, तो उसके अन्तर्गत अनेक राज्य सम्मिलित हो गए और वह अनेक राज्यों में बँट गया। इस प्रकार के एक "सैरहराजराज्य" का उल्लेख 1324 ई० के एक अभिलेख (इपी० इण्डिका 10:39-40) में हुआ है।

इस प्रकार कहा जा सकता है कि नागयुग में "कोट" या "राज्य" प्रमुख प्रशासकीय क्षेत्र थे, जो "नाडु" में विभाजित थे। इनमें से कुछ "नाडु" आकार में लघु थे तथा कुछ अत्यन्त विशाल थे। इनमें "गोवर्धनाण्डु" का उल्लेख धारावर्ष के बारसूरु—अभिलेख (1060 ई०) में मिलता है। "नाण्डु" के आधार पर क्षेत्रीय विभाजन की यह परम्परा 1224 ई० (इपी० इंडिका 10:40) तक मिलती है।

"नाण्डु" प्रमुख प्रशासकीय सम्भाग थे, जिन्हें परवर्ती अभिलेखों में "मण्डल" कहा गया है। ऐसा प्रतीत होता है कि प्रारम्भ में चक्रकोट्यमंडल (इपी० इंडिका 9:179) तथा भ्रमरकोट्यमंडल (इपी० इंडिका 9:179) बस्तर के दो प्रमुख सम्भाग थे। कालान्तर में सोमेश्वरदेव प्रथम ने दोनों को मिलाकर एक "राष्ट्र" की नींव डाली।

ये मंडल ज़िलों में विभाजित थे, जिन्हें अभिलेखों में "वाडि" कहा गया है। चूँकि चक्रकोट-राष्ट्र "**नानाजनाकीर्ण**" था; इसलिए प्रशासकीय सुविधा के लिए ये ज़िले जाति-वर्गों के आधार पर बनाए गए थे, जिनमें अधोलिखित की चर्चा सोमेश्वरदेव के एक अभिलेख (इपी० इंडिका 10:37-38) में आयी है—

(क) कुम्हारवाड

(ख) मोचिवाड

(ग) कंसारवाड

(घ) कल्लालवाड
(ड़) तेलिवाड
(च) पारियटवाड
(छ) चमारवाड
(ज) छिपवाड

उपर्युक्त नामों से यह सुस्पष्ट है कि पूर्व मध्ययुगीन बस्तर आठ व्यावसायिक-वर्ग के जिलों में विभाजित था।

"वाड" या ज़िलों का विभाजन महानगर, पुर तथा ग्राम के रूप में था। नाग-अभिलेखों (इपी० इण्डिका 10:31) में टेमरा को "महानगर" कहा गया है, जिससे यह अर्थ निकलता है कि वहाँ पर्वतों जैसे उत्तुंग प्रासाद रहे होंगे। "**नगेव प्रासादाः सन्ति**" यह व्युत्पत्ति (आप्टे 1957:873) इस तथ्य को पुष्ट करती है। 'प्रासाद' के भाव से यह भी ध्वनित होता है कि यह एक व्यावसायिक केन्द्र रहा होगा और यहाँ विविध वणिक-समुदायों का आवास रहा होगा।

संस्कृत-शब्द "पुर" तथा द्रविड़-शब्द "ऊरु" समानार्थी हैं तथा ये ऐसी 'वसति' के वाचक हैं, जो अपेक्षाकृत अधिक सुरक्षित हो और जहाँ राजधानी रही हो। इस प्रकार की वसतियों में बारसूरु (इपी० इण्डिका 9:162), ओरयुरु (हीरालाल 1916:269), राजपुर (तदेव 9:174) तथा नारायणपुर (तदेव 9:311-16) उस युग में अति प्रसिद्ध थीं। सन्दर्भों से हम जानते हैं कि बारसूरु तथा राजपुर नागों की राजधानियाँ थीं और नारायणपुर (संप्रति नारायनपाल) एक बहुत बड़े धार्मिक केन्द्र के रूप में विकसित हो चुका था।

सामान्य वसति-क्षेत्रों को अभिलेखों में "वाड़ा", "ग्राम", तथा "स्थान" कहा गया है। संस्कृत-शब्द "वाट" का शाब्दिक अर्थ है "ऐसा सुनियोजित ग्राम जहाँ घर पंक्तिबद्ध हों"। दत्तवाड़ा (सम्प्रति दन्तेवाड़ा) एक ऐसा ही सुनियोजित ग्राम 1061 ई० में विकसित हो चुका था (हीरालाल 1916:283), जिसके घर एक पंक्ति में सुनियोजित ढंग से बनाए गए थे।

सामान्य वसति की दूसरी कोटि उन अव्यवस्थित ग्रामों की है, जिन्हे अभिलेखों में "ग्राम" (गाँव) या "नाडु" (नार) कहा गया है। जिस प्रकार जिला-स्तर का शासन व्यावसायिक वर्गों के अनुसार था, उसी प्रकार ग्रामों की बसाहट धार्मिक सम्प्रदायों पर आधारित थी; यथा अभिलेखों में जिणग्राम, अम्मग्राम, कापालिकग्राम, आण्डलिग्राम, चिखलीग्राम, तथा कोगराग्राम धार्मिक सम्प्रदायों से ही सम्बद्ध हैं। इनके अतिरिक्त कुछ ऐसे भी ग्राम थे, जो अपनी प्राचीन-मर्यादा बनाए हुए थे। ऐसे गाँवों में बोरिगाम (हीरालाल 1916:283) तथा राजपुर ग्राम थे। यह उल्लेखनीय है कि मधुरान्तकदेव की मृत्यु के पश्चात "राजपुर" राजधानी नहीं रहा तथा संचार-साधनों से कट जाने के कारण यह "पुर"

"ग्राम" में परिवर्तित हो गया। ग्रामों का परसर्गीय स्वरूप "नाडु" द्रविड़-प्रभाव की प्रभविष्णुता का वाचक है तथा विवेच्य अवधि में "मट्टिनाडु" एक ऐसा ही ग्राम था (इपी० इण्डिका 9:162)। विशेष उल्लेखनीय यह है कि ग्रामों के संस्कृत और द्रविड़—नाम यह सुझाते हैं कि नागयुग में सम्पूर्ण बस्तर द्विभाषी-क्षेत्र था और सांस्कृतिक संक्रमण की परिस्थितियाँ बहुत प्रबल थीं।

छिन्दक नागों की राजधानी "बारसूरु" (आधुनिक बारसूरु) एक मनोरम नगरी थी। शिव इस नगरी के आराध्य देव थे। प्रसिद्ध तेलुगु-चोड-महामाण्डलिक ने इस नगरी के सौंदर्य को बढ़ाने के लिए अथक प्रयास किया था। यहाँ पर उन्होंने अपने नामकरण के साथ चन्द्रादित्य-मन्दिर, चन्द्रादित्य-सरोवर, तथा चन्द्रादित्य-नन्दन-वन का निर्माण करवाया था (इपी० इण्डिका 9:162)। यह नगरी मन्दिरों, सरोवरों तथा अनेक बागीचों से दुलहिन की तरह सजी रहती थी और यही कारण है कि इसके वैभव से मत्सरग्रस्त अनेक शत्रु-राजवंशों ने इसे कई बार तहस-नहस किया और नागों ने इसे बार-बार सजाया। आज यह खण्डहरों के रूप में अपने अतीत को याद कर रही है कि शायद कोई सोमेश्वर पैदा हो और उसे अपना पुराना वैभव वापस लौटाए।

चक्रकोट-शासन के प्रशासकीय क्षेत्रों को उत्तराधारक्रम से यहाँ इस प्रकार प्रस्तुत किया जा सकता है—

राष्ट्र अथवा देश
|
कोट अथवा महामण्डल अथवा राज्य
|
नाडु अथवा मण्डल (आधुनिक संभाग)
|
वाडि अथवा विषय (आधुनिक जिला)
|
महानगर | पुर | ग्राम
ग्राम → वाड़ा | नाड़्या ग्राम (गाँव) (नार)

8.2. शासक और उसके उत्तराधिकारी

नागयुग में राजा, राजाधिराज, महाराजा या महाराजधिराज (इपी० इण्डिका 9:162; 10:25, 35, 37-8) राज्य का प्रमुख होता था। वही सेना

का सर्वोच्च नायक होता था। न्याय का सर्वोच्च न्यायवादी भी वही होता था। वह कला और साहित्य का पारखी, कुशल योद्धा तथा "**राजविद्यानिधान**" (इपी० इंडिका 10:25) माना जाता था। आशा की जाती थी कि वह जनता के प्रति उदार हो और शत्रुओं के प्रति कठोर हो। उसे दैवी शक्तियों से सम्पन्न माना जाता था और उसे अभिलेखों में **परमेश्वर** (इपी० इंडिका 9:311-16), **प्रतिगण्डभैरव** (इपी० इंडिका 9:311-16; 10:25, 37-38), **परममाहेश्वर** (इपी० इंडिका 9:166; 10:31), **विश्वम्भरेश्वर** (इपी० इंडिका 10:31) एवं **महामहेश्वर** (तदेव) आदि विरुदों से पुकारा जाता था। यह मान्यता थी कि वह "राजभूषण" या "रायभूषण" (राज्य का अलंकार) है। राजा सभी प्रकार की बुराइयों से अपने को दूर रखना चाहता था और जनता के हित में सदैव कार्य करना चाहता था। मासकदेवी (इपी० इंडिका 9:311-16) जब "व्यूरोक्रेसी" द्वारा जनता के शोषण का समाचार सुनती है, तो रुष्ट होकर अपने अधिकारियों को सचेत करती हुई राजाज्ञा जारी करती है—"**इस तथ्य पर ध्यान देते हुए कि शासकीय अधिकारियों ने भूमिकर की चुकती पर भी कृषक वर्ग के प्रत्येक सदस्य से जबर्दस्ती दुबारा लगान वसूल किया है, पाँच महासभाओं के प्रमुख व कृषक-वर्ग के लोगों ने मिलकर यह नियम बनाया है कि भविष्य में किसी राजा के राज्याभिषेक के अवसर पर उन्हीं गाँवों के लोगों से "टैक्स" लिया जाएगा, जो प्राचीनकाल से वहाँ आकर बस गए हैं।**" भ्रष्टाचार के उन्मूलन के लिए सोमेश्वरदेव प्रथम की बहन मासक देवी की इस संवैधानिक धारा से यह ज्ञात होता है कि वह नारी-जागरण, प्रजाप्रेम, कृषि के विकास, सेवा-भाव, त्याग व सभी मानवीय गुणों के विकास के लिए जागरूक थी।

अपने राजकीय कर्तव्यों के प्रति ये नृपति जागरूक होते हुए भी धर्मभीरु थे—

सामान्योऽयं धर्मसेतुर्नृपाणां
काले काले पालनीयं भवद्भिः॥

(इपी० इंडिका 9:174)

यहाँ यह उल्लेखनीय है कि कृषकों को भूमि का स्वामित्व इस युग में मिला हुआ था और यदि कृषक के किसी गाँव की आवश्यकता, राजा को दान आदि के निमित्त पड़ती थी, तो वह किसान से जमीन को बलात् नहीं छीनता था, अपितु पहले वह किसान से सम्बद्ध भूमि या ग्राम खरीद लेता था। दन्तेवाड़ा-अभिलेख (हीरालाल 1916:165) में उल्लिखित है कि राजा ने जब "दन्त-वाड़ा" पर पड़ाव डाला, तो वहां भैरवदेव की अर्चना के लिए उसने एक कृषक से बोरिगाम खरीद कर मन्दिर को अर्पित किया था।

छिन्दकयुग में बस्तर की सम्पन्नता और वैभव का आभास हमें भानुदेव

के कांकेर-अभिलेख (इपी० इंडिका 9:123-30) के दसवें श्लोक से होता है:—

> **देशः पुण्यनिरीति शाश्वतधनस्सत्कर्मनिष्ठाः द्विजाः**
> **स्वेष्टापूर्तपराः प्रजाः किमपरं पौराः परं धार्मिकाः।**
> **सभ्याः शास्त्रविचारधौतमनसो धर्म्मावतारे कलौ**
> **राज्यं शासति भानुदेवनृपतौ किं किं न लोकोत्तरम् ॥**

राजा के अधीन प्रशासकीय क्षेत्रों के विविध अधिकारियों का उत्तराधार-क्रम इस प्रकार था :—

महाराजा (राष्ट्र का अधिपति)
|
महामाण्डलिक अथवा महामण्डलेश्वर (महामण्डल का शासक)
|
माण्डलिक (मण्डल का स्वामी)
|
विषयपति (विषय का शासक)
|
ग्रामनायक (ग्राम का शासक)

सभ्याः (शास्त्रविचारयुक्त) पौराः (परम धार्मिक) प्रजाः (स्वेष्टापूर्त्तपराः)

'कोट' अथवा 'राज्य' अथवा 'महामण्डल' के स्वामी महामाण्डलिक (इपी० इण्डिका 9:166) अथवा महामण्डलेश्वर अथवा राजा की उपाधियों से जाने जाते थे। इस प्रकार के दो महामाण्डलिकों की चर्चा मिलती है। अम्मगाम के चन्द्रादित्य तेलुगु-चोड-शाखा से सम्बद्ध थे, जबकि कांकेर के महामाण्डलिक पंपराज (तदेव) सोमवंशी थे। इससे यह भी संकेत मिलता है कि महामाण्डलिक ऐसे मित्र-राजवंशों के लोगों को बनाया जाता था, जो चक्रकोट-शासन की अधीनता स्वीकार कर लेते थे। ऐसी स्थिति में उन्हें असीम शक्ति का स्वामी बना दिया जाता था और उनसे यह आशा की जाती थी कि युद्धकाल में महाराज की सहायता करें। ये माण्डलिक दान आदि के निमित्त राजा से ग्राम आदि भी खरीदते थे। चन्द्रादित्य ने महाराज धारावर्ष से ग्राम खरीद कर राजधानी को आकर्षक बनाने की पहल की थी।

शासन का तीसरा स्तर मण्डलों के शासकों—माण्डलिकों—का था। इस प्रकार के दो माण्डलिकों के संकेत हमें अभिलेखों से मिलते हैं। धारावर्ष के काल में रंगयादेव (हीरालाल 1916:289) एक ऐसा ही माण्डलिक था। नरसिंहदेव

के काल में सोमराज नायक (इपी० इण्डिका 10:40) को माण्डलिक बनाया गया था।

महामाण्डलिकों तथा माण्डलिकों के अतिरिक्त अभिलेखों में विविध अधिकारियों की उपाधियों का उल्लेख मिलता है। **'सन्धिविग्रहिक'** (इपी० इण्डिका 10:37-38) शान्ति और युद्ध का मंत्री था तो **'नायक'** (तदेव 9:166, 311-16; 10:35-40) सैनिक कर्मचारी था, **'भोई'** (तदेव 9:163) महा-लेखपाल था, तो **'भण्डारी'** (तदेव 9:311-16) कोषाध्यक्ष था। **रुधिरोद्गारी'** (हीरालाल 1916:285) नरबलि कराने के लिए सर्वोच्च अधिकारी था, तो **'मेडिपोट'** नरबलि पकड़ने के लिए नियुक्त प्रमुख अधिकारी था। **सूत्रकार** (इपी० इण्डिका 9:25), **सूत्रधार** (तदेव 9:311-16) तथा **रूपकार** (तदेव 10:25, 37-38) स्थापत्यअधिकारी थे। यद्यपि इनके सही-सही कार्यों की पूरी जानकारी नहीं मिलती है, किन्तु हमें इस अन्तर्निहित उत्तराधारक्रम में "ब्यूरोक्रेसी" का एक विशाल रूप देखने को मिलता है।

अपनी शक्ति को प्रबल बनाए रखने के लिए छिन्दक नागों ने नए-नए प्रशासनिक पदों का निर्माण किया था। राजा का सबसे अधिक विश्वासपात्र "कुमार" होता था। "कुमार" का प्रयोग सामान्य अर्थ में न होकर (अर्थात् राजा के उत्तराधिकारी के अर्थ में प्रयुक्त न होकर) राजा के बाद शासन के दूसरे जुम्मेदार व्यक्ति के लिए प्रयुक्त होता था। सही मायनों में वह "उपराजा" था। मधुरान्तकदेव के राजपुर-ताम्रपत्र (इपी० इण्डिका 9:174) में ऐसे ही दो कुमारों का उल्लेख है—कुमार तुंगराज तथा कुमार नायक। "पंचप्रधानों" में कुमार को भी सम्मिलित किया जाता था और वहाँ उसकी उपाधि "चामर कुमार" होती थी (तदेव 10:35-36)। इसी प्रकार 'ग्रामनायक' (तदेव 10:31) नामक अधिकारी भी सजातीय राजवंश से जुड़ा हुआ कोई प्रतिनिधि होता था। 'ग्रामनायक' गाँव का विधिवत निर्वाचित प्रतिनिधि नहीं होता था। पारिश्रमिक के रूप में या तो वह गाँव की कुछ लगान का का स्वामी होता था अथवा आजीविका के लिए उसे कोई भू-खण्ड दे दिया जाता था। दाक्षिणात्य-परम्परा के अनुसार बहनों का भी शासन पर प्रभाव था तथा अनेकशः वे राजा की अनुपस्थिति में राजकाज में भाग लेती थीं। इसी आधार पर यह संकेत किया जा सकता है कि राजकीय महिलाएँ राजा के साथ कन्धे-से-कन्धा मिलाकर युद्ध और शान्ति की स्थिति में उसके साथ होती थीं।

8.3. द्वादश पात्र

छिन्दक नागों के अभिलेखों के अनुसार उस युग की शासन-व्यवस्था में द्वादश पात्रों (इपी० इण्डिका 9:174) का महत्वपूर्ण स्थान था। ये सम्भवतः बारह

अलग-अलग स्थानों के अधिपति होते थे। ये "द्वादश पात्र" कौन थे। इसकी सूचना नाग-अभिलेखों से नहीं मिलती है। अम्म द्वितीय के मछलीपट्टनम-अभिलेख (ईश्वरदत्त 1967:63) में भी "**द्वादश स्थानाधिपतियों**" का उल्लेख है, जो स्पष्टतः "द्वादशपात्र" के ही तुल्य हैं। उक्त अभिलेख के अनुसार "द्वादश पात्र" अधोलिखित हैं—

(अ) सामन्त
(ब) अन्तःपुरीय
(स) महामात्र
(द) पुरोहित
(क) अमात्य
(ख) श्रेष्ठि
(ग) सेनापति
(घ) श्रीकरण
(च) धर्माध्यक्ष
(छ) राष्ट्रकूट
(ज) प्रमुखन
(झ) दौवारिक

8.5. पंच-प्रधान

"द्वादशपात्रों" के पश्चात् शासकीय उत्तराधारक्रम में "पंचप्रधान" या पाँच मंत्रियों की मंत्रिपरिषद् का भी अभिलेखीय सन्दर्भ (इपी० इण्डिका 10:35-36) मिलता है। जयसिंहदेव (इपी० इण्डिका 10:35) के सोनारपाल-अभिलेख (1224 ई०) में इनमें से चार की चर्चा है—

(अ) महाप्रधान (इपी० इंडिका 10:37-38 में भी संकेत)
(ब) पडिवाल
(स) चामरकुमार
(द) सर्ववादी

आन्ध्रप्रदेश के पूर्वी चालुक्य-नरेश राजराजनरेन्द्र के नन्दमपुडी-दानपत्र में भी "पंचप्रधान" का उल्लेख मिलता है। वे अधोलिखित हैं—

(अ) मंत्री
(ब) पुरोहित
(स) सेनापति
(द) युवराज
(क) दौवारिक

तदनुसार छिन्दक नाग-अभिलेख की उपाधियों की तुलना पूर्वी चालुक्य-उपाधियों से इस क्रम में होगी—

(अ) महाप्रधान	—	मंत्री
(ब) पडिवाल	—	दौरावारिक
(स) चामरकुमार	—	युवराज
(द) सर्ववादी	—	पुरोहित
(क) ϕ	—	सेनापति

इस प्रकार पाँचवाँ प्रधान "सेनापति" रहा होगा। यह सोचना तार्किक है कि छिन्दक नागों ने दीर्घकालीन प्रयोग के अनन्तर ही दान-कार्य-हेतु विशेषकर इस प्रकार के "पंचप्रधानों" की नियुक्ति की होगी। भूमि-सम्बन्धी सभी विवादों के लिए इस "महासभा" का निर्णय अन्तिम होता था। इनके सही कार्यों की जानकारी अभिलेखों से नहीं मिलती है।

ग्राम-प्रशासन से सम्बद्ध हमें कतिपय सन्दर्भ छिन्दकों के अभिलेखों से मिलते हैं। इस प्रकार के **"ग्रामनायक"** की चर्चा पहले ही की जा चुकी है।

8.5. निष्कर्ष

इस प्रकार समूचा छिन्दक-प्रशासन एक जटिल "ब्यूरोक्रेसी" में बँध गया था और यह मान लिया गया था कि "प्रजा" **"स्वेष्टापूर्त्तपरा"** (केवल अपने लाभ की सोचने वाली) थी और इसीलिए जनता के अधिकारों के प्रति ध्यान देने के बजाय प्रशासन उन्हें उनके कर्तव्यों का ही बोध कराने में लगा हुआ था। महाराजा तथा उनके अधिकारियों ने मिल कर जनता को जकड़ लिया था और कर्तव्यों का पालन करने के लिए सदैव धर्म की दुहाई देते थे। कतिपय "सभ्य" जो **"शास्त्र-विचारधौतमन"** वाले थे और नगरवासी जो **"परम धार्मिक"** थे, ये ही उस युग के "इलीट क्लास" में आते थे और ये ही राजा तथा ब्यूरोक्रेसी की चाटुकारिता के माध्यम से शेष आदिवासी जनता पर कहर ढा रहे थे। सच तो यह है कि ये ही "स्वेष्टापूर्तिपरा" थे और शेष आदिवासी जनता मूक-दर्शक बनकर शोषित हो रही थी।

९

आर्थिक संरचना

पूर्व मध्ययुगीन बस्तर की सामाजिक-आर्थिक व्यवस्था का ही दूसरा नाम "सामन्तवाद" अथवा "सामन्तिक व्यवस्था" है; किन्तु अन्य क्षेत्रों की तुलना में बस्तर की सोपानिक संरचना अल्प विकसित थी। यहाँ के भूस्वामी अपने भूमि की व्यवस्था स्वयं नहीं करते थे और किसानों से लगान की वसूली राजकीय "कर" के रूप में होती थी।

9.1. भूमिस्वामित्व

शासक अपने कृपा-पात्र तथा अनुचरों को सशर्त भूस्वामित्व का अनुदान करते थे अर्थात् जमीन नहीं, जमीन की आय का अनुदान किया जाता था; जिससे राजकीय करों के रूप में एक निश्चित रकम का अदा किया जाना आवश्यक था। सशर्त-स्वामित्व के आधार पर जमीन वाले लगान उगाहते थे, जिसे वे अपने ऊपर खर्च कर सकते थे, पर उन्हें एक निर्धारित संख्या में सैनिक रखने होते थे, और इस तरह के सैनिकों को मिलाकर राज्य की सेना बनती थी। आमतौर पर न भूमि-अनुदान पुस्तैनी होते थे और न ही पदवियाँ। बस्तर में भूदासत्व नहीं था, अर्थात् किसान विविध रूपों में सामन्त के अधीन नहीं थे। भूस्वामियों को केवल लगान की वसूली के मामलों में ही न्याय करने और सजा देने का अधिकार था। समाज में श्रेणीगत अवरोधों के स्थान पर जातिगत अवरोध थे। पुश्तैनी भूमिस्वामित्व, लदवियों और सामाजिक श्रेणियों के न होने से बस्तर के नागयुगीन इतिहास में नीची हैसियत के वावजूद योग्य व्यक्तियों को सेना-नायकों के रूप में उन्नत करना सुगम था।

नागयुगीन बस्तर का अर्थतंत्र छोटे किसानों और शिल्पकारों के हाथों श्रम पर

आधारित था, जो अपने उत्पादन-साधनों के स्वामी थे और मुद्राविहीन विनिमय के अन्तर्गत अपने निर्वाह भर के लिए उत्पादन करके जीविका कमाते थे। समाज लगान की वसूली के माध्यम से मुख्यतः आर्थिकेतर बल-प्रयोग के जरिए इन समूहों के शोषण पर आधारित था।

सामन्ती शोषण के कुछ लक्षण बस्तर में प्राचीन काल (शुक्ल : 1978) में ही प्रकट हो गए थे—एक और भूमि पर कृषि-ऋणबद्ध श्रमिक काम करते थे और दूसरी ओर भूमि-अनुदान "राज्य की सेवा" के बदले प्राप्त होते थे। विवेच्य अवधि में इस प्रकार के अनुदानों को अभिलिखित करने में प्रयुक्त ताम्रपत्रों की संख्या में उल्लेखनीय वृद्धि हुई। इन ताम्रपत्रों की सहायता से इतिहासकार सामन्ती सम्बन्धों के विकास का अनुगमन कर सकते हैं। इनसे ग्रामीण जनता से वसूल किए जाने वाले करों की लगातार वृद्धि का अनुमान होता है। अनुग्रह-ग्राही या तो उनकी अदायगी से छूट प्राप्त थे, या उन्हें इन करों को अपने उपयोग के लिए इकट्ठा करने का अधिकार था। अभिलेखों में "**उन्मुक्तिदान**" के अधिकाधिक प्रसंग आते हैं, जिनमें अधिकारियों का भूमियों में प्रवेश करना निषिद्ध घोषित किया गया था। सामन्तों को न्यास करने का भी अधिकार प्राप्त हो गया था और किसान अपने स्वामियों के अधिकाधिक अधीन हो गए थे। अपने उपाधियों से स्थानीय प्रशासकों का भी कार्य करने वाले बड़े सामन्त अपने शासन की अनुमति के बिना ही अपनी भूमि के कुछ भाग को "**सेवार्थ**" दान कर देते थे। कभी-कभी अनुदान, शासक के नाम पर राजा के अधीनस्थ सामन्त के अनुरोध पर किया जाता था।

छिन्दक नागकाल में कृषियोग्य भूमि को "पट्टी" कहा जाता था (यथा हलबा-पट्टी) और भूमि का बन्दोबस्त तीन प्रकार की पट्टेदारियों में था :—

(क) ऐसे पट्टेधारी जो प्रत्यक्ष तौर पर राज्य को कर देते थे।

(ख) राज्य के माण्डलिकों तथा अधिकारियों का भूमि पर स्वामित्व, जिनकी राजभक्ति सुपरीक्षित थी।

(ग) जनसमूह अथवा संस्थाओं (यथा मन्दिर) की भूमि का धारणाधिकार, जिन्हें करमुक्त भूमि का स्वामित्व प्राप्त था। ऐसी भूमि को "देवदाय" (इपी० इण्डिका 10:31) भूमि कहा जाता था। ऐसी भूमि के सह-भागीदार को "अष्टभोज" का अधिकार प्राप्त था, जिसमें निधि, निक्षेप, अक्षीण, आगामी, संचित, जल, तरु तथा पाषाण के अधिकार प्राप्त थे।

भूमि पर पूर्ण स्वामित्व न तो माण्डलिकों का था और न राजाओं का। विल्सन (टी० वी० महालिंगम 1955:35-36 से उद्धृत) के अनुसार :—

"The King is not lord of the soil, he is lord of the earth, of the whole earth or Kingdom, not of any parcel or allottment of it, he may punish a cultivator for neglect of the crop, and he gives away lands and villages, he gives away the share of revenue. The truth is that the rights of the King are, in theory, an abstraction. Poetically and politcally speaking, he is the lord, the master, the protector of the earth, just as he is the lord, the master, the protector of his subjects. Such is the common title of the King, but he is no more the actual proprietor of the soil than he is of his subjects; they need not have the permision to buy or sell it or to give it away, and would be much surprised and grieved if the King or his officers were to buy or sell or give away grounds which they cult vated."

अपने ही राज्य में धारावर्ष ने एक किसान से बोरिगाम खरीदा था (हीरालाल-1916:165)। ऐसे अनेक सन्दर्भ अभिलेखों में मिलते हैं, जहाँ राजा किसी किसान या अधिकारी से भूमि खरीदते हुए मिलता है।

विवेच्य काल में स्वामित्व के बिना भूमि का उपयोग अवैध माना जाता था। भूमि के स्वामी को यह प्रदर्शित करना पड़ता था कि उसने भूमि को खरीदा है अथवा भूमि उसे वंशानुगत सम्पत्ति के रूप में मिली है।

प्रारम्भिक स्थिति में "**देवदाय**" (अथवा ब्रह्मदेय) के लिए प्रदत्त भूमि को बेचा नहीं जा सकता था; किन्तु जब कृषि का विकास हुआ और कृषि के उत्पादों की बाजारें पनपनें लगीं तो किसी अन्य विक्रय वस्तु के समान भूमि को भी खरीदा और बेचा जाने लगा।

9.2. ग्राम संगठन

विवेच्य काल में भूमि की खरीदी और बिक्री के विविध सन्दर्भों से यह ज्ञात होता है कि भूमि पर अब निजी सम्पत्ति की दृष्टि उभर रही थी, किन्तु यह भूमि "**पंचप्रधान**" के द्वारा नियंत्रित होती थी (हीरालाल 1916:165, 166, 281, 284)।

इस युग में ग्राम-संगठन के चार प्रकार प्रचलित थे—

(क) **सभा** ब्रह्मदेय या देवदाय भूमि से सम्बन्धित थी, जिस पर निर्वाचित लोगों का अधिकार होता था।

(ख) **अब्रह्मदेय** ग्रामों को "उरू" या "पुर" कहा जाता था, जिसमें भूमि के स्वामी केवल ब्राह्मण ही नहीं थे; गाँव के सभी लोग मिलकर "उरू" बनाते थे और जिन्हें "परम धार्मिक" माना जाता था।

(ग) नाडु गाँव की व्यवस्था "नाडु" पर आधारित थी, जो व्यवसाय तथा भाषा के अनुसार बँटे होते थे।

(घ) श्रेणी एक चौथा प्रकार श्रेणिग्रामों का था, जिन पर सेठों का अधिकार था। इ हें "सभ्य" माना जाता था।

ग्राम-संगठन का सर्वाधिक महत्वपूर्ण कार्य पट्‌टेदारी का नियंत्रण और नियमन था। इस युग तक हलबा सर्वश्रेष्ठ पट्टीदार बन चुके थे। ग्राम-संगठन का क्षेत्र रति सिंचाई आदि की सुविधाओं पर ध्यान देता था। वह करों के संग्रह में भी सहायक था, जिसे शासन समय-समय पर निर्धारित करता रहता था। यही क्षेत्रपति स्थानीय कारकों से कराधान भी करता था।

नाग-अभिलेखों में भूमि के क्रय-विक्रय तथा कराधान से सम्बद्ध अधोलिखित प्रमाण कालक्रम से मिलते हैं :—

(अ) उपेत-अभिलेख (अप्रकाशित) के अनुसार, कर उगाहने के लिए ठेकेदार तथा उनके सहायकों को कतिपय शर्तों का पालन करना पड़ता था।

(ब) महामण्डलेश्वर चन्द्रादित्य ने अपने राजा धारावर्ष से गोवर्धनाण्डु नामक ग्राम खरीदा था (हीरालाल 1916:-269:158-9)।

(स) नागनृपति धारावर्ष ने एक किसान से बोरिगाम खरीदा था (तदेव 283:163)।

(द) भूमिकर की चुकती के बावजूद किसानों से बलपूर्वक लगान उगाहने के भी उदाहरण मिलते हैं। इस भ्रष्टाचार को दूर करने के लिए नाग-नृपति सोमेश्वर प्रथम ने पंचमहासभा तथा किसानों के परामर्श से एक नियम भी बनाया तथा अध्यादेश जारी किया था (तदेव 284:166)।

(क) मधुरान्तकदेव ने पुरानी परम्परा को तोड़ा और भूमिदान ब्राह्मणों को न देकर मेडिपोट (मेलेया) को दिया, जो आदिवासी संघ से सम्बद्ध था। तदर्थ खरीदे गए ग्राम के अन्तर्गत उसने कौल-सम्प्रदाय के लोगों का प्रवेश प्रतिबन्धित कर दिया था (तदेव 278:163-4)।

(ख) धारण महादेवी ने कामेश्वर की अर्चनाहेतु "कलम्ब" नामक गाँव दान में दिया था। यह "देवदाय" "करमुक्त" था। इसके लिए "सर्वबाधा-परिहार" के प्रयास भी किए गए थे (तदेव 275:162-16)।

(ग) लोकेश्वर के निमित्त दीपदान के लिए सोमेश्वरदेव ने ग्रामीण जनता पर ग्यारह गद्याणक मुद्राओं का कर आरोपित किया था (तदेव 274:162)।

(घ) नृत्यांगनाओं के निर्वाह के निमित्त मन्दिर के लिए भूमिदान का उल्लेख हुआ है (हीरालाल 277:163)।

(च) कुरुषपाल-अभिलेख में सोमेश्वर द्वारा दिए गए एक ग्रामदान की चर्चा है (हीरालाल 273:159-60)।

(छ) गुण्ड महादेवी के नारायणपाल-शिलालेख (तदेव 272:160) में नारायण भगवान के निमित्त नारायण-पुरग्राम "अकरेण" दिए जाने का उल्लेख है।

(ज) कामानायक ने राहिलपाण्डे (प्रतिग्राही) को भूमि दान में दी थी। इस भूमि के पालक भी नियुक्त किए गए थे। जिनमें मेदनिपाण्डे, देवनायक, जामुसाहु, धीकासेठि एवं सोमाइ की चर्चा है। इन्हें "पंचप्रधान" भी कहा गया था। पंचप्रधानों का पालक होना इसलिए सुनिश्चित था क्योंकि इन्हीं का यह कार्य था कि देखें कि अनुबन्ध का सही पालन होता है ! (तदेव 280:164)।

(झ) दन्तेवाड़ा-अभिलेख (तदेव 279:164) में भी एक ग्रामदान का संकेत है।

(प) जयसिंहदेव का केसरपाल-अभिलेख (अप्रकाशित) भी भूमिदान से सम्बद्ध है।

(फ) जयसिंहदेव की राजमहिषी ने अधकाड नामक एक गाँव दान में दिया था। यह भूमि "पंचप्रधान" तथा "महाप्रधान" के सामने दी गयी थी (तदेव 281:165)।

(ब) रमिरसेलि सिंगमानेडु नामक एक व्यक्ति ने एक ग्राम दान में दिया था (तदेव 290:169)।

(भ) नारायणपाल-अभिलेख में रुद्रेश्वरदेव की भूमि का उल्लेख है (तदेव 295:170)।

(य) कांकेर के सोमवंशी व्याघ्रराज के गुरूर-स्तम्भलेख में किसी नायक द्वारा कालभैरव-मन्दिर के लिए ग्राम दिए जाने का उल्लेख है (तदेव 235:137)।

(र) कांकेर के सोमवंशी-नृपति पम्पराजदेव (तदेव 300:171) के अनुसार महामाण्डलिक पम्पराज ने जैपरा वणिकोट्ट तथा चिखली नामक गाँवों को लक्ष्मीधर गैता नामक वैदिक ब्राह्मण को दान में दिया था। ग्राम "मर्यादीकृत" था।

(ल) कांकेर के सोमवंशी-नृपति पम्पराजदेव ने ग्राम-पुरोहित लक्ष्मीधर शर्मा को कोंगरा ग्राम दान में दिया था (तदेव 301:172)।

(व) कांकेर के सोमवंशी-नृपति चन्द्रसेन देव ने जोगीकसा-गाँव का दान किया था (तदेव 302:172)।

9.3. भूमि-दान के पालक : अष्टादश प्रजा

मन्दिरों के लिए भूमिदान देते समय "अष्टादशप्रजा" नामक अठारह जनता के प्रतिनिधि साक्षी के रूप में उपस्थित रहते थे। इन अठारह जन-प्रतिनिधियों की किसी अभिलेख में पूरी सूची नहीं मिलती है और इससे साफ जाहिर है कि इस प्रकार के दानों के प्रति आम जनता में कोई उत्साह नहीं था। अभिलेखीय सन्दर्भों के आधार पर यहाँ इनका पहले संक्षिप्त विवरण निम्नानुसार प्रस्तुत है:—

(1) पम्पराजदेव के ग्रामदान करते समय प्रमुख साथी थे—राजमहिषी, लक्ष्मीदेवी, राजकुमार बोपदेव, भट्टारक, गोविन्द गैता, लक्ष्मीधर गैता, महेश्वर नायक, छन्तू नायक, दामोदर साव तथा पलटू (हीरालाल 300:171)।

(2) महामण्डलेश्वर चन्द्रादित्य के दान के साक्षी नागनृपति-धारावर्ष थे (तदेव 269:158-9)।

(3) मधुरान्तकदेव के ग्रामदान के अधोलिखित साक्षी थे—नायक श्रीधारेश्वर, मुधसेलि नागहस्ति तथा करण दारिया (हीरालाल 278)।

(4) धारण महादेवी के कुरुषपाल-सरोवर-अभिलेख (इपी० इण्डिका 10:31) में इन साक्षियों की चर्चा है—नायक थाती, नायक प्रगिडा, कामठि, मोवणराणा, दोण्टयो नामक धर्माधिकारी, विसुवा कोरी, ग्रामनायक अटवण्णी, महापारिव्राजक पण्डित सोम, समट्टमण, नायक गदाधर, साधु मैधर, साधु आमदेव, जिणग्राम के साधु सोमण, साधु देव, साधु सोम, साधु सहदेव, सिंह महाजन, सुकी नायक, कानम, नारायणपुरवासी जनता, अभिगा साधु, बीघन भोई, पलवा भोई, सेठि महण्ड तथा साधु भीम।

(5) सोमेश्वर के कुरुषपाल-अभिलेख (हीरालाल 273:161-2) में ग्राम-दान के साक्षी महाप्रधान थे, जिनमें मदन नायक, रामन, सन्धिविग्रहि नायक, मानवसाह, अधिपति राउत तथा तस की चर्चा है।

(6) जयसिंह देव के सोनारपाल-अभिलेख (हीरालाल 281:165) में केवल दो साक्षियों का उल्लेख है—अंबावलि नायकु तथा नडया ब्राह्मण।

9.4 शिल्पकर्म तथा शिल्पसंघ

विवेच्य अवधि में बस्तर में हस्तशिल्प के स्तर में काफी उन्नति हुई थी।

बस्तर के धातुकर्मी अपने हुनर के लिए प्रसिद्ध थे। इन शिल्पकर्मों में प्रवृत्त लोग एक दूसरे से अलग-अलग काम किया करते थे। राजा के धातुकर्मी तथा छुरिकार शिल्पियों के अलग ही समूह थे। शिल्पियों के इस समूह पर राजकीय नियंत्रण-प्रत्यक्षतः विशेष कठोर था। राजा को समस्त खनिज सम्पदा का स्वामी माना जाता था और धातु को निकालने का अधिकार राजकीय था।

कपड़ा और विशेषकर सूती कपड़ा बुनने की कला ने खूब उन्नति की थी। आमतौर पर नागयुगीन बस्तर में शूद्रों की पृथक् से चर्चा नहीं है, किन्तु शिल्पकारों की सूची में हम जिन नामों को आगे देखेंगे, उनके आधार पर यह अनुमान होता है कि उस युग तक आते-आते शिल्पकार शूद्र ही होते थे और शिल्पकर्म द्विजवर्ग नहीं करता था। यद्यपि ये शिल्पकार अर्थात् शूद्र दास नहीं थे, पर वे भी दासवत् पराधीनता की स्थिति तक पहुँच सकते थे। इस प्रकार उच्चतर श्रेणियों के प्रतिनिधियों का प्रयास वर्णव्यवस्था को एक अलंघ्य-संस्था के रूप में सुदृढ़ करना, शूद्रों के साथ सम्मिश्रण को रोकना और उन्हें द्विजों की कतारों में प्रवेश न होने देना था। साम्यसंघ की संरचना वाले बस्तर के आदिवासी कबीलों से ही रचनात्मकता का विकास कर जो वर्ग शिल्पी बने, वे ही आज अपने आदिबासी भाइयों के साथ वैवाहिक आदि सम्बन्ध नहीं कायम कर सकते हैं। आदिबासी अपने बीच कलार, धड़वा, कुम्हार, चमार आदि शिल्पकर्मियों को अछूत मानते हैं।

सामाजिक तथा राजनीतिक विकास की दृष्टि से विवेच्य-अवधि को जबरदस्त उथल-पुथल से गुजरना पड़ा था। बस्तर का बाहरी क्षेत्रों से व्यापार शनैः-शनैः घटने लगा था। इस युग में यहाँ अधोलिखित शिल्पकार कार्यरत थे—

(क) 'रुधिरोद्गारी' (हीरालाल 285:166) का कार्य नरबलि करना था।

(ख) 'मेडिपोट' (हीरालाल 278:163-64) नरबलि-हेतु वध्य पकड़ते थे।

(ग) 'छुरिकार' (तदेव) आयुध-निर्माता थे।

(घ) 'श्रेष्ठि' व्यावसायिक-वर्ग था।

(ङ) 'भोई' (तदेव) धातुकर्मी थे।

(च) 'राउत' (तदव 273:161-2) गोपालक थे।

(छ) 'कोरी' (इपी० इण्डिका 10:31) बुनकर थे।

(ज) 'साव' (हीरालाल 300:171) बिचौलिए थे।

(झ) 'महाजन' (इपी० इण्डिका, तदेव) भी उधार देने का व्यवसाय करते थे।

(ञ) 'नृत्यांगनाएँ' (हीरालाल 270:163) मन्दिरों में देवता के सामने नृत्य करती थीं।

(ट) 'कल्लाल' (हीरालाल 273:161-62) मदिरा का व्यवसाय करते थे।

(ठ) 'तेलि' (तदेव 273) या तैलिक (तदेव 272) तेल का व्यवसाय करते थे।

(ड) कुम्हार (तदेव 273) मिट्टी के बर्तन बनाता था।

(ढ) 'परियट' (तदेव) का व्यवसाय अज्ञात है। सम्भवतः लोहार था।

(ण) चमार (तदेव) चमड़े का काम करता था।

(त) छिप (तदेव) दर्जी का व्यवसाय करता था।

(थ) मोचि (तदेव) जूते बनाता था।

(द) कोसजा (तदेव 272) कोसे का वस्त्र बुनता था।

(ध) माली (तदेव) बागवान था। मालाकार भी था।

अभिलेखों में इन्हें "वणिक्" कहा गया है और इससे सिद्ध है कि नागयुगीन-बस्तर में शूद्रों को "वणिक्" के अन्तर्गत माना जाता था तथा अब तक उनका सामाजिक अलगाव यहाँ नहीं हुआ था, जैसा कि तद्युगीन बस्तरेतर अंचलों में देखा जा सकता है। ये सभी गाँव की औद्योगिक आवश्यकताओं की पूर्ति करते थे। उस काल में उत्पादित अनेक वस्तुएँ विक्रय वस्तु (माल) के रूप में पैदा नहीं की जाती थीं, अपितु ये स्थानीय जनता की जरूरतों के अनुसार थीं। माणिक्य आदि विक्रय-वस्तुओं के रूप में विकसित हो रहे थे और उनके व्यापारी को "माणिया" (हीरालाल 272:160) कहा जाता था।

इस युग में हस्तशिल्प का भी विकास हो चुका था तथा लकड़ी और पत्थरों पर काम करने वाले कुशल कारीगरों का एक वर्ग था, जिसे 'रूपकार' (हीरालाल 274:162) तथा 'सूत्रकार' (तदेव) कहा जाता था। इस अवधि में लेखनकला का पूर्ण विकास हो चुका था 'कायस्थ' (तदेव 278:162) इस कार्य को सम्पादित करने में सिद्धहस्त थे।

9.5. संचार साधनों का विकास

बस्तर की पहाड़ी नदियों के कारण उस युग में आंतरिक यातायात कठिन था और नदियों पर पुल न होने के कारण आवागमन और भी दुष्कर था। यहाँ के जंगल चोरों, डाकुओं तथा जंगली जानवरों से भरे पड़े थे। ऐसी स्थिति में पहाड़ी दर्रे या घाट ही व्यापार के प्रमुख मार्ग थे।

अभिलेखों में वाराणसी और प्रयाग की, प्रमुख तीर्थ स्थलों के रूप में मान्यता है (हीरालाल 278:163-4) और यह सहज ही अनुमान लगाया जा सकता है कि वाराणसी-प्रयाग तक जाने वाले एक तीर्थ-यात्री-मार्ग का विकास हो चुका था। अभिलेख में "नारायणपुर" को "नानादेशजनाकीर्ण" कहा गया है। इससे

भी ध्वनित होता है कि नारायणपुर अर्थात आधुनिक नारायणपाल तक वैष्णव-भक्तों के आने के लिए देश के विविध दिशाओं से विविध मार्गों का विकास हो चुका था। उज्जयिनी से परमार-नरेश नवसाहसांक की बस्तर यात्रा भी नारायणपाल से उज्जैन तक के लिए एक प्रशस्त मार्ग होने की उपलक्षक है। चूँकि नारायणपाल एक प्रमुख वैष्णव तीर्थ के रूप में विख्यात हो चुका था, इसलिए भारत के कोने-कोने से वैष्णवमतावलम्बी उस युग में यहाँ आते थे। मकरध्वज जोगी के बस्तर से प्राप्त अभिलेख भी इसी बात के साक्षी हैं कि उस युग में नागपुर के केलोद, चाँदा के मार्कण्ड तथा छुरिल, कंवर्धा के भोरमदेव तथा कंकाली, खैरागढ़ के देवरगाँव, जबलपुर के बिलहरी, दमोह के हिण्डोरिया, नरसिंहपुर, निमाड़ के मान्धाता, बघेलखण्ड के अमरकण्टक तथा चंदरेह, बुंदेलखण्ड के ओरछा खुरदा, खजुराहा तथा चित्तोर आदि अनेक स्थानों से तीर्थ-यात्री-मार्ग बस्तर के पोटेनार नामक तीर्थ-स्थल से जुड़े हुए थे। ये सभी मार्ग बस्तर को उत्तर भारत से जोड़ते थे। सोमेश्वरदेव की विजय-यात्रा (पंचम अध्याय) से इस प्रकार के राज-पथों का एक सुस्पष्ट चित्र हमारे सामने आता है। नागयुगीन अन्य राजाओं के विविध अभियान-पथों की विस्तृत जानकारी पंचम अध्याय में प्रस्तुत की गयी है।

नागनृपतियों के द्वारा जारी की गयी स्वर्ण-मुद्राएँ बिलासपुर जिले के सोनसारी ग्राम तथा कोरापुट जिले (उड़ीसा) के डूमादेई गाँव से मिली हैं। इन प्राप्तिस्थलों के आधार पर बस्तर से मध्य प्रदेश के बिलासपुर तथा उड़ीसा के कोरापुट तक के व्यापारिक-मार्ग का ज्ञान होता है।

1023-25 ई० में तंजोर (तमिलनाडु) के राजेन्द्रचोल की सेना शक्करकोट्टम (चक्रकोट) आयी थी और यहाँ से आगे बढ़ती हुई मांसुनिदेश से गुजर कर उड़ीसा के ययातिनगर (बलांगीर जिले के सोनपुर के निकट महानदी का तट) तक पहुँची थी। वहाँ से दण्डभुक्ति को पार करती हुई उसने बंगाल के मिदनापुर जिले तक धावा बोला था। चक्रकोट से मिदनापुर तक पहुँचने के लिए महानदी के किनारे-किनारे यह कटक पहुँची होगी और वहाँ से पूर्वी केंवझर व पश्चिमी मयूरभंज से होती हुई आगे बंगाल तक पहुँची होगी।

काँकेर से विजगापट्टन ज़िले के लिए एक मार्ग आमपानी तथा पारवतीपुरघाट या सलुरघाट से होकर गुजरता था।

9.6. महानगर व ग्राम

संक्षेप में पूर्व मध्ययुगीन बस्तर के उपर्युक्त संचार-साधनों के विवरण से यह ज्ञात होता है कि उस युग में यह क्षेत्र एक सुसम्पन्न राष्ट्र था तथा इसका भौगोलिक दृष्टि से अन्य अंचलों से अलगाव नहीं था।

हमने प्रारम्भ में ही कहा है कि विवेच्य अवधि में आमतौर पर व्यापारिक

मार्ग तीर्थ-यात्री-मार्ग भी थे। तद्युगीन बस्तर में अम्मगाम, बारसूरु, गोवर्धनाण्डु योरयुरु, मट्टिनाडु, दत्तवाड़ा, बोरिगाम, राजपुर, कलम्ब, महानगर टेमरा, नारायणपुर, कट्ठविल, आरंगा, केरमर्क तथा आधकांड आदि ग्रामों व नगरों की विशेष प्रतिष्ठा थी। इनमें बारसूरु नागों की राजधानी थी तथा अम्मगाम उनके माण्डलिक चन्द्रादित्य का मुख्यालय था। राजपुर छिन्दक नागों के कनिष्ठ घराने की कभी राजधानी थी। टेमरा को एक "महानगर" का दर्जा मिला हुआ था तथा नारायणपुर एक "कास्मोपोलिटन नगर" था। इस स्थान में भारत के कोने-कोने से लोग आते थे। इसीलिए इसे "नानादेशजनैराकीर्ण" कहा गया है।

9.7. व्यापारिक संघ

नागयुगीन बस्तर में व्यापारिक संघ अत्यन्त शक्तिशाली थे तथा इन्हें "श्रेष्ठि" (विविध परिवर्त्य) या "वणिग्वर" या "महाजन" कहा जाता था। ये एक शक्तिशाली संघठन के रूप में कार्य कर रहे थे तथा इनके अपने ही विधि-विधान थे। इस प्रकार के श्रेष्ठियों को श्रेष्ठि, सेट्टि, सेटि, सेठि आदि नामों से पुकारा गया है तथा इनमें श्रेष्ठि पुलिम, सामर श्रेष्ठि, धीका सेठि व श्रेष्ठि धुघि काफी प्रभावशाली थे। ये श्रेष्ठि वर्ग "वणिग्वर्ग" के ही अन्तर्गत आते थे और इनका प्रमुख कार्य होता था "पट्टे वाली" (कृषि-योग्य) भूमि के फसल का अनुमान लगाना तथा व्यावसायिक सम्बन्धों को बनाए रखना। चक्रकोट के व्यवसाय पर इन्हीं "महाजनों" का प्रभुत्व था और विविध व्यावसायिक वर्ग इन्हीं के सहयोग से अपना कार्य करते थे। राजनीतिक संगठनों में इन "सेठियों" का प्रभावोत्पादक स्थान था।

इस प्रकार पूर्व मध्ययुगीन बस्तर में व्यापारियों की प्रभावशाली श्रेणियाँ थीं, जो क्षेत्र के आर्थिक और राजनीतिक जीवन में महत्वपूर्ण भूमिका निभाती थीं। उपलब्ध स्रोतसामग्री के आधार पर कहा जा सकता है कि "श्रेष्ठी" या व्यापारी शिल्पकारों से अधिक धनी थे, जो प्रायः खरीदकर भूसम्पदा का अर्जन करते थे और मन्दिरों को मूल्यवान उपहार देते थे। इस आधार पर कहा जा सकता है कि विवेच्य अवधि में नागर जीवन में कोई अवनति नहीं आयी थी। न इस युग में आन्तरिक व्यापार में ही अवनति आयी। बस्तर के आस-पास व्यापारिक मार्गों का जाल था।

9.8. विनिमय के साधन

यद्यपि विनिमय का प्रमुख रूप "वस्तुविनिमय-पद्धति" थी, किन्तु इसके साथ "गद्याणक"—जैसी स्वर्ण-मुद्राओं के सन्दर्भों से "द्रव्यविनिमय" के भी साक्ष्य ही मिलते हैं—

(क) 1065 ई० में मधुरान्तकदेव (इपी० इण्डिका 9:174) ने मेडिपोट को राजपुर ग्राम दान करते हुए उसके हाथ में "70 सुवर्णगड्याणक" भी रखा था—**मेडिपोटहस्ते द्रव्यं गृहीतं सुवर्णगड्याणक** 60"।

(ख) 1097 ई० में सोमेश्वरदेव के कुरुषपाल-अभिलेख (तदेव 10:25) में यह वर्णित है कि उसने एक गाँव के निवासियों पर ग्यारह गद्यानक का कर आरोपित किया था—**एकादशगद्यानकान् ग्राहयित्वा दत्तं लोकेश्वरस्य** ।

"गद्याणक" एक स्वर्ण-मुद्रा थी [ए आर 210 (5)170], जिसका वजन 58 ग्राम से 60.1 ग्राम तक का था। इन मुद्राओं को 1195 ई० में कुलोत्तुंग द्वितीय ने भी जारी किया था, जिससे प्रतीत होता है कि उसने नागमुद्राओं का अनुकरण किया होगा। छिन्दक नागवंशों के द्वारा जारी किए गए ये "गद्याणक" हमें प्रचुर संख्या में मिलते हैं।

1921 ई० में मध्यप्रदेश के विलासपुर जिले के सोनसारी ग्राम के दुकालू पनका के पुत्र हरिशंकर को एक ताम्रपत्र मिला था, जिसमें 600 स्वर्णमुद्राएँ थीं। ये वर्तुलाकार थीं और 7" की गोलाई में थीं। इनका भार 59 ग्रेन था। मुद्रा के मुख भाग पर बिन्दुओं से "व्याघ्रलांछन" अंकित था तथा व्याघ्र के अगले कदम आधार से उठे हुए थे। व्याघ्र के ऊपर दायीं ओर सूर्य तथा बायीं ओर चन्द्र अंकित था। मुद्रा के पृष्ठ भाग पर बिन्दुओं के माध्यम से तीन पंक्तियों का मुद्रालेख इस प्रकार का था :

1. **श्रीमद्से** (ा)
2. **मे** (श्व) ा र
3. **दे** (स्य)

प्रथम पंक्ति में "श्रीम", द्वितीय पंक्ति में "म" तथा "र" एवं तृतीय पंक्ति में "देव" सुस्पष्ट है। स्पष्टतः ये सोमेश्वरदेव प्रथम (1069-1111) की मुद्राएँ हैं, जिनकी चर्चा विगत-पृष्ठ के सन्दर्भित अभिलेख में भी है।

इसी प्रकार मई 1957 में कोरापुट (उड़ीसा) के सिंधीगुड़ानिवासी देबोजानी की सुपुत्री ललिताबती को मिट्टी के एक पात्र से 28 स्वर्णमुद्राएँ मिल थीं। मुद्रा के उदराकार भाग पर जारी करने वाले का नाम अंकित है। मुद्रा के अक्षर तेलुगु-लिपि के प्राचीन नमूने हैं। मुद्रा के केन्द्र पर "व्याघ्रलांछन" खुदा हुआ है। ये मुद्राएँ जगदेकभूषण धारावर्ष (1050-1060), सोमेश्वरदेव प्रथम (1069-1111) तथा रर्णसिंहदेव की हैं और इस प्रकार 1050 ई० से लेकर 1250 ई० तक के मध्य के दो सौ वर्षों का मुद्रा जारी करने का इतिहास हमारे समक्ष प्रस्तुत होता है। यह सौभाग्य शायद ही किसी राजवंश को मिला हो।

इन मुद्राओं से छिन्दक नागों की "मुद्राविनिमय-व्यवस्था" का ज्ञान होता है।

यही मानक कालान्तर में वेंगीदेश तथा चोल-प्रदेश में स्वीकृत हुआ [एन० एस० आई० 30 (1968) 123]।

"गद्य" अथवा 'गद्यान' अथवा राजनारायणगद्य' नामक स्वर्णमुद्राओं का ज्ञान हमें दक्षिण भारत के अभिलेखों (साउथ इण्डियन इंस्क्रिप्शंस 6:1205) से भी होता है। कोल्लूरू तथा सिंहाचलम के 1130 ई० के अभिलेखों में इनकी चर्चा है। 'राजनारायणगद्य' का नामकरण राजराज प्रथम नामक चालुक्य-चोल की उपाधि के कारण है। 1205 ई० के वेलपुनुरु-अभिलेख में 'गोकर्णगद्य' तथा भट्टिप्रौलु-अभिलेख में 'केसरीगद्य' का उल्लेख (ए० आर० 1938-9:295) हुआ है। सम्भवतः गोकर्ण कोई स्थानीय शासक रहा होगा। 'बसरीगद्य' "व्याघ्र-लांछन"—युक्त था तथा यह काकतीय-राज्य में प्रचलित था। गणपतिदेव काकतीय के समय यह प्रचलन देखने को मिलता है। 1277 ई० के निउडावोले-अभिलेख में 'वंशवर्धनगद्य' (तदेव 1940-41:472) की चर्चा है। 'बीरगोटयु-गद्य' का उल्लेख सिंहाचलम के अभिलेख (साउथ इण्डियन इंस्क्रिप्शंस 6:1182) में है। पल्लव-वंश के एक अन्य अभिलेख में 'गद्य' अथवा 'एरगद्य' का सन्दर्भ आया है। मत्स्य-अभिलेख (एम० ए० सी० के, एम० एस० एस० 15:6:26) में 'गद्याण' की चर्चा है। आन्ध्रप्रदेश के अभिलेखों (जे० एन० एस० आई० 30:127) 'कंचुगद्य' का प्रयोग मिलता है।

ऐसा अनुमान किया जा सकता है कि ग्रामीण क्षेत्र में वस्तुविनिमय ही प्रचलित था, जबकि नागरक्षेत्र में मुद्रा, विनिमय का साधन बन रही थी। इस युग में हम प्राकृतिक अर्थव्यवस्था से वस्तु-अर्थव्यवस्था के बीच एक क्रमिक परिवर्तन देखते हैं, यद्यपि रूपान्तरण का यह सिलसिला बहुत धीमा था।

9.9. सामन्तीकरण की प्रक्रिया

छिन्दक नागों का युग एक ऐसा युग था जहाँ एक ओर राजनीतिक मंच पर निरन्तर बदलते राज्यों और राजाओं के आने-जाने और उनके बीच लड़ाइयों तथा सन्धियों का सिलसिला चल रहा था, तो दूसरी ओर बस्तर के आदिवासी समाज के सामाजिक-आर्थिक जीवन में सामन्तीकरण की एक लम्बी तथा क्रमिक प्रक्रिया भी चल रही थी। यह प्रक्रिया दो स्तरों पर चल रही थी। एक तरफ तो लगान प्राप्त होने वाली जमीनों को अनुदानों की तरह अधिकाधिक बाँटा जा रहा था। अनुदानग्राही केन्द्रीय शासन के सन्दर्भ में और अपने अधीन निवासियों के सन्दर्भ में भी अधिकाधिक अधिकारों का प्रयोग करने लगे थे। दूसरी तरफ स्वयं ग्राम-समुदाय में भी ग्रामाधिकारी ग्रामवासियों के मुकाबले अधिक अधिकार प्राप्त करते गये। अपने गाँव के भीतर लगान के विवरण से सम्बन्धित उनके अधिकार का महत्व बढ़ गया था। इसका तात्पर्य यह था कि जहाँ पहले उनके सरोकार का

मुख्य विषय ग्राम-समुदाय के हितों की रक्षा करना था, वहाँ अब राजकीय तंत्र के अंग 'ग्रामनायकों' के नाते, उनकी भूमिका ने सर्वाधिक महत्व ग्रहण कर लिया। महत्वपूर्ण सामुदायिक मामलों और गाँव की अकृष्ट भूमि के प्रयोग में लाए जाने के ढंग पर अपने नियंत्रण, स्वयं भूसम्पत्ति का अर्जन करने और अन्य ग्रामीणों की निःशुल्क सेवाओं के उपयोग के जरिए कुछ ग्रामनायक या पंचप्रधान धीरे-धीरे व्यवहार में छोटे सामन्तों-जैसे बन गए और कालांतर में उनकी हैसियत को राजाओं द्वारा विधिसम्मत मान्यता भी प्रदान की गयी।

विवेच्य काल में अधिकांश अभिलेखों में शासक की धर्मपरायणता पर जोर देने के लिए ब्राह्मणों को दिए भूमि-अनुदानों का उल्लेख है और कहा गया है कि—

(क) **सामान्योऽयं धर्मसेतुर्नृ पाणां**
काले काले पालनीयो भवभ्दिः । (इपी० इण्डिका 9:174)

(ख) **ईदृशं पालयेत् यस्तु तस्य पुण्यं अनन्तकम्** (तदेव 10:25)

(ग) **यो रक्षति तस्येव महदेव पुण्यम्** (तदेव 10:38)

(घ) **पापेषु लिप्यते** (तदेव 10:40)

(ङ) **भूमिहर्त्ता न शुध्यति** (तदेव 9:163)

ये सभी "सनातन" अनुदान थे। अनुदानों का दूसरा स्वरूप सेवाकाल से सम्बद्ध था, जैसे नृत्यांगनाओं के लिए अनुदान अथवा मेडिपोट को अनुदान।

सामान्यतः ये अनुदान सामन्तों (राजा, महामाण्डलिक, माण्डलिक, नायक) द्वारा किए जाते थे, किन्तु सामान्य व्यक्ति भी ऐसा अनुदान दे सकता था। अभिलेखों में उल्लिखित प्रशासकीय उपाधियाँ सुविकसित सामन्ती प्रशासन-तंत्र के अस्तित्व की ओर इंगित करती हैं। कतिपय प्रदत्त ग्रामों के अन्तर्गत कुछ लोगों के प्रवेश निषिद्ध होने का तात्पर्य है कि किसान माफीदारों के अधिकाधिक अधीन होते चले गए (द्र० इपी० इण्डिका 9:174)।

आमतौर पर गम्भीर अपराधों पर विचार करने का अधिकार राज्य ने अपने पास रखा था। उत्तर मध्ययुग तक आते-आते प्रदत्त भूमि के स्वामी ही जागीरदार बन कर सामुदायिक लगान के प्रभारी बन गए।

इस युग के अभिलेखों में यह बार-बार दुहराया गया है कि भूमि "अकरेण" (कर रहित या कर मुक्त) प्रदान की गयी है। इस प्रकार एक ओर तो एक खास वर्ग को करों से छूट दी जा रही थी, दूसरी ओर दीपदान-हेतु मुद्रा के रूप में नए करों का आदिवासी जनता पर आरोपण किया जा रहा था। इसी प्रकार किसी राजकीय उत्सव पर कर उगाहने की व्यवस्था थी। और इसी प्रक्रिया से सामन्त-वर्ग करों की सूचियाँ बढ़ा रहे थे। एक ओर मूल निवासी करों के भार से पिस रहे थे, दूसरी ओर नवधनिक वर्ग को करों से छूट मासकदेवी जैसी प्रजातांत्रिक मूल्यों वाली महिलाएँ भी दे रही थीं (द्र० हीरालाल 1916:166)। विवाह, सन्तान-

हीनता, उत्सव, नरबलि, भूस्वामी के पारिवारिक समारोह आदि सब आदिवासी जनता से कर-वसूली के माध्यम से ही सम्पन्न होते थे। इस उलझाव को सुलझाने के लिए भी अनेक प्रयास किए गए (तदेव), लेकिन देर-अबेर नए-नए कर लगाए ही जाते रहते ये और इससे हालत फिर पहले जैसी हो जाती थी। इससे लोगों पर बढ़ते हुए वित्तीय उत्पीड़न और आदिवासियों की अधिकाधिक पराधीनता का प्रतिबिम्बन होता है। राजस्व की भारी माँगों के बोझ के मारे आदिवासी समूहों के सदस्य व्यवहार में निजी स्वतन्त्रता से वंचित हो रहे थे।

वास्तविक शासकों—छिन्दक नागों तथा उनके सामन्तों—को छोड़ कर संस्तर में सर्वाधिक सम्पन्न "सामूहिक स्वामी" अर्थात मन्दिर ही थे। उस समय धार्मिक संस्थाओं को दिए जाने वाले अनुदानों तथा पुरोहितों व साधुओं को दिए जाने वाले अनुदानों में अन्तर था। ब्राह्मणों को दिए गए इस तरह के गाँवों के प्रशासन-सम्बन्धी सभी प्रश्न "पंचप्रधान" या "महासभा" द्वारा ही निपटाए जाते थे। धार्मिक संस्थाएँ अपनी सम्पत्ति को विभाजित नहीं करती थीं, बल्कि इसके विपरीत धर्मभीरु राजाओं, सामन्तों और ग्राम-समुदायों से प्राप्त दानों और उपहारों से उसकी वृद्धि ही करती रहती थीं। धार्मिक संस्थाओं को दी गयी भूमि सामान्यत: कर-मुक्त होती थी।

उपलब्ध अभिलेखों से यह अनुमान लगाया जा सकता है कि आरम्भ में 'अकृष्ट' भूमि का ही अनुदान किया जाता था। मन्दिर को देने के लिए राजा अथवा सामन्त को सबसे पहले भूमि को खरीदना होता था; क्योंकि देवभूमि को राजस्व सम्बन्धित दायित्वों से मुक्त होना चाहिए था। भूमि के क्रय-विक्रय के लिए ग्राम की महासभा से अनुमति लेनी होती थी। इस युग में मन्दिरों को माफी के रूप में पूरे गाँव को दिए जाने की एक आम परम्परा थी। यह भी एक ज्ञात तथ्य है कि इस युग के मन्दिर किसानों से जो लगान वसूल करते थे, उनमें खाद्य-पदार्थों के अलावा दूध, तेल, घी, फूल, हार तथा वस्त्र जैसी सभी वस्तुएँ प्रदान करनी पड़ती थीं।

आमतौर पर देवभूमियों का प्रबन्ध महाराणाएँ करती थीं। मंदिरों में बहुत से लोग काम करते थे—कायस्थ, सूत्रकार, रूपक, मालाकार, गायक, संगीतज्ञ तथा नर्तकियां आदि।

यद्यपि भूमि मन्दिरों को **"आचन्द्रतारकप्रभृति"** (इपी० इण्डिका 9:174), **यावच्चन्द्रश्च सूर्यश्च यावत्तिष्ठति मेदिनी** (तदेव) **सर्वबाधापरिहारेण** (तदेव 10:31), **यावन्नभो तिष्ठति** (तदेव 10:29) **शास्त्रदृष्ट्या** (तदेव 10:31), **चन्द्रार्ककालम्** (तदेव 9:314), **आचन्द्रार्क** (तदेव 10:40) आदि प्रतिश्रुतियों के साथ दी जाती थीं और अभिलेखों में ऐसी भूमि का अतिक्रमण करने वालों को अभिशप्त किया गया है; किन्तु ऐतिहासिक सामग्री से यह प्रकट होता है कि उथल-

पुथल के अवसरों पर जब एक राजवंश का दूसरा राजवंश तख्ता उलटता था या जब स्थानीय आबादी को विदेशी विजेताओं के आक्रमण का सामना करना पड़ता था, तब न केवल सामन्तों अपितु ब्राह्मणों व मन्दिरों की सम्पत्ति भी राज्य द्वारा छीन ली जाती थी। अध्येय युग में राजकीय स्वामित्व की भूमि और भिन्न-भिन्न सामन्तों की भूमि के अनुपात, लगातार बदलते रहने के मूल में यही कारण है।

लेकिन इन सभी बातों के बावजूद बस्तर के ग्राम-समुदायो के सदस्यों ने अपने अधिकारों तथा विशेषाधिकारों को बनाए रखा। भूमि-अनुदान सारी आबादी की उपस्थिति में किए जाते थे।

9.10 विविध सामाजिक-आर्थिक वर्ग और उनकी भूमिका

पूर्व मध्ययुग में बस्तर का ग्राम-समुदाय एक शक्तिशाली संगठन था। वह केवल सामाजिक-आर्थिक भूमिका ही नहीं, अपितु राजनीतिक-भूमिका का भी निर्वाह करता था। यहाँ के समुदाय की परिधि में पूरा का पूरा नाडु (नार-गाँव) होता था। हमने विविध शिल्पों के आधार पर गाँवों की संरचना की चर्चा पहले ही की है।

इस प्रकार पूर्व-मध्ययुगीन बस्तर में तीन तरह की दुनियाँ थी। तीन जीवन-प्रणालियाँ थी—

(क) **सामन्त अथवा देवस्थान (सभ्याः शास्त्रविचारधौतमनसः)**, जिन्हें अभिलेखीय सन्दर्भों के आधार पर सभ्य (इलीट क्लास) माना जाता था।

(ख) **नगर (पौराः परमधार्मिकाः)**, जिन्हें परम धार्मिक माना गया है।

(ग) **ग्रामसमुदाय (स्वेष्टापूर्तिपराः प्रजाः)**, जिन्हें प्रजा कहा गया है व जिनकी संस्कृति को भौतिकवादी माना गया है।

यह सोचना गलत होगा कि विवेच्य काल के नगर नए पूँजीवादी सम्बन्धों के भ्रूण थे। नगरों को प्राप्त व्यापक स्वायत्तता यही दिखलाती है कि सामन्त अभी इस स्थिति में नहीं थे कि क्षेत्र की अर्थ-व्यवस्था तथा सामाजिक जीवन पर अपना नियंत्रण स्थापित कर सकते। किन्तु कालान्तर में जैसे-जैसे सामन्ती राज्य की शक्ति विकसित होती गई, वैसे-वैसे नगर अपनी स्वायत्तता गँवाते गए। व्यापारिक श्रेणियों के राजनीतिक प्रभाव की समाप्ति के साथ ही सामन्तवर्ग नगरों पर हावी होने लगा था। तब नगरों में भी सामन्त वैसे ही स्वेच्छाचारी हो गए, जैसे वे गाँवों में थे। तब से अपने धन के बावजूद व्यापारी सामन्तों की मन-मरजी के अधीन हो गए। इस या उस सत्ताधारी को जितनी बड़ी रकम की जरूरत होती थी, व्यापारी अगर वह मुहैय्या नहीं कर पाते थे, तो उन्हें सताया जाता था। यह स्थिति उत्तर-मध्ययुग में आयी। बस्तर में इसके कारण नगरों का ही खातमा हो गया था वे ग्राम-समुदायों में बदल गए।

१०

सामाजिक व्यवस्था

उत्पादन के भौतिक और सामाजिक तरीकों के आधार पर नागयुगीन सामाजिक व्यवस्था नए सम्बन्धों को विकसित कर रही थी, जिसके अधस्तल में वर्गहीन समाज था और ऊपरी सतह पर परिश्रम के विभाजन के आधार पर एक जाति-व्यवस्था पनप रही थी; किन्तु प्रकृति से बहुत लचीली थी। "फ्लूड" होने की स्थिति थी। यहाँ सामाजिक व्यवस्था की वैज्ञानिक व्याख्या का प्रयास किया गया है।

10.1 सामाजिक संरचना और प्रकार्य

नागयुगीन बस्तर की सामाजिक संरचना में एक ओर तो वे प्रमुख संस्थाएँ हैं, जिनमें महाराजा, महामण्डलेश्वर, माण्डलिक, विषयपति, ग्रामनायक, मन्दिर, क्षुरिकाप्रबन्ध तथा श्रेणि आदि आते हैं, तो दूसरी ओर वे प्रमुख जातिवर्ग हैं जिनमें श्रेणी, अनुचर, किसान, तथा शिल्पकार आदि आते हैं। इस रूप में ये परम्परावलम्बी थे तथा एक वर्ग पर होने वाला परिवर्तन दूसरे वर्ग में भी परिलक्षित होता था। समाज के प्रत्येक घटक का प्रकार्य समुदाय की रक्षा करना था एवं समाज की सुरक्षा के लिए यह नितान्त आवश्यक था कि सामाजिक सन्तुलन बना रहे। सन्तुलन को बनाए रखने की दृष्टि से ही वह परम्परावलम्बी था। नागयुगीन इतिहास में जब-जब पतनोन्मुख स्थितियों के उदाहरण देखने को मिले हैं, तब-तब सामाजिक असंतुलन की स्थिति आयी है। इस प्रकार का सामाजिक असंतुलन मधुरान्तकदेव (1060-1069) तथा हरिश्चन्द्रदेव (1259-1324) के काल में अत्यधिक मुखर हुआ था और दोनों ही स्थितियों में सत्ता ही पलट गयी थी।

सामाजिक प्रकार्यों को समुचित ढंग से सम्पादित करने के लिए यह भी आवश्यक था कि विविध प्रकार के मिथ गढ़े जायँ, जिससे जनता के मन में प्रचलित व्यवस्था के खिलाफ विद्रोह न पनपे। इस प्रकार की मिथककथाओं में नागमिथक तथा पौराणिक मिथक प्रमुख थे। इन मिथकों को हम राजाज्ञाओं के रूप में भी देख सकते हैं और इनका यह प्रकार्य था कि ये प्रचलित संस्थाओं को न्यायसंगत सिद्ध करें; वैसे नागों की पौराणिकता को सिद्ध करने वाले मिथक, वाराणसी से सम्बद्ध मिथक, ब्राह्मणों से सम्बद्ध मिथक, गो से सम्बद्ध मिथक, भूमिहर्त्ता से सम्बद्ध मिथक, राजद्रव्य से सम्बद्ध मिथक (इपी० इण्डिका 9:174), गंगाजल से सम्बद्ध मिथक, भूमिदान से सम्बद्ध मिथक, स्वर्ग से सम्बद्ध मिथक (इपी0 इण्डिका 10:31), धनंजय से सम्बद्ध मिथक, विद्याधर से सम्बद्ध मिथक, सत्य-हरिश्चन्द्र से सम्बद्ध मिथक, विन्ध्यवासिनी से सम्बद्ध मिथक, शिवलोक से सम्बद्ध मिथक, लिंगभेद से सम्बद्ध मिथक (तदेव 10:25), महेश्वर से सम्बद्ध मिथक, कुमारनारायण से सम्बद्ध मिथक, सगर से सम्बद्ध मिथक, प्रयाग-सम्बद्ध मिथक, ब्राह्मणवधादिपातक से सम्बद्ध मिथक (तदेव 10:37-38), पार्वती से सम्बद्ध मिथक, अरुंधती से सम्बद्ध मिथक, सावित्री से सम्बद्ध मिथक (तदेव 9:311-16), ब्रह्मवध, गोवध, पितृवध, तथा बालघातजन्य पापगत मिथक (तदेव 10:40), गोघ्न, कृतघ्न, ब्रह्महत्या, गुरूतल्पज्ञ की शुद्धि से सम्बद्ध मिथक, भूमिहर्ता की शुद्ध न होने का मिथक (तदेव 10:35-36), कलंकीनारायण से सम्बद्ध मिथक, सती से सम्बद्ध मिथक, रविलोक से सम्बद्ध मिथक (10:39-40) आदि उल्लेखनीय हैं। इन मिथकों के माध्यम से राजा, रानी, ब्राह्मण, पिता, बालक, गो, गुरू तथा भूमिदान आदि के बारे में सामान्य जनता में आस्था और विश्वास जगाने का भाव था।

इसी प्रकार माण्डलिक का कार्य राज्य में शान्ति बनाए रखना था। माण्डलिक की वफादारी में जब भी परिवर्तन आता था, उस समय प्रत्येक नागरिक सामाजिक सहकार की भावना से जुड़ जाता था। यही कारण है कि मधुरान्तकदेव को जनता का विश्वास नहीं मिल पाया और सोमेश्वरदेव ने उसका वध ही नहीं किया, उसने राजाज्ञा के बहाने वह उद्घोषणा भी की, जिससे जनता का मानसिक उद्वेलन कम हुआ।

विवेच्य अवधि के भूमि-अनुदानों के विविध प्रसंगों से यह अनुमान लगाया जा सकता है कि "**शास्त्रविचार**" के कारण '**धौतमन**' वाले ब्राह्मणों के प्रति आदि-वासी प्रजा में सम्मान का भाव था। यही कारण है कि जनता का विश्वास अर्जित करने के लिए राजा और सामन्त उन्हें दान दिया करते थे। प्रचलित परम्परा को मधुरान्तकदेव ने तोड़ा था और उसने ब्राह्मण के बजाय "छुरिकार मेडिपोट" को दान दिया था। इसका परिणाम हमें ज्ञात है। जनता ने राजसत्ता

का इस अनुचित कार्य के लिए विरोध नहीं किया, उसने चाहा कि उसे हमेशा के लिए समाप्त कर दिया जाये।

यही स्थिति "नरबलि" के प्रचलन में "मेडिपोट" (मेलेया) की भी थी। नरबलि की राजकीय घोषणा के साथ ही ग्राम-समुदायों के व्यावसायिक संघों में आतंक छा गया और वे नरबलि के लिए बाध्य होने के भय से एकजुट हो गए। इससे धनी और निर्धन के बीच एक नए प्रकार के सहकार का विकास हुआ।

इसी प्रकार अभिलेखों में जिस सत्यवक्तृत्व, सच्चरित्रता, सतीत्व, पवित्रता व धार्मिकता आदि की बातें बार-बार दुहराई गयी हैं, उनका भी एक सामाजिक प्रकार्य था—जनता के चरित्रबल और मूल्यों को बनाए रखना।

इसी प्रकार राजाओं द्वारा किसी खास वर्ग को दी गयी सुविधा या किन्हीं खास लोगों के निमित्त शेष लोगों पर किसी खास क्षेत्र में प्रतिबन्ध भी सामाजिक तौर पर असमानता का उदाहरण बना होगा और शेष जनता ने धीरे-धीरे अपने को उस व्यवस्था से अलग कर लिया होगा।

महासभा या पंचप्रधान आदि के चुनाव में नागरिकों के मन में उस व्यवस्था के प्रति पुनः आस्था पैदा हुई होगी, और वे साझेदारी की भावना से जुड़े होंगे; क्योंकि ऐसे निर्वाचनों के साथ आम जनता की सामाजिक और राजनीतिक भूमिका का विस्तार हुआ होगा।

इन सभी उदाहरणों से यह स्पष्ट होता है कि उस युग में सामाजिक-संरचना प्रकार्य से सम्बद्ध थी। यही एक प्रकार का सामाजिक सन्तुलन था। यह सन्तुलन जब भी गड़बड़ाया, तभी सामाजिक संरचना भी गड्डमड्ड हो गयी। लगातार युद्धों के बावजूद उस युग में सामाजिक संरचना में कोई खास परिवर्तन न आने का कारण यही था कि बाहरी और भीतरी झगड़ों की स्थिति में भी नाग-शासन सन्तुलित था। ऐसा सन्तुलन सामाजिक संरचना और प्रकार्य के सह-सम्बन्ध के कारण पैदा हुआ था।

10.2 सामाजिक भूमिका

सामाजिक संरचना किसी विशिष्ट स्थिति से सम्बद्ध व्यक्ति की एक सामाजिक भूमिका भी थी, जो उसकी अभिरचना या व्यवहारगत मूल्यों से परखी जा सकती है—राजा, रानी, महामण्डलेश्वर, माण्डलिक, नायक, शिल्पकार, श्रेष्ठी ब्राह्मण, पुरवासी या आम जनता का व्यवहार और उनके मूल्य। अभिलेखों में इसी "सामाजिक व्यापार" (सोशल रोल) की चर्चा है—**एते-निजव्यापारं कुर्वंस्तिष्ठन्ति** (इपी० इण्डिका 9.166)।

किसी के व्यापार या भूमिका की व्याख्या उसके व्यवहार को समझ कर की जा सकती है; उदाहरण के लिए महासभाओं के "व्यवहार" में यह आवश्यक था

कि वे "**एकानुमति**"(हीरालाल : 1916:278)होकर निर्णय करें। "दूसरे व्यक्ति किसी से क्या चाहते हैं" (प्रदत्त छवि) के आधार पर विविध "व्यापारों" की समीक्षा की जा सकती है; उदाहरण के लिए राजाओं की यह "गिवेन इमेज,' (प्रदत्त छवि) थी कि वे न्यायवादी, सत्यवक्ता, शास्त्रज्ञ, परंपरापालक, प्रशान्त, द्विजमित्र, राजविद्यानिधान, जगदाश्रय, निजभुजोपार्जित-भूमि के स्वामी, दर्शन-मात्र-वशीकृत करने वाले, रणेशूर, तथा वैरिराज्यवज्रदलनकर्ता हों। यह चाहत तद्युगीन सामाजिक और राजनीतिक परिस्थितियों के अनुकूल थी। ब्राह्मणों के बारे में भी यह धारणा (प्रदत्त छवि) थी कि उन्हें सर्वशास्त्रपारंगत और कर्मनिष्ठ होना चाहिए। ऐसा व्यक्ति जो ऐसी "आत्मछवि" नहीं बना सकता था, उसे ब्राह्मणत्व का दर्जा नहीं मिलता था। रानी के प्रति सामाजिकों की यह अपेक्षा थी कि उसे धर्मदक्ष, शासनपट्टदारा, गंगाजलधौत, परमपवित्र, परमपतिव्रता, सौजन्य सरस्वती, शरणागतरक्षिका, वन्धुचिन्तामणि, सौविनेया, क्षमाशीला आदि होना चाहिए। समाज में आम जनता के प्रति प्रदत्त-छवि थी कि वह अपनी इच्छाओं की पूर्ति-मात्र करना चाहती है (**स्वेष्टापूर्त पराः प्रजाः**) और इसीलिए उससे यह बार-बार खतरा बना रहता था कि कहीं वह किसी के भूमि का अपहरण न करे, राजद्रव्य का अपव्यय न करे, राजाज्ञाओं व धर्मानुशासनों का विरोध न करे (इपी0 इण्डिका 9:174) और इसीलिए बार-बार पाप और पुण्य की दुहाई दी जाती थी। नगरवासियों की प्रदत्त छवि थी कि वे "परम धार्मिक" हैं—**पौराः परं धार्मिकाः**। समाज के "इलीट क्लास" को "सभ्य" माना जाता था; क्योंकि उनका मन शास्त्रों के चिन्तन-मनन से पवित्र हो गया था—**सभ्याः शास्त्र-विचारधौतमनसः**। कहा जा सकता है कि पौरों तथा सभ्यों की प्रदत्त छवि से प्रजा ने अपनी आत्मछवि विकसित की होगी।

यहाँ यह ध्यातव्य है कि भिन्न-भिन्न कालखण्डों में इन सामाजिक वर्गों की भूमिका में परिवर्तन आया है; उदाहरण के लिए नारियों की जिस भूमिका की अपेक्षा सुदृढ़ शासन के कारण 1320 ई० से पूर्व थी, वह शिथिल शासन के कारण 1324 ई० में नहीं रही। 1324 ई० में द्विजवर्ग की नारियाँ सतीप्रथा के बन्धन में जकड़ जाती हैं; किन्तु 1320 ई० से पूर्व विधवा होने की स्थिति में नारी सती नहीं होती थी; अपितु गुण्ड महादेवी या मासकदेवी के समान पौत्र, पुत्र या भाई के कार्यों में सहायक होती थी। 1324 ई० के बाद पति की सामाजिक भूमिका के साथ ही नारी की सामाजिक भूमिका भी समाप्त हो गयी।

10.3 नातेदारी और परिवार

विविध भूमिकाओं से युक्त किसी संस्था का सुपरिचित उदाहरण "कुटुम्ब" या परिवार का है। नागयुग में संयुक्त परिवार की परम्परा थी, जिसमें विवाहित

पुत्र अपने पिता के साथ ही रहते थे। गृहस्थी के आकार और रचना के आधार पर इस संयुक्त परिवार की व्याख्या की जा सकती है।

सामान्यतः पारिवारिक संरचना में वंश, कुल, गोत्र तथा गोत्र चिह्न (गोत्रगण) का उत्तराधारक्रम मिलता है। विवेच्य अवधि में गोत्रचिह्न (टोटेम) संगठन की मंजिल में थे और उन्हीं के आधार पर वर्ग-समाज का उदय हुआ था।

नागप्रजाति गणों में रहती थी, जिनमें आरम्भ में गोत्र और गण-समूह थे, जो छिन्दक नागों के शासन में आते ही वर्गीय स्वरूप के हो गए। बस्तर के मुरिया-माड़िया-गीतों में इस प्रकार के सामूहिक संघों की चर्चा भी है। यह सामूहिक संघ का ही प्रभाव था कि छिन्दक-प्रशासन ने महासभा को मान्यता दी, जिसके निर्णय सर्वस्वीकार्य होते थे। इस महासभा के माध्यम से आदिवासी कबीलों के सभी प्रश्नों का निर्णय निर्वाचित सदस्यों के द्वारा किया जाता था। इन आदिवासी कबीलों के लोग गाँवों में रहते थे, जिनमें बड़े-बड़े पितृतंत्रात्मक कुल (परिवार) होते थे। गोत्र-सम्बन्ध अब भी बहुत मजबूत थे और गोत्र का प्रभाव अपने को जीवन के सभी क्षेत्रों में व्यक्त करता था। ग्राम का अपना प्रशासनतंत्र था, जिसका मुखिया ग्रामनायक होता था। धीरे-धीरे जब छिन्दक-कुल आदिवासी कबीले से अपने को पृथक् कर सम्पत्ति तथा सामाजिक असमानता के कारण शासक बन गया, तो तद्युगीन प्रचलित परम्परा के अनुसार उसने प्रतीक पूजन को छोड़कर अपने को काश्यपगोत्र से सम्बद्ध कर लिया, और उसके बन्धु-बान्धव प्रतीकपूजक (टोटेमिक) ही बने रहे। गोत्र चिन्ह से गोत्र में परिवर्तन की यह कहानी संस्कृतीकरण के सन्दर्भ में समझी जा सकती है। यह संस्कृतीकरण का ही प्रभाव था कि ब्राह्मणों के अनुकरण पर शासक-वर्ग (जो आदिवासी कबीले का था) ने काश्यप गोत्र की मिथकीय कल्पना कर ली।

तद्युगीन प्रचलित "कुल" या परिवार "**मल्टीपल फेमिली हाउसहोल्ड**" थे, जिनमें दो या दो से अधिक विवाहित जोड़े एक साथ रहते थे तथा ये सभी नातेदारी या विवाह के द्वारा परस्पर जुड़े रहते थे। इस संयुक्त परिवार की संरचना के साथ ही सामान्यतया दूर के सम्बन्धी भी एक ही पंक्ति में बने मकानों में रहते थे, जिससे वे आपस में यथावसर मिलते रहें। ये पति तथा पत्नी दोनों के ही रिश्तेदार हो सकते थे। विधवा बहनें भी संयुक्त परिवार में रहती थीं। सामान्यतः एक परिवार में पिता, पुत्र तथा पौत्र एवं उनकी पत्नियां, भाई तथा बहनें एक साथ रहती थीं। सोमेश्वरदेव की छोटी बहन मासकदेवी उसी के साथ रहती थी।

परिवार में माता-पिता का सर्वोच्च स्थान था और उन्हीं को लक्ष्य कर शपथ या प्रतिवचन लेने की परम्परा थी। माता या पिता के प्रति अपशब्दों के प्रयोग (यथा गार्दभ वाप, सुकरी माई) से लोग बचना चाहते थे। पुत्र के नाम से पहले पिता का नाम लिया जाता था; चाहे पिता जीवित हो अथवा मृत।

10.4. सामाजिक वर्ग और जाति

बस्तर की "जातिव्यवस्था" यहाँ की "जनजाति व्यवस्था" का ही एक अवशेषी रूप है। अभिलेखों में वर्णित चारों ही जातियाँ मूलतया आदिवासी कबीलों के गोत्रचिह्नों का गोत्रों में प्रकटीकरण है। अभिलेखीय साक्ष्यों से ही हमें ज्ञात होता है कि प्रारम्भ में नागप्रजाति के लोगों में ही जब श्रम का विभाजन हुआ, तो उस समय आदर्श रूप में वर्णव्यवस्था भारत के अन्य क्षेत्रों में कार्यरत थी। जब नागप्रजाति के भीतर से हमें चार प्रकार की जातियों की संरचना का ज्ञान होता है तो स्पष्ट है कि नाग-कबीलों के सामुदायिक सम्बन्धों में विघटन हुआ होगा एवं सामूहिक स्वामित्व तथा सामाजिक स्थिति में भी असमानता परिलक्षित हुई होगी।

यह सुस्पष्ट हो जाता है कि बस्तर में जातियों के उदय में यहाँ के स्थानीय नाग-कबीलों के सामाजिक संगठन की विशिष्ट प्रकृति की भूमिका थी। तदनुसार नाग कबीले के ही अभिजात योद्धा क्षत्रिय वर्ण में अपने को मानने लगे तथा "पार्थिवेन्द्रकुल" (इपी० इण्डिका 9:311-16) से जुड़ कर न केवल शासकीय विरुदों का प्रयोग किया, अपितु द्विजाति-परम्परा में अपने "टोटेम" को छोड़कर "काश्यपगोत्र" से जुड़ गए। नागों का जो वर्ग पुरोहिती करने लगा, उसे ब्राह्मण कहा जाने लगा; उदाहरणार्थ अभिलेखों में अधोलिखित, ब्राह्मण-अभिधान मिलते हैं :

— चण्डेश्वर पंडित, छादु वामण, पंडित पुरुषोत्तम, राहिल पाण्डे, मेदनि पाण्डे, तथा नडयाब्राह्मण।

नियमतः ब्राह्मणों के अभिधान के साथ गोत्र तथा प्रवर के साथ शाखा आदि का उल्लेख अभिलेखों में होता है; जैसा कि हम काँकेर के अभिलेखों में देखते हैं। नाम के साथ "पण्डित" या "ब्राह्मण" की उपाधि इस बात का द्योतक है कि तथाकथित ये ब्राह्मण नागकबीले के व्यावसायिक वर्ग के ही लोग थे। बस्तर के कुम्हार आज भी अपने को "पाण्डे" कहते हैं; जो मूलतः जनजाति वर्ग के ही हैं। ऐसी स्थिति में अभिलेखीय सामग्री के परीक्षण करते समय हमें ब्राह्मणीकरण की इस प्रक्रिया की जानकारी होनी चाहिए।

ग्राम-समुदाय के वे नाग जो व्यावसायिक श्रेणियों में बँट गए थे, "वैश्य" या "वणिक्"-वर्ग के अन्तर्गत आए। शिल्पकारों को भी "वणिक्"-वर्ग में गिना जाता था, यद्यपि परवर्ती युग में उन्हीं के आधार पर "शूद्र"-वर्ण की रचना हुई। किन्तु विवेच्य युग तक अभिलेखीय प्रमाणों से हमें शूद्रों की विद्यमानता पर कोई सामग्री नहीं मिलती है। इस प्रकार नागकबीलों के ही आधार पर हमें उस युग में तीन वर्णों का ही उल्लेख मिलता है। स्थिति के अन्तरों के बावजूद ब्राह्मण और

क्षत्रिय विशेषाधिकार-प्राप्त और धनी समूह थे। वे मेहनतकशों के बल पर अपनी हैसियत का उपभोग करते थे। संख्या की दृष्टि से सबसे महत्वपूर्ण वर्ण वैश्य था, जिसमें ग्राम-समुदायों के स्वाधीन सदस्य, कृषिजीवी, शिल्पकार और व्यापारी आते थे। करों का अधिकांश भाग इन्हीं के द्वारा ही अदा किया जाता था। यह सम्भव है कि नाग-अभिलेख वर्णव्यवस्था के बारे में न केवल नाग-दृष्टिकोण को ही, बल्कि इस समय तक बस्तर के सामाजिक विभाजन में आए हुए परिवर्तनों को भी प्रतिबिम्बित करते हों।

छिन्दक नाग-शासकों के राज्यकाल में नव ब्राह्मणों ने अपनी उच्च स्थिति को बनाए रखा। विचारधारा और धार्मिक आचरण के क्षेत्र में उनका प्रभाव विशेषकर सशक्त था। राजदरबार में तथा न्यायालयों में मुख्य परामर्शदाता ये नव ब्राह्मण ही थे। फिर भी नयी परिस्थितियों ने सामाजिक पदसोपान के समग्र ढाँचे के भीतर ब्राह्मणों की स्थिति को प्रभावित अवश्य किया। ब्राह्मणों को अपने पारम्परिक कार्यों को बदलना पड़ा।

राजनीतिक शक्ति नागों (नव क्षत्रियों) के हाथों में थी, जिनके प्रभाव में सशक्त नागसाम्राज्य की स्थापना किए जाने के बाद बहुत अभिवृद्धि हो गयी थी। नागों का सेना पर नियंत्रण था। फलस्वरूप जनजातियों की स्थिति विशेषकर महत्वपूर्ण थी। वैश्यों तथा शूद्रों को एक ही वर्ग में माना जाता था।

इस प्रकार विवेच्यकाल में बस्तर के समाज का सामाजिक संगठन, जाति पर आधारित होने लगा था। ये जातियाँ कालान्तर में सगोत्रविवाह तथा गोत्रान्तर-विवाह के नियमों में जकड़ गयीं। इससे समाज विविध आकारों के अनन्त वर्गों में विभाजित हो गया।

सामान्यतया जैसे-जैसे राज्यों का विकास हुआ, शासक तथा योद्धा-वर्ग की सुविधाएँ नाग-जनजाति तक सीमित हो गयीं। छिन्दक नाग तथा हलबा इस युग की प्रमुख योद्धा जनजातियाँ थी। शक्ति-अर्जन के साथ ही जनजाति-वर्ग ने अपने को क्षत्रिय घोषित कर दिया था। इसके लिए उसे ब्राह्मणवर्ण की आवश्यकता थी, जो उसकी प्रशस्ति लिखकर उसे पौराणिक मिथकों से जोड़ दे।

छिन्दक-अभिलेखों तथा पद्मगुप्त के "नवसाहसाकचरित" में ब्राह्मणों से सम्बद्ध जो संदर्भ मिलते हैं, उनसे ज्ञात होता है कि उदीच्य (यथा राहिल पाण्डे) तथा दाक्षिणात्य (यथा धृतकौशिक गोत्र का लक्ष्मीधर शर्मा) दोनों ही प्रकार के ब्राह्मणों को छिन्दक नाग अपने राज्य में ससम्मान बसा रहे थे और उनकी उदर-पूर्ति के लिए उन्होंने भूमिदान की व्यवस्था कर रखी थी। पुरोहित, क्षेत्र पर आने वाली विपत्ति को अग्नि में सविधि आहुति देकर दूर करते थे।

नरदेव दैमवधिकृत्य या विपद्
निपतत्यवन्तिविषये कथंचन ।
शिखिमुक्तमंत्रहविषा विहन्यते
तव सा वसिष्ठमहसा पुरोधसा ।।
(नवसाहसांकचरित 10 : 22)

वैवाहिक संस्कारों को पुरोहित ही सम्पन्न करते थे (तदेव 18:46)। तत्कालीन प्रजाजन अपने कर्मों में रत रहकर सुख-शान्तिपूर्वक जीवनयापन करते थे:—

नृप, वासराणि निरुपल्लवाः प्रजाः ।
सुखमात्मकर्मणि रता नमन्ति यत् ।।
(नवसाहसांकचरित 10 : 23)

अध्ययन-अध्यापन की व्यवस्था मठों में होती थी (इपी० इण्डिका 10:40)। साधुगण मठों में शिष्यों को शास्त्राभ्यास कराते थे। शिष्य गुरु की आज्ञा का पूर्ण पालन करते थे। गुरु की समाज में बहुत अधिक प्रतिष्ठा थी।

अपने ज्ञान व शास्त्राभ्यास के माध्यम से ब्राह्मण अपनी प्रतिष्ठा तथा अधिकार बनाए रखने का प्रयास कर रहा था। ब्राह्मणों के जीवन में तपस्या व संन्यास की अभी तक महत्वपूर्ण विशेषता थी। अभिलेखों में ऐसे दर्जनों साधुओं का उल्लेख हुआ है। मकरध्वज जोगी के घुमन्तू जीवन से हम पूरी तरह परिचित हैं। कतिपय अभिलेखों में ब्राह्मणों को वैदिक संस्कार करते हुए कहा गया है; किन्तु ऐसा लगता है कि वे अब राजसत्ता से जुड़ने लगे थे। वे राजाओं के संरक्षण तथा आम जनता के दान पर जीवन का निर्वाह कर रहे थे। इनमें से कुछ मन्दिरों के पुजारी थे।

वैश्यों की श्रेणियाँ आज की तरह पहले भी अवसरवादी थीं। ये युद्ध तथा शान्ति दोनों ही स्थितियों में लाभार्जन करते थे।

इस प्रकार अधिकांश व्यापारी तथा शिल्पी जातियाँ श्रमविभाजन के परिणामस्वरूप अस्तित्व में आयी थीं और कुछ अन्य जातियों के उद्‌गम को विभिन्न समूहों के नए इलाकों में ढूंढ़ा जा सकता था, जहाँ उनके रीतिरिवाज और विश्वासों ने उन्हें स्थानीय आबादी के अधिकांश से अलग कर दिया था। बहुत सी जातियाँ तात्विक दृष्टि से यहाँ की जनजातियों से बनी थीं, जिन्हें उनके पारम्परिक व्यवसायों और सामाजिक कार्यों सहित जाति-व्यवस्था के ढाँचे में सम्मिलित तो कर लिया था, किन्तु यह संक्रमण की स्थिति थी। हर जाति को एक विशिष्ट मात्रा की "शुद्धि" अथवा "अशुद्धि" से युक्त माना जाता था और जातिगत सोपान में अन्य जातियों के सन्दर्भ में उसे एक विशिष्ट स्थिति प्राप्त थी।

इस युग में विभिन्न वर्णों को व्यक्त करने वाले शब्दों के अन्तर्निहित अर्थ भी बदल गए। ब्राह्मण अब पुरोहित ही नहीं थे, लगातार बढ़ती संख्या में कितने

ही ब्राह्मण भूस्वामी, न्यायाध्यक्ष तथा राज्याधिकारी बन गए थे। यहाँ के आदिवासी कबीलों ने अब क्षत्रिय होने का दावा शुरू कर दिया था। उनका पारम्परिक व्यवसाय अब केवल प्राकृतिक उत्पादनों तक ही न रहा, वे खेतीबाड़ी भी करने लगे थे। अभिलेखीय प्रमाणों के आधार पर अब हम यहाँ के जनजातीय रक्त का विश्लेषण ऐतिहासिक पूर्वाधार में इस प्रकार कर सकते हैं:—

बस्तर की प्रजातीय संरचना

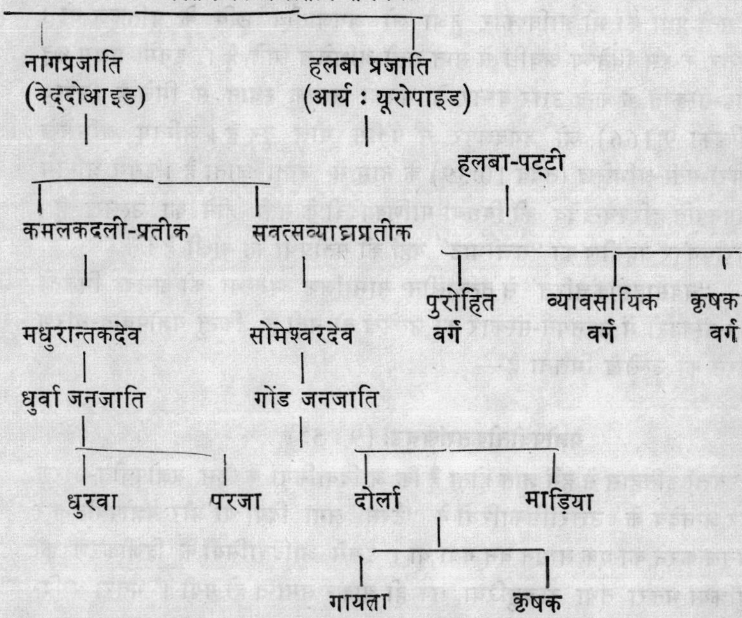

नागप्रजाति जहाँ प्रशासन से जुड़कर योद्धा बन गयी, वहीं हलबा प्रजाति ने हल पकड़ा और हलवाहक बन गयी। सच तो यह है कि बस्तर में तीनों वर्ण व्यवहार में पैदा ही नहीं हुए थे। बाहरी प्रभाव से इनमें संस्कृतीकरण की भावना आयी और अब आदिवासी ग्रामसमुदायों के पूर्णाङ्ग सदस्य बन गये।

जातिव्यवस्था सामान्यतः समाज में वर्ग-विभाजन के अनुरूप थी और उसे धार्मिक अनुमोदन प्रदान करती थी। प्रभावशाली और धनी आदिवासी-समूहों को जातीय सोपान में उच्चतम स्थान मिला, जबकि आबादी के निम्नतम आदिवासी-समूहों के लोग आदिवासी ही बने रहे। व्यापार करने वाले आदिवासियों के पूरे-पूरे समूहों ने वैश्यों का दरजा प्राप्त कर लिया, तो शासन से जुड़े हुए आदिवासी-कबीले क्षत्रिय बन गए।

संक्षेप में कहा जा सकता है कि बस्तर की जाति-व्यवस्था जनजाति-व्यवस्था

का ही एक विस्तार थी और वह विद्यमान सामाजिक व्यवस्था के परिरक्षण में सहायक थी। उस समय तक जाति और जनजाति-व्यवस्था वैसी प्रस्तरभूत संस्था नहीं बन पायी थी, जैसाकि उत्तर मध्ययुग में जाकर बन गयी।

देवदासियों तथा नृत्यांगनाओं को राजकीय संरक्षण मिला हुआ था। समाज ने इसे एक श्रेष्ठ व्यवसाय मान रखा था। यह इस युग के सामन्ती चरित्र का सूचक है। इसी प्रकार सामन्ती व्यवस्था के कारण 1324 ई० से अभिजात-वर्ग में सती-प्रथा का भी आविष्कार हुआ जो जनजातीय छवि के प्रतिकूल थी। बस्तर के इस विवेच्य अवधि से सात सती-अभिलेख मिले हैं। इनमें प्रथम छह आर्य-संस्कृति के केन्द्र उत्तर बस्तर के चपका नामक स्थान से मिले हैं (इपी० इण्डिका 9:166), जो जगदलपुर से पैंतीस मील दूर है। अन्तिम अभिलेख टेमरा-सती-अभिलेख (तदेव 10:39) के नाम से जाना जाता है। इसमें अन्तिम नागनृपति हरिश्चन्द्रदेव की विधवा माणिक्यदेवी के सती होने का उल्लेख है। नारायनपुर तहसील का "सत्तीघाट" यहाँ की सतीप्रथा का साक्षी है।

"नवसाहसांकचरित" से तत्कालीन सामाजिक व्यवस्था की झलक मिलती है। संस्कारों में उपनयन-संस्कार का उल्लेख तो नहीं है, किन्तु यज्ञोपवीत-धारण करने का उल्लेख मिलता है—

यज्ञोपवीतीकृतशंखचूडः (9 : 55)

परवर्त्ती इतिहास से हमें ज्ञात होता है कि आदिवासियों के इस यज्ञोपवीत-धारण पर अन्नंदेव के उत्तराधिकारियों ने "टैक्स" लगा दिया था और यज्ञोपवीत-कर वसूल करने का एक साधन बन गया था। इससे आदिवासियों के द्विजीकरण की प्रक्रिया भतरा तथा राजमुरिया तक ही आकर समाप्त हो गयी। भतरा आदिवासी आज भी यज्ञोपवीत धारण करते हैं।

पूर्व मध्ययुगीन काल में परिवार का मुख्य स्वरूप बड़े पितृसत्तात्मक परिवारों का था। पति, परिवार का प्रमुख होता था। स्त्रियों की स्थिति में भी धीरे-धीरे बहुत परिवर्तन आ गए थे, जो अन्ततः पूर्णतः पति या पुत्रों पर आश्रित हो गयी थी। विवाह एक प्रकार के साम्पत्तिक लेनदेन में परिणत हो गया था। पुरुष मानो अपनी पत्नी को खरीद लेता था और वह उसकी जंगम सम्पत्ति बन जाती थी।

स्त्रियों की अवस्था अत्यन्त दुस्सह थी। बचपन में वह पूरी तरह से अपने पिता के, यौवन में पति के और पति की मृत्यु के बाद अपने पुत्रों के अधिकार में रहती थी। स्त्रियों से मृत्युपर्यन्त धैर्यवान रहने और अपने दायित्वों का पालन करने की अपेक्षा की जाती थी। स्त्री से यह अपेक्षित था कि वह अपने पति का देवता की तरह आदर करेगी, चाहे उसमें कोई भी गुण न हों। पुरुषों को ही अपनी

पत्नियों को त्याग देने का अधिकार था। पत्नी अपने परिवार से पीछा नहीं छुड़ा सकती थी। दुराचारिणी पत्नी को कठोर दण्ड दिया जाता था। पुरुष कितनी ही पत्नियाँ रख सकता था और इसे किसी प्रकार का पाप अथवा अधर्माचरण नहीं माना जाता था। परम्परा के अनुसार अभी तक यह आवश्यक नहीं था कि पत्नी अपने वर्ण की हो। सभी वर्गों के बीच पत्नियों के लेन-देन की परम्परा विद्यमान थी। आदिवासी कबीले नागों का वैवाहिक सम्बन्ध जहाँ एक ओर उड़ीसा की गंग-महिलाओं से होता था, वहाँ वे अपने ही कबीलों में भी विवाह करते थे। विवेच्य अवधि में पाँच प्रकार के विवाहों का प्रचलन मिलता है तथा आज भी इनमें से अनेक प्रचलित हैं—

आर्ष विवाह (जिसमें वर से शुल्क लिया जाता है), आसुर विवाह (जिसमें वर, कन्या के माता-पिता को धन देकर कन्या खरीदता है), राक्षस विवाह (जिसमें वधू का अपहरण किया जाता है), पैशाच विवाह (जिसमें कन्या का कौमारहरण कर पतित्व का अधिकार पाया जाता है), तथा गान्धर्व विवाह (जिसमें वर-वधू माता-पिता की अनुमति के बिना परस्पर प्रेम से विवाह करते हैं।)

इन विवाहों को बाद में शास्त्रों का भी अनुमोदन मिल गया था। अभिलेखीय स्रोतों से यह ज्ञात होता है कि अतीत से, कबीलों से विरासत में प्राप्त पुरातन-प्रथाओं का विवाह तथा पारिवारिक सम्बन्धों पर आज तक प्रभाव बना हुआ है। शास्त्रों के अनुसार पति की मृत्यु पर देवर भाभी से विवाह करने का अधिकारी होता है। इन विधानों का मूल कुल अथवा प्रतीकात्मक गोत्र की सम्पत्ति के रक्षण के सिद्धान्त से सम्बद्ध प्राचीन कबीलाई प्रथा में देखा जा सकता है। रक्त सम्बन्धियों में विवाह—सगोत्र विवाह—आज की तरह पहले भी निषिद्ध था।

10.5. सामाजिकीकरण, विचलन तथा नियंत्रण

परिवार का प्रमुख कार्य था सामाजिकीकरण, जिसके माध्यम से एक पीढ़ी से दूसरी पीढ़ी तक सामाजिक विरासत व मूल्य तथा व्यवहार के नियम सम्प्रेषित होते थे। चूँकि नागयुग में बच्चे संयुक्त परिवार के ही वातावरण में बड़े होते थे, अतएव उन्होंने संयुक्त-परिवार के ढाँचे को यथावत् स्वीकार कर लिया था। यही स्थिति भ्रमरकोट (सम्प्रति उमरकोट) के मधुरान्तकदेव के वंशज धुरवा लोगों के सन्दर्भ में थी, जो "मेडिपोट" के वातावरण में पल रहे थे। नागयुगीन परम्पराएँ स्वयं उद्भूत नहीं हुई, उनके विकास के लिए माता, पिता, शिक्षक, ब्राह्मण, शासक-वर्ग व अन्य सामाजिकीकरण के कारकों (एजेण्ट) को कठिन परिश्रम करना पड़ा था। प्रभावशाली वर्ग की नरबलि-जैसी अनेक परम्पराएँ जनता में वैध मान ली गई थीं और किसी-न-किसी रूप में वे आज भी प्रचलित हैं। सामाजिकीकरण की यह प्रक्रिया विस्तृत तथा प्रतिबन्धित वाग्संकेतों के माध्यम से

मधुरान्तकदेव के "राजपुरताम्रपत्र" की सांकेतिक भाषा से समझी जा सकती हैं।

तद्युगीन काव्य "नवसाहसांकचरित" के माध्यम से वेषभूषा की सामाजिकता की झलक मिलती है, जिसमें सम्भ्रान्त वर्ग का ही अधिक चित्रण हुआ है। उस युग में पुरुष उत्तरीय तथा अंशुक धारण करते थे (**अवकृष्य सलीलमुत्तरीयात्** 5.65)। वे गले में हार भी धारण करते थे (अथ **हारमनादरात् कण्ठात्** 5.64)। पुरुषों द्वारा अंगद (कृतांगद : 9:58), मणिकुण्डल (**दधानं दीप्तिपर्यस्ततिमिरौ मणिकुण्डलौ** 16:75) और यज्ञोपवीत (9:55) धारण करने की सूचना मिलती है।

स्त्रियों के अंशुक श्वेत (**सितांशुका** 4:16), तथा अधोवस्त्र नीले रंग का (**कान्तिमत्यधरनीलवाससा** 8:68) था। स्त्रियाँ नेत्रों में अंजन का प्रयोग करती थीं (**समुद्वहन्ती स्रवदंजानश्रुधारा** 10:65)।

केश-सज्जा की विशेष झलक देखने को मिलती है। स्त्रियाँ अपने केशों की वेणी को कुन्द के पुष्पों से अलंकृत करती थीं—

एते सकुन्ताः कबरीकलापाः (14:57)

अन्य सौन्दर्य-प्रसाधनों में लाली (**रागमधररुचके निदधे** 15:40) चन्दन का तिलक (**प्रसृतेव विलोचनोदरे तिलके संकुचितेव चंदने** 12:58), चन्दन का अंगराग (**नितिसान्द्रचन्दनद्रव** 10:63), कपोलप्रदेश पर कालागुरू से पत्ररचना (**अस्याः सकालागुरुपत्रलेखे यथा कपोले कमलेक्षणायाः** 14:61), एवं चरणों में अलक्तक लगाने की सूचना (**व्यक्तिं लभन्ते सुरसुन्दरीणां सालक्तकाः प्रावृषि पादमुद्राः** 15:6) प्राप्त होती है।

स्त्रियों के विभिन्न आभूषणों का भी काव्य में उल्लेख मिलता है। वे कण्ठ में हार (5:65), कानों में रक्तकुण्डल व कर्णपूर (7:32, 6:63), हाथों में मणिकंकण (7:58) धारण करती थीं। अन्य आभूषणों में केयूर (11:90), नूपुर (15:45) और मेखला (11:90) की सूचना मिलती है। पादुकाएँ (13:50) भी पहनी जाती थीं, जिन पर पुनः अन्नंदेव के वंशजों ने "टैक्स" लगा दिया था।

"नवसाहसांकचरित" में नाग-सभ्यता के अन्य रूप भी चित्रित हुए हैं। स्त्रियाँ साक्षर हो रही थीं तथा पत्र लिख सकती थीं—

कन्दर्पदीपनं लेखमर्पयामास पाटला (16:19)।

बाणों पर नामाक्षर अंकित किए जाते थे (4:34)। इसी प्रकार हार पर भी नामाक्षर लिखे जाते थे 3:65)। पत्रों में प्रथम पद "स्वस्ति" (स्वस्ति स्थितस्य 16:22) होता था। नाग-अभिलेखों का प्रारंभिक अक्षर भी इसी प्रकार का था—

(क) **स्वस्ति** (उपेत-अभिलेख, 925 ई० अप्रकाशित)

(ख) **ओमस्वस्ति** (मधुरान्तकदेव का राजपुरताम्रपत्र (1065)

(ग) **ओम्। स्वस्ति** (धारणमहादेव या कुरुषपाललेख 1069; सोमेश्वरदेव

का कुरुषपाललेख 1111; गुण्ड महादेवी का नारायणपाललेख)

(घ) **स्वस्ति** (सोमेश्वरदेव का कुरुषपाललेख—अभिलेख 1097; नरसिंहदेव का जाटनपाल-अभिलेख 1218; नरसिंहदेव का दन्तेवाड़ा-अभिलेख 1224; जयसिंहदेव का केसरपाल-अभिलेख; टेमरी-सतीलेख 1324)

काव्य में पर्दा-प्रथा का उल्लेख नहीं है। मिलते समय स्त्रियाँ पुरुषों से भी हाथ मिलाती थीं। सोलहवें सर्ग में जब पाटला सिन्धुराज के समीप आती है, तब वह सिन्धुराज को प्रणाम करती है तथा मंत्री रुक्मांगद से हाथ मिलाती है—

क्षितिचुम्बितहारं सा प्रणनाम महीभुजे।
रमांगदं करग्राहसौहार्दे पात्रतां नयत्॥ (16 : 7)

शकुनों की मान्यता थी—

स दक्षिणेन स्फुरता च बाहुना (4 : 8)

पुरुषों के साथ आज की तरह स्त्रियाँ भी मदिरापान करती थीं—

मधु कापि पाटलकपोलतरलकलधौतकुण्डला।
लोलनिजमुखतुषारकरबिम्बगर्भमधिकार्पिते पपौ॥ (15 : 56)

मदिरापान के लिए "चषक" (प्याले) का भी उल्लेख (15:52) मिलता है।

युद्धों में जब पुरुष विजय प्राप्त करते थे, तब स्त्रियाँ उच्च स्वर से "जयमंगल" गीत गाती थीं—

विद्याधरोरगकुरंगदृशः प्रमोद
सान्द्रोच्छलव्ध्वनि जगुर्जयमंगलानि। (17 : 72)

रण में शत्रु की मृत्यु (यथा अभिलेखीय मधुरान्तकदेव) होने पर विजेता (सोमेश्वरदेव) पर पुष्पवृष्टि होती थी—

निक्षेप चास्यामरपुष्पवृष्टिम्। (17 : 40)

इन मूल्यों का सदैव पालन नहीं किया जाता था। उस युग में अनेक बार मूल्यों में विचलन भी हुआ है। यह स्थिति उस समय देखने में आती है, जब दो राजघराने या राजपरिवार संघर्ष की स्थिति में आए, जिनकी रुचियां तथा मूल्य अलग-अलग थे। इनमें से एक था नामधारी (शक्तिसम्पन्न) तथा दूसरा था नामग्राही (शक्तिरहित)।

प्रकार्य की दृष्टि से मेडिपोट में नामिक सिद्धांत को देखा जा सकता है। इसमें कोई सन्देह नहीं रह जाता कि मधुरान्तकदेव ने "छुरिका प्रबन्ध" (छुरी से नरबलि की व्यवस्था) की नींव डाली थी। छुरिकाप्रवन्ध के माध्यम से उसने कौलाचार्यों तथा योगिनियों की प्रचलित परम्परा से विचलन ही नहीं किया, अपितु उस क्षेत्र-विशेष में उनका प्रवेश भी निषिद्ध कर दिया। इस रूप में "छुरिकाप्रबन्ध" प्रारम्भ में प्रचलित तांत्रिक-व्यवस्था के विरोध में आया था,

किन्तु कालांतर में वही तांत्रिक सम्प्रदाय का एक अंग बन गया। इस विचार के साथ ही यह भी प्रश्न उपस्थित होता है कि उस युग में कौन किसका वध कर रहा था और वध का कारण क्या था। स्पष्टत: वह व्यवस्था सोमेश्वरदेव के अनुयायियों (माड़िया गोंडों) के विरुद्ध प्रारम्भ हुई होगी और मधुरान्तकदेव के अनुयायी (धुरिरवा) मेडिपोट की भूमिका निभाते रहे होंगे। धर्म की आड़ में इस प्रकार की व्यवस्था को स्थापित करने का तात्पर्य यह था कि अन्धविश्वासों से ग्रस्त आदिवासी-कबीलों ने इसका विरोध नहीं किया।

नाग-अभिलेखों का यदि हम सूक्ष्मता के साथ अध्ययन करें तो एक बात यह स्पष्ट होती है कि उस युग में सामाजिक विचलन के प्रमुख कारक अधिकारी ही थे; यथा—रुधिरोद्गारी, महामण्डलेश्वर, मण्डलेश्वर मेडिपोट, धर्माधिकारी, ग्रामनायक, महाप्रधान, पंचप्रधान, संधिविग्रहिक, भट्टनायक, सर्ववादी, तथा चामरकुमार प्रभृति। उत्तर मध्ययुग के उदाहरणों से हम यह जानते हैं कि डकैती या ठगी का अधिकांश कार्य योद्धा-वर्ग की जातियाँ तथा जनजातियाँ ही करती थीं। नाग या गोंड जो कभी इस क्षेत्र के शासक थे, वे ही राजसत्ता से च्युत होने पर भिक्षावृत्ति के बजाय लूटपाट का जीवन श्रेयस्कर माना करते थे। इस प्रकार पूर्व मध्ययुग की अनेक क्षत्रिय जातियाँ उत्तर मध्ययुग के विचलन में सामाजिकीकृत थीं।

यह भी सुस्पष्ट है कि विचलन अन्ततोगत्वा दण्डनीय होता है और अनुकूलता पुरस्करणीय होती है। इसी को हम "**सामाजिक नियंत्रण**" कहते हैं। यह एक ऐसा नियंत्रण है, जिसे समाज व्यक्तियों पर करता है। सच्चरित्रता या सत्यवादिता के अनेक उदाहरण अभिलेखों में भरे पड़े हैं, जिनमें राजाज्ञा, आम जनता को "**पालनीय**" नियमों की ओर सचेत करती है। यही कारण है कि ब्राह्मण, पिता, माता, गुरू या शिशु की हत्या करने वाले जो लोग सामाजिक मूल्यों से विचलित होते थे, उन्हें समाज कठोर दण्ड देता था।

उपर्युक्त विवेचन से यह निष्कर्ष निकलता है कि इस युग में सामाजिक गतिशीलता ऊर्ध्वमुखी थी अर्थात सामाजिकों की रुचि संस्कृतीकरण की थी। इस सामुदायिक गतिशीलता के ही आधार पर यदा-कदा यह प्रतीत होता है कि जैसे विवेच्य युग में बस्तर कबीलाई जिन्दगी से बहुत आगे बढ़ गया था। नागयुग में बस्तर आज के समान ही कौतूहल-पूर्ण था। इसीलिए वह "**विविधदेशजनाकीर्ण**" था। बस्तर में सामाजिक गतिशीलता का एक अन्य कारण था—यहाँ के लोगों की पौराणिक संस्कृति के प्रति आस्था बढ़ रही थी और देश के कोने-कोने से लोग यहाँ आ रहे थे। इसका विवेचन आगामी अध्याय में है।

११

धर्म का स्वरूप

आठवीं शताब्दी में वैदिक-स्मार्त-पौराणिक विचारों के प्रसार तथा जैन-सम्प्रदाय की उन्नति के बावजूद विवेच्य अवधि में और विशेषकर दसवीं शताब्दी के बाद जैन-धर्म का महत्व घटा। उपलब्ध सामग्री के आधार पर कहा जा सकता है कि नागशासक शिव तथा शक्ति के उपासक थे, यद्यपि साथ ही प्रत्यक्षतः वे धार्मिक सहिष्णुता की नीति पर चलते थे। कुछ ही समय बाद बस्तर में शैव तथा शक्ति-मत अधिकाधिक महत्व ग्रहण करने लग गए, जो यहाँ की आदिवासी जनता में आज तक लोकप्रिय हैं।

जैन-धर्म के अपकर्ष के ही साथ-साथ आदिवासी धर्म तथा संस्कृति के इतिहास में एक और महत्वपूर्ण घटना भी देखने में आती है और यह है हिन्दू-धर्म का नवोन्मेष। हिन्दू-परम्परा की आदिवासी धर्मों को पचा लेने की विस्मयजनक-क्षमता, उसके दर्शन में एक दूसरे से लगभग स्वतंत्र विचारधाराओं के रूप में नाना सम्प्रदायों के सह-अस्तित्व और पारस्परिक सामाजिक संस्थाओं के बने रहने तथा विकास—इन सभी ने हिन्दू धर्म को, या यों कहिए कि इस असाधारण धार्मिक समन्वय को आदिवासियों के लिए भी ग्राह्य तथा स्वीकार्य बना दिया। हिन्दू-धर्म आदिवासी धर्म पर अधिकाधिक प्रभाव डालता जा रहा था और बस्तर के आदिवासी अंचलों में हिन्दू देवी-देवताओं ने स्थान पाना शुरू कर दिया था। इस प्रकार ब्राह्मण धर्म की पौराणिक परम्परा को आदिवासी कबीलों (अधिकांशतः द्रविड़) के स्थानीय विश्वासों के साथ समन्वित करके एक नए धर्म का उदय हुआ, जिसे हम **"सम्मिश्र धर्म"** कह सकते हैं।

धर्म के इस परिवर्तन से जीवन-प्रणाली में कोई परिवर्तन नहीं आया। हिन्दू-

धर्म में नाना सम्प्रदाय और धाराएँ हैं, जिनमें उपास्य देवताओं तथा धार्मिक उपासना-विधि-विधान एवं रीतिरिवाज दोनों ही दृष्टियों से बहुत भेदक हैं, फिर भी कुछेक प्रथाएँ और विचार सभी में सामान्य हैं। धर्म की अवधारणा को बस्तर में बहुत महत्व दिया जाता था, जिसमें जातिगत दायित्वों का निष्पादन भी सन्निहित है। आदिवासी समाज यह विचार पोषित करता है कि मनुष्य की मृत्यु के बाद उसकी आत्मा नही मरती, वरन् नए शरीर में चली जाती है और अगला जन्म पूर्व जन्म के कृत्यों तथा आचरणों पर निर्भर करता है।

सभी जनजातियों के लिए बलिदान आवश्यक था। नरबलि तथा पशु-बलि का प्रचलन था। किन्तु जातियों के लिए धूप, दीप तथा नैवेद्य चढ़ाना भी उतना ही महत्वपूर्ण माना जाता था। सभी से ब्राह्मणों, मन्दिरों, मठों, साधु-संन्यासियों को दान-दक्षिणा और भेंट-उपहार देने की अपेक्षा की जाती थी। अपने जाति व जन-जातिगत अनुष्ठानों, संस्कारों, दायित्वों और निषेधों का पालन भी देवोपासना के समान महत्वपूर्ण माना जाता था।

तद्युगीन बस्तर में सबसे अधिक पूजे जाने वाले देवता शिव थे। शिव की पत्नी की उपासना भी जुड़ी हुई थी, जो विविध नामों से पुकारी जाती थी। जहाँ विन्ध्यवासिनी या माणिक्येश्वरी को रक्तमय बलि की अपेक्षा करने वाली विकराल देवी माना जाता था, जहाँ पार्वती और उमा की कल्पना स्नेहमयी जननी के रूप में की गयी थी। यह स्पष्ट है कि इन रूपों में भिन्न-भिन्न पन्थों की परम्पराओं का संविलयन था।

इस युग में जैन-धर्म; शैव, शाक्त, स्मार्त-पुराण तथा वैष्णव धर्म के बाद क्रम में प्रचलित धर्म था। अभिलेख में "जिणग्राम" की चर्चा है। कालान्तर में शाक्त-धर्म के बढ़ते हुए प्रभाव के कारण जैन-धर्म उसी में विलीन हो गया।

शक्ति की उपासना का युग में व्यापक प्रचलन हो गया था। शक्ति को महा-शक्तिशाली शिव से उद्भूत माना जाता था और शक्ति की इस उपासना ने शाक्त अथवा तंत्र-सम्प्रदाय के रूप में अपने को हिन्दू-धर्म की अन्य धाराओं से बिल्कुल अलग कर लिया। इस सम्प्रदाय के अनुयायी नारी को शक्ति का प्रतीक मानते थे और अपने विशेष विधि-विधान तथा अनुष्ठानों से उसकी पूजा करते थे। तंत्र में अभिचार तथा मंत्रादि को विशेष महत्व दिया गया था और पारस्परिक हिन्दू-धर्म द्वारा सामान्यतः निषिद्ध विधिविधान तथा प्रथाओं का भी पालन किया जाता था। उस समय तंत्र का सर्वाधिक प्रचलन यहाँ के जनजाति समूहों में ही था। आज भी वही स्थिति है।

पूर्व मध्ययुगीन बस्तर के धर्म के स्वरूप को विविध सम्प्रदायों के परिप्रेक्ष्य में यहाँ प्रस्तुत किया जा रहा है। यह ध्यातव्य है कि ये सभी सम्प्रदाय तांत्रिक-विचारधारा के भी पोषक थे।

11.1 जैन-धर्म

बस्तर के अवैदिक धर्मों में एकमात्र जैन-धर्म के अवशेष मिलते हैं। नाग-अभिलेख में "जिणग्राम" (इपी० इण्डिका 9:163) की चर्चा से यह संकेत मिलता है कि नागयुग में जैन-साधु समूहबद्ध होकर यहाँ साधना में लीन रहते थे। ऐसे दर्जनों साधुओं के नाम अभिलेखों में आए हैं। ये जैन-साधु दक्षिणपंथी तंत्र-साधक थे तथा इनके चैत्यों में गुह्य-साधना का प्रयोग चलता था। नाथूराम प्रेमी (१956:480-92) के अनुसार "**ये कुसाधु चैत्यों तथा मठों में रहते हैं। पूजा करने का आरम्भ करते हैं। देवद्रव्य का उपयोग करते हैं। जिन मन्दिर और शालाएँ बनवाते हैं। रंग-बिरंगे सुगंधित धूपवासित वस्त्र पहनते हैं। बिना नाथ के बैलों के सदृश स्त्रियों के आगे गाते हैं। आर्यिकाओं द्वारा लाए गए पदार्थ खाते हैं।···ये मुहूर्त निकालते हैं। निमित्त बतलाते है। भभूत भी देते हैं···स्त्रियों के समक्ष व्याख्यान देते हैं और स्त्रियां उनका गुण गाती हैं· उच्चाटन करते हैं और वैद्यक, यंत्र, मंत्र, गंडा, ताबीज आदि में कुशल होते हैं···वे पशु हैं, श्रमण नहीं···आर्यिकाओं के साथ एक ही निवास में रहते हैं।**" यह अनुमान सही है कि आर्यिकाओं के साथ रहने स चैत्यवासियों या मठवासियों (इपी० इण्डिका) में से मुक्तिभोग का प्रादुर्भाव हूआ था। इनमें दिगम्बर मठवासी नग्न रहते थे। और श्वेताम्बर-साधक वस्त्र धारण करते थे। जैन-साधकों की विद्याओं का जो स्वरूप मिलता है, वे शबर, द्रविड़ तथा कलिंग देशों से सम्बद्ध मानी जाती हैं। उत्तर बस्तर के अबुझमाड़िया-क्षेत्र में बिखरी हुई जैन-मूर्तियों से वहाँ जैनमत की की प्राचीनता सिद्ध होती है। अपने तांत्रिक स्वरूप के कारण पूर्व मध्ययुग में प्रचलित जैन-सम्प्रदाय अन्त में शाक्त-सम्प्रदाय में विलीन हो गया।

11.2 स्मार्त पौराणिक धर्म

नौवीं शताब्दी के अन्त में बस्तर का वैदिक धर्म (प्राचीन बस्तर के नलों का धर्म) का रूपान्तरण "स्मार्त्त-पौराणिक धर्म" में हो जाता है। यह वैदिक धर्म का ही एक सरलीकृत रूप था। इस "स्मार्त्त-पौराणिक धर्म" के प्राबल्य का मूल कारण वैदिक संस्कारों के आचरण में कमी ही थी। साथ ही स्मृतियों और पुराणों की लोकप्रियता ही थी। इसी के पुनः रूपान्तरण हमें वैष्णव, शैव तथा शाक्त-सम्प्रदायों में मिलते हैं।

पुराण-कथाएँ, बहुदेवत्ववाद और मानवत्वारोपण के तत्वों से जुड़ीं, जिनके साथ जनजाति-कथाएँ भी जुड़ गयीं, जिनमें एक प्रकार के सर्वेश्वरवाद का दर्शन होता है। स्मृति और पुराणों के विश्वास ही जनजातियों के विश्वास बन गए, जिनके अनुसार जगत में हर चीज का निर्धारण नैतिक विधान से होता है—हर वस्तु में

आत्मा है, जो एक शरीर के विनाश (मृत्यु) के बाद दूसरा शरीर ग्रहण (पुनर्जन्म) करती है। जिस व्यक्ति ने अपने को बुरे कर्म से पतित कर लिया है, वह जीव या पेड़ के रूप में फिर जन्म लेता है, किन्तु सदाचरण द्वारा वह पुनः मानवरूप में उत्थान कर सकता है।

प्रत्यक्षतः अवगम्य प्रपंच के अलावा इस विधान की व्याप्ति में वैदिक धर्म के दानवों और देवताओं का समूचा संसार आ जाता है। आत्मा उत्थान करके देव-योनि तक प्राप्त कर सकती है और स्वर्ग के सुखों का उपभोग कर सकती है अथवा पतित होकर नर्क तक में पहुँच सकती है; किन्तु कोई भी अवस्था अथवा योनि चिरन्तन नहीं है। देवता तक, इन योनियों के ही द्योतक हैं, जिनमें अलग-अलग आत्माएँ वास करती हैं। यहां कर्म एक ऐसा साधन बनकर सामने आता है कि जो मनुष्य द्वारा अवगम्य समस्त प्रपंच को एक विशिष्ट समायोजनकारी सिद्धांत की परिधि के अन्तर्गत ले आता है।

पुराणों (उपनिषदीय प्रभाव) में कर्म-सिद्धान्त, जीवन के चिरन्तन आवागमन की अवधारणा के अनुरूप है। ये दोनों धारणाएँ मिलकर बस्तर के अनेक धार्मिक-सम्प्रदायों का अंग बन गयीं। कुल मिलाकर स्मृतियों तथा पुराणों की अवधारणाओं ने नागयुगीन बस्तर के सांस्कृतिक विकास पर बहुत भारी प्रभाव डाला तथा अभिलेखों में तत्सम्बद्ध दर्जनों सन्दर्भ मिलते हैं—

1. ययाति की कथा
2. सगर की कथा (इपी० इण्डिका 10:37-38)
3. पुरूरवा की कथा (तदेव 10:37)
4. कृष्ण व अर्जुन के खाण्डववनदहन की कथा (तदेव)
5. कोदण्ड धनंजय (तदेव 10:25)
6. भोगवती की चर्चा (तदेव)
7. मधुकैटभ-वध की कथा (तदेव 10:37-38)
8. कामदेव (तदेव)
9. देवयोनि (तदेव)
10. महिमामहेन्द्र (तदेव 10:25)
11. सत्य हरिश्चन्द्र (तदेव)
12. सौजन्य सरस्वती (तदेव 9:312)
13. चारु अरुन्धती (तदेव)
14. सावित्री (तदेव)
15. देवह्रदतीर्थ (तदेव)
16. प्रयाग व वाराणसी (तदेव 10:37)

17. भागीरथी (तदेव 10:312)

नाग-अभिलेखों में परिलक्षित स्मार्त तथा पौराणिक संस्कृति के विविध उदाहरण मिलते हैं। इनमें से यहाँ दान की संस्कृति की विस्तृत चर्चा है।

दान का लक्ष्य

नागयुगीन बस्तर में दान **"सर्वजनहिताय"**, देवता की प्रीति व स्वर्ग प्राप्ति के निमित्त दिया जाता था। मधुरान्तकदेव का दान (इपी० इण्डिका 9:163) **"सर्वजन्तूपकारार्थं"** था। कतिपय दान देवताओं के प्रीति-भाजन के निमित्त (तदेव) होते थे। सामान्यतया इस प्रकार के दान में अद्यस्तन मूल भावना काम कर रही थी—**संसारसमुद्रोत्तरणतरण्डाय ज्ञानरत्नकरण्डाय सकलमनित्यमध्रुवमशाश्वतं दृष्ट्वास्वर्ग्गार्ग्गलोदंघाटनकरणाय** (तदेव 9:311)

दान के पात्र व प्रदत्त दान

जिस प्रकार नलयुग में ब्राह्मणों के लिए भूमिदान का विधान था, उसी प्रकार नागयुग में भी ब्राह्मणों को भूमिदान दी जाती थी। ब्राह्मणों को दान देने के अतिरिक्त किसी देवता के लिए भूमि चढ़ाने की पौराणिक संस्कृति भी नागयुग में विद्यमान थी (तदेव 9:163)। आदिवासी-धर्म के प्रभाव के कारण इस युग में ब्राह्मणेतर **"मेडिपोट"** को भी दान देने की व्यवस्था थी (तदेव 9:174)।

दान तिथि

नलयुग में अधिकांश दान मार्गशीर्ष, कार्तिक, तथा वसन्त में दिए गए थे, जबकि नागयुग में कार्तिक, ज्येष्ठ, व भाद्रपद में दान दिए जाने की चर्चा है। नलयुग में माघ मास दान देने के लिए सर्वोत्तम माना गया था, जबकि नागयुग में कार्तिक मास को श्रेष्ठता मिली थी। नलयुग के सभी दान कृष्णपक्ष में दिए गए थे, जबकि नागयुग में दोनों ही पक्षों में दान दिए जाने का उल्लेख है। ये दान रविवार, सोमवार तथा बुधवार के दिन दिए गए थे। तिथि की दृष्टि से ये कृष्णपक्ष की दशमी, व पौर्णमासी के दिन दिए गए थे, जबकि नलयुग में कृष्णपक्ष की सप्तमी, द्वितीया व अमावस्या को दान देने का विधान था। ऐसा अनुमान है कि नागयुग में दान देने की तिथियों पर स्मृतियों और पुराणों का प्रभाव अधिक था; यथा

(क) सूर्यग्रहण या चन्द्रग्रहण के दिन दान देने की परम्परा थी (तदेव 9:166, 10:40)।

(ख) मलमास महीने में दान-पुण्य किया जाता था (तदेव 10:40)। दान देते समय अधोलिखित नक्षत्र विशेष शुभ माने जाते थे—

(क) जब चन्द्रमा चैत्र-नक्षत्र में हो (तदेव 9:166)।
(ख) मृगशीर्ष-नक्षत्र (तदेव)
(ग) अनुराधा-नक्षत्र तथा सौभाग्य-योग्य (तदेव 9:174)।

दान के साक्षी

दान के साक्षियों के रूप में इस युग में भी नलयुगीन व्यवस्था प्रचलित थी, किन्तु अब सभी धर्मों के अधिकारियों को साक्षी के रूप में आमंत्रित किया जाता था।

दान की क्रिया प्रणाली

जलसहित संकल्प का विधान (इपी० इण्डिका 9:174) तो नलयुग की तरह नागयुग में भी था, किन्तु इसमें भी अब दो नई बातें जुड़ गई थीं—

(क) दान-प्राप्तिकर्ता का पादप्रक्षालन किया जाता था (तदेव 9:174)।
(ख) संकल्प के लिए गंगाजल का विधान था (तदेव 9:163; 9:312; 10:35)।

सागर का आदर्श

नलयुगीन अभिलेखों में वर्णित सागर का वसुधादान नागयुगीन अभिलेखों में भी चर्चित हुआ है—

बहुभिर्वसुधा दत्ता राजभिः सगरादिभिः।
यस्य यस्य यदा भूमि स्तस्य तदा तदा फलमिति ॥
(तदेव 10:37-38)

भूमिदान में इस श्लोक के उद्धृत होने की महत्ता इसी से सिद्ध है कि नलयुग के समान नागयुग में भी यह दक्षिण कोसल के अनेक अभिलेखों (यथा, द्वितीय पृथ्वीदेव का बिलाईगढ़-अभिलेख, सी० आई० आई० 4:458; द्वितीय पृथ्वीदेव का घोटिया-ताम्रपत्र, तदेव; द्वितीय जाजल्लदेव का आमोदा-ताम्रपत्र, इपी० इण्डिका 19:209; प्रतापमल्ल का बिलाईगढ़-ताम्रपत्र, सी० आई० आई०, तदेव) में ज्यों का त्यों उतरता चला गया है।

दान की मर्यादा

प्रदत्त दान की रक्षा के निमित्त नलयुग (शुक्ल : 1978) के समान नागयुग में भी अधोलिखित समान श्लोक कतिपय मुहावरों में परिवर्तन के साथ मिलते हैं, जिनमें भूमिहर्ता को पाप का भागी माना गया है—

925 ई०—1069 ई०

स्वदत्तां परदत्तां वा यो हरेत् वसुन्धराम्।
षष्ठिवर्षसहस्राणि विष्ठायां जायते कृमिः॥
(इपी० इण्डिका 10:37; 9:174)

1069 ई०—1111 ई०

स्वदत्तां परदत्तां वा यो हरेत् वसुन्धराम्।
स विष्ठायां कृमिर्भूत्वा कुलजैः सह सीदति॥
(तदेव 9:311)

1112—1324 ई०

स्वदत्तां परदत्तां वा यो हरेत् वसुन्धराम्।
षष्ठिवर्षसहस्राणि नरके जायते कृमिः॥
(तदेव 10:40)

उपर्युक्त धर्मश्लोकों का पूर्वार्द्ध नलयुगीन श्लोकों से यथावत मिलता है; किन्तु उत्तरार्द्ध में नलयुगीन अभिलेखों में समान रूप में अधोलिखित पंक्ति मिलती है—

स विष्टायां कृमिर्भूत्वा पितृभिस्सह पच्यते॥

नागयुगीन धर्म श्लोकों में दान के उल्लंघन करने वाले को कृमि (कीड़ा) बनने की बात तो समान रूप से कही गयी है, किन्तु कहाँ का "कीड़ा" बनेगा, इस कथन में अन्तर है। नागयुगीन अभिलेखों के अध्ययन से ज्ञात होता है कि 1111 ई० तक "विष्टा" में "कृमि" बनने की बात दुहराई गयी है, किन्तु 1112 ई० से 1324 ई० तक "विष्टा" के स्थान पर "नरक" का "कृमि" बनना कहा गया है। यह धर्मशास्त्रीय चिन्तन में "नरक" को कल्पना के इतिहास का सूचक है। बारहवीं शताब्दी में स्वर्ग और नरक की कल्पना का यहाँ पहली बार अवतरण हुआ।

नलयुगीन अभिलेखों में "पितरों" के साथ कृमि बनकर कष्ट उठाने की बात कही गयी है, तो 1111 ई० तक के नागयुगीन अभिलेखों में समूचे "कुलज" को अभिशप्त किया गया है, जबकि 1112 ई० के अभिलेखों से वह दण्ड केवल दान का उल्लंघन करने वाले खास व्यक्ति तक सीमित हो जाता है। इससे शपथ की कठोरता कुछ कम हुई।

नागयुगीन अभिलेखों में नलयुगीन अभिलेखों के असमान उत्तरार्द्ध के श्लोक में "षष्ठिवर्षसहस्राणि"—पद से कष्ट की अवधि भी जुड़ गयी है। इस पद का संकेत

नागयुगीन अभिलेख में एक भिन्न श्लोक में भी है—

षष्ठिवर्षसहस्राणि स्वर्गे नन्दति भूमिदः ।
आक्षेप्ता चानुमन्ता च तान्येव नरकं व्रजेत् ।।

इससे यह स्पष्ट प्रतीत होता है कि नागयुग में स्मृति तथा पुराण के ज्ञान में नलयुग की तुलना में कमी आयी थी; क्योंकि "षष्ठिवर्षसहस्राणि" पौराणिक सन्दर्भों के अनुसार स्वर्ग में आनन्दित होने की संख्या है, न कि नरक में दुःख उठाने की। उपर्युक्त संख्यामूलक पौराणिक कल्पना नागयुग के इस श्लोक में क्रमविपर्यय के साथ है—

यस्य यस्य यदा भूमिः तस्य तस्य तदा फलम् ।
षष्ठिवर्षसहस्राणि स्वर्गे मोदन्ति भूमिदाः ।।

(तदेव 9:163)

इस नागयुगीन अभिलेख में नलयुगीन नारकीय कल्पना को उड़ा दिया गया है।

इस प्रकार विवेच्य अवधि बस्तर में धार्मिक तथा दार्शनिक क्षेत्रों में गहनान्वेषण और सुधार का काल थी। धर्म की हैसियत से वैदिक धर्म अपने प्रभाव को गँवा चुका था। बौद्धिक उथल-पुथल के इस काल में अनेक नवीन आन्दोलनों तथा प्रवृत्तियों का उदय हुआ, जिन्हें कालान्तर में यहाँ के आदिवासियों ने ग्रहण किया और विस्तारित किया। इस ग्रहण और विस्तार के लिए यद्यपि शास्त्रीय चिन्तन स्मृतियों और पुराणों पर आधारित था, किन्तु स्मार्त-पौराणिक धर्म के जो तीन सम्प्रदाय—वैंष्णव, शैव तथा शाक्त—यहाँ विकसित हुए, उनमें आदिवासी-चिन्तनधारा का बहुत प्रभाव था और यही कारण है कि इन सभी सम्प्रदायों को अभिलेखीय सन्दर्भों के माध्यम से विवेचित किया गया है।

11.2.1. वैष्णव सम्प्रदाय

हिन्दू-धर्म के दो मुख्य सम्प्रदायों में वैष्णव मत का प्रचार यहाँ बारहवीं शताब्दी में हुआ था। इसका मूल कारण यह है कि नाग मूलतया **"परममाहेश्वर"** (शैवोपासक) थे तथा विष्णु के प्रति उनकी सहिष्णुता तो अवश्य थी, किन्तु आस्था की कमी थी।

नारायण की उपासना

बस्तर में विष्णु की पूजा "नारायण" के रूप में ही प्रचलित थी। 1111 ई० के एक अभिलेख (इपी० इण्डिका 9:311) से ज्ञात होता है कि नाग-महारानी गुण्डमहादेवी ने "नारायणदेव" की पूजा के लिए स्वयमेव "नारायणपुर" ग्राम को मन्दिर को समर्पित किया था। 1324 ई० के एक अभिलेख (तदेव 10:39) के अनुसार विष्णु के अन्तिम अवतार "कलंका नारायण" की प्राण-प्रतिष्ठा टेमरा

नामक स्थान में की गयी थी। "नारायण" के इन मन्दिरों की पूरे देश में प्रतिष्ठा थी और कोने-कोने से तीर्थ-यात्री यहाँ आया करते थे। 1324 ई० के पश्चात् इन मन्दिरों में उपासकों का आना बन्द हो गया; क्योंकि तब तक पूरा बस्तर शाक्तमत में दीक्षित हो चुका था। ऐसी स्थिति में नारायण की उपासना की प्रासंगिकता समाप्त हो गयी।

लोकेश्वर की उपासना

विष्णु की उपासना के आदिम प्रतिरूप लोकेश्वर भी एक लोकप्रिय देवता था। लोकेश्वर आदित्य का पर्याय है। कुरुषपाल के मन्दिरों में सूर्य की अनेक मूर्तियाँ मिलती हैं नागयुगीन अभिलेखों के अध्ययन से यह ज्ञात होता है कि उस युग में लोकेश्वर या सूर्य को दीपदान की संस्कृति व्यापक रूप से प्रचलित थी।

1097 ई० में लोकेश्वर भगवान को दीपदान किया गया था (इपी० इण्डिका 10:37)। इसी प्रकार गुण्ड महादेवी ने खर्जुरि-तालाब के निकट की भूमि लोकेश्वर को अर्पित किया था—**लोकेश्वरराय खर्जूरिबन्धसमीपस्था भूमि प्रदत्ता** (तदेव 9:311)। सोमेश्वर प्रथम ने लोकेश्वर भगवान के निमित्त एक ग्राम के निवासियों पर इकहत्तर गद्याँणकों का कर आरोपित किया था। उपर्युक्त दीपदान के सम्बन्ध में सम्बद्ध अभिलेख (तदेव 10:25) में अधोलिखित श्लोक मिलते हैं—

लोकेश्वरस्य अग्रेण दीपकं यो ददाति।
तैलिमिषावप्रदीपेन शिवलोकं व्रजेन्नरः॥
तपस्वी ब्राह्मणैश्चैवसाद्युपुत्रैः कृतोद्यमः।
ईदृशं पालयेत्यस्तु तस्य पुण्यं अनन्तकम्॥
अस्य धर्मविनाशायकुरुतो यो मदोत्कटः।
ब्राह्मणैः कोटिघातलिंगभेदी भवेच्च॥

चक्रकोट के राजा तथा प्रजा द्वारा स्वीकृत दीपदान की यह संस्कृति पुराणों में अनुमोदित है। भविष्यपुराण (ब्रह्मचर्व 118: 1-2) के अनुसार—

दीपं प्रयच्छति नरो भानोरायतने तु यः
तेजसा रविसंकाशः सर्वयज्ञफलं लभेत्।
कार्तिके तु विशेषेण कौमारे मासि दीपकं
दत्वा फलम्वाप्नोति यदन्येन न लभ्यते॥

अवतारवाद

अवतार से जुड़ी हुई वैष्णव-मत की समन्वयवादी प्रवृत्ति अपने प्रभाव और परिणामों की दृष्टि से बहुत महत्वपूर्ण थी। भिन्न-भिन्न उपासना-पद्धतियों का

एक ही धर्म में समावेश कर सकने के इस सिद्धांत ने आदिवासी-धर्म के नाना प्रकार के देवताओं का वैष्णव मत में अंगीकरण करना सम्भव बना दिया। विष्णु के प्रारंभिक तीन अवतारों—वराह, मत्स्य, कच्छप—इसी प्रकार के टोटेमिक देवता रहे होंगे। राम का अवतार लेकर विष्णु सीता से विवाह करते हैं और राक्षसराज रावण का नाश करते हैं। यह कथा यहाँ के अभिलेखों में सन्दर्भित है (इपी० इण्डिका 9:311-16; 9:174)। उस युग में राम सामान्य जनता के लिए अनुकरणीय चरित्र बन गए थे (तदेव)। अभिलेखों से यह भी ज्ञात होता है कि अभिवादन में "राम-राम" कहने की परम्परा जयसिंहदेव (1224-1248) के काल से आयी थी तथा लेखन में भी "स्वस्ति" के स्थान पर "राम" का प्रयोग होने लगा था (इपी० इण्डिका 10:35-36)।

तांत्रिक साधना से रामकथा के विकास में एक नया ही मोड़ आ जाता है और रामकथा भी शाक्त बन जाती है। 1168 ई० के गोपालदेव के पुजारीपाल-शिलालेख (कार्पस इन्स्क्रियप्शनम इण्डिकेरम 4:588-94) में यह वर्णित है कि महान तांत्रिक कवि नारायण ने "रामाभ्युदय" काव्य की रचना की थी—**'श्रीवत्सचरणाब्जपूजनमतिर्न्नारायणः सत्कविः श्रीरामाभ्युदयाभिधं रसमयं काव्यं भव्यो व्यधात**।" सम्प्रति यह काव्य अनुपलब्ध है।

11.2.2. शैव सम्प्रदाय

पूर्व मध्ययुगीन बस्तर का प्रमुख धर्म शैव था तथा शैवदर्शन की यहाँ प्रमुख शाखाएँ या मत-मतान्तर विकसित हो चुके थे; जिनमें कापालिक, कौल तथा शाक्त प्रमुख थे। इनमें प्रत्येक मत तो यह स्वीकार करता है कि शिव विश्व के परमेश्वर हैं तथा मोक्ष का प्रमुख मार्ग भक्ति है, किन्तु भक्ति के स्वरूप, अर्चना के माध्यम, आचारसंहिता की विधि एवं सांस्कारिक विधियों में इन मतों में विभेदकता मिलती है।

बस्तर में शैव धर्म ने बहुत लोकप्रियता प्राप्त की थी तथा आज भी यहाँ के आदिवासी शैव हैं; यद्धपि उनकी दार्शनिक विचारधारा शाक्त है। ब्राह्मण-साहित्य में शिव वैदिक देवता रुद्र का समानार्थक है। लेकिन शिव और रुद्र का यह समीकरण नागयुगीन बस्तर में हो चुका था। वास्तव में "रुद्रेश्वर" की पूजा के रूप में बस्तर के आदिवासियों के बीच ब्राह्मण-धर्म के एक देवता को शामिल कर लेने की बात थी, जिसकी उपासना यहाँ के मूल निवासियों में "लिंगो" के रूप में धार्मिक विश्वासों से जुड़ी हुई थी।

शिव की उपासना भावविभोरता और समाधि के साथ सम्बद्ध है। शिव श्मशानों में नाचते हैं। शरीर पर भस्म मलते हैं और फूलों के हार के स्थान पर मुण्डमाला पहनते हैं। जब वे निर्धन सन्यासी के रूप में पृथ्वी पर आते हैं, तो

मानवकपाल को भिक्षापात्र के रूप में प्रयुक्त करते हैं। उनकी वेशभूषा के अन्य अंग भी उनकी विकराल शक्ति और सामर्थ्य के द्योतक हैं। शिव वैराग्य और बलि के देवता हैं। वे दैनन्दिन जीवन में मनुष्य के रक्षक हैं।

शिव को नाग-मन्दिरों में अंकित किया गया है। गणेश और स्कन्द उनके सदा के संगी हैं। स्कन्द शक्तिशाली देवसेना के नायक हैं।

नारायण और शिव के पौराणिक चरित्रों के आत्मसात् किए जाने के बाद नाग-धर्म के बस्तर भर में प्रचलित आदिम कबीलों की मातृदेवी के नानासंख्य और नानारूप पन्थों के अंगीकरण का दौर आया। तात्विक रूप में इस प्रक्रिया का समारम्भ पुरुष देवताओं को उपास्य बनाने के साथ ही हो चुका था, जिन्हें लक्ष्मी और उमा अथवा पार्वती के साथ-साथ स्वीकार किया गया था।

वैदिक तथा आदिम धर्म में उपासना के लिए अलग भवनों की जरूरत नहीं थी, किन्तु स्मार्त-पौराणिक धर्म के प्रभाव से उपासना के लिए मन्दिरों का निर्माण देवगृह के रूप में किया जाने लगा। पुजारियों का कार्य अपने संरक्षकों के कल्याण के लिए निरन्तर प्रार्थना करना ही रह गया। मूर्तियाँ सम्बद्ध देवता की वैयक्तिक उपस्थिति को प्रकट करने लगीं। हर सुबह मूर्ति को विधिवत् स्नान कराया जाता था। उस पर सुवासित जल छिड़का जाता था। सड़कों पर उसकी यात्रा निकाली जाती थी, जिससे देवता अपने भक्तों को देखकर प्रसन्न हो और फिर उसे मन्दिर में वापस ले जाया जाता था, जहाँ उसका भजनों, गीतों और नृत्यों से (जिन्हें देवदासियाँ प्रस्तुत करती थीं) मनोरंजन करवाया जाता था।

इस काल में शैव वास्तु-कला का तेजी से विकास हो रहा था। शिव के मन्दिरों के निर्माण के अनेक उल्लेख अभिलेखों में मिलते हैं। 1060 ई० के धारावर्ष के वारसूर-अभिलेख (मद्रास f पोर्ट आन इपीग्राफी 1908-9: 11) में उल्लेख है कि उनके सामन्त चन्द्रादित्य ने बारसूर में एक शिव-मन्दिर बनवाया था। इसी प्रकार 1109 ई० के एक अभिलेख (इपी० इण्डिका 3:164) में यह उल्लेख है कि उनके सामन्त चन्द्रादित्य ने बारसूर में एक शिव-मन्दिर बनवाया था। इसी प्रकार 1109 ई० के एक अभिलेख (इपी० इण्डिका 3:164) हैं यह उल्लेख है कि शिव के दो मन्दिरों के निर्वाह के लिए गंग महादेवी ने केरमरुक तथा केरमर्क नागक ग्राम दान में दिया था। जगदलपुर तहसील का बस्तर ग्राम तथा दन्तेवाड़ा तहसील का कुरुषपाल ग्राम नागयुगीन शिवालयों के लिए प्रसिद्ध है।

नागयुगीन सभी नृपति "परममाहेश्वर" विरुद वाले हैं तथा महेश व महेश्वर के सन्दर्भ (तदेव 10:37; 9:25) विविध आख्यान अभिलेखों में बिखरे हुए हैं। नागनृपति अपने को महेश्वर के चरण सेवक मानते हैं—**महेश्वरचरणकंजकिजल्क-**

पुंजपिंजरित भ्रमरायमान (तदेव 9:25)। अभिलेखों में शिव के विविध रूपों की चर्चा है :—

रुद्रेश्वर

नानायनपाल के खेत से प्राप्त एक अभिलेख (हीरालाल 1916:295) में यह वर्णित है कि भूमि रुद्रेश्वरदेव की है तथा उस पर अधिकार करने वाला व्यक्ति नरक का भागी होगा। काँकेर के सोमवंशी राजा ने धमतरी के पास महानदी के तट पर रुद्रेश्वर का मन्दिर बनवाया था। उसने रुद्री नामक एक गाँव भी बसाया था। बीजापुर तहसील का रुद्रारम नागयुग में रुद्रेश्वर की उपासना का केन्द्र था। रुद्रेश्वर वैदिक रुद्र का ही विस्तारित रूप है।

कामेश्वर तथा मदनमहेश्वर

1069 ई० के धारण महादेवी के कुरुषपाल-अभिलेख (तदेव 6: 163) में वर्णित है कि कामेश्वर की उपासना-हेतु धारण महादेवी ने भूमिदान किया था। इसी प्रकार 1108 ई० के एक अभिलेख (तदेव 10:25) में मदनमहेश्वर की चर्चा है। ये दोनों ही तांत्रिक शाक्त नाम हैं तथा शिव के पर्याय हैं। शाक्तों में भी शैवों की तरह शाक्ती, शाम्भवी, एवं मांत्री दीक्षा में प्रचलित रही है। ये नाम इसी तथ्य के ज्ञापक हैं। शाक्ती दीक्षा में गुरु शिष्य में शक्ति का प्रवेश कराता था। शाम्भवी दीक्षा में कामेश्वर या मदनमहेश्वर (शिव) कामेश्वरी या मदनमहेश्वरी (शक्ति) के रक्त-शुक्ल चरणों की भावना करके दीक्षा दी जाती थी और दीक्षा के पश्चात शिष्य का नया नामकरण होता था।

महाभैरव या कालभैरव

महाभैरव या भैरव कापालिकों के आराध्य देव हैं, जिनका उल्लेख नाग-युगीन अभिलेखों में बहुधा हुआ है। 1061 ई० में उत्कीर्ण दन्तेवाड़ा के तेलुगु-अभिलेख (हीरालाल, तदेव, 283) में तद्युगीन राजा के द्वारा भैरवदेव की अर्चना-हेतु ग्रामदान का उल्लेख है। इससे यह भी संकेत मिलता है कि पूर्व मध्य-युग में दन्तेवाड़ा कापालिकों का गढ़ था। काँकेर के गुरूर-स्तभ्भलेख (हीरालाल, तदेव 137) के अनुसार किसी नायक ने कालभैरव के मन्दिर के लिए एक ग्राम दान दिया। भैरव के नाम पर बस्तर में अनेक स्थान नाम हैं। बस्तर के आदि-वासी देवसमूह में भैरव का आज भी महत्त्वपूर्ण स्थान है। आदिवासियों के लोक-गीतों में भैरव की अर्चना मिलती है। इससे संकेत मिलता है कि मध्ययुग में यहाँ के बहुसंख्यक आदिवासी 'कापालिक मत' से जुड़ गए थे।

बस्तर की आदिम जनजातियाँ आज भी रोम-रोम में शिव की सत्ता का

अनुभव करती हैं। लिंगो या भीमा या विविध अभिधानों वाले शिव उनके प्रत्येक कार्य में आज भी उपस्थित रहते हैं। यह शिव (या विविध पर्याय) ही उनके साम्य संघ का वाचक है। विकास की जिस अवस्था में ये आदिवासी आज अपना जीवन बिता रहे हैं, उस अवस्था में लिंगों या शिव के विविध पर्याय एक रहस्यमय शक्ति लगते है। यह एक ऐसी शक्ति है जो उनके प्रत्येक कार्य-क्षेत्र में वास करती है। यही उनके सामूहिक परिश्रम का कारक है।

11. 2.2.1 शैव-दर्शन

यह पहले ही कहा जा चुका है (11. 2. 2) कि शैव-दर्शन में कतिपय तात्विक समानताएँ तथा असमानताएँ मिलती हैं। शैवसिद्धान्त के अनुसार जगत् में तीन सत्य हैं—पशु (व्यक्ति या आत्मा), पाश (बन्धन) एवं पति (शिव)। पशु सदैव "पाश" में रहता है, किन्तु "पति" के योग से उसकी मुक्ति हो सकती है। "पति" स्वामी अर्थात् शिव का वाचक है; क्योंकि वही परम सत्य है तथा अष्ट-गुणों से युक्त है। वही जगत् की सृष्टि करता है, पालन करता है और विनाश करता है। वही आत्मा को बन्धनयुक्त तथा बन्धनमुक्त करता है।

शैवमत के अनुसार यद्यपि आत्मा (पशु) में असीम चेतना होती है, किन्तु कभी-कभी अपने विचारों व कर्मों से वह अपने को ससीम बना लेता है और तभी वह जगत् की परीक्षा और पीड़ा का विषय बन जाता है तथा पाश (बन्धन) में बँध जाता है। "पाश" अविद्या या अज्ञान का ही दूसरा नाम है, जिसके कारण यह मान लिया जाता है कि आत्मा ससीम है। ऐसी स्थिति में यदि पशु (आत्मा) की इच्छा "पति" (शिव) से मिलने की है, तो उसे अपने "पाश" (बन्धन) काटने होंगे। यह मुक्ति से ही सम्भव है और मुक्ति "शिवत्व" की स्थिति में ही संभव है। मुक्ति के प्रमुख उपायों में—लिंग के रूप में शिव की उपासना, नृत्यगीत और अभिचार के माध्यम से उपासना, या इसी प्रकार के अन्य माध्यम विवेच्यकाल में प्रचलित थे। इन्हीं माध्यमों के ही आधार पर शैव दर्शन में जो मतमतान्तर बस्तर में जन्में, उनका विस्तृत विवरण दिया जा रहा है।

11.2.2.1.1 कापालिक-संस्कृति : पाशुपत सम्प्रदाय की गूढ़शाखा

शिव के "कापाली" स्वरूप की पूजा करने वाले चक्रकोट के कापालिक (इपी० इण्डिका 10:37) शैवों की पाशुपत-सम्प्रदाय की एक गूढ़ शाखा से सम्बद्ध थे, जिनके अपने पृथक् ग्राम भी "**कापालिकग्राम**" (तदेव) के नाम से प्रसिद्ध हो चुके थे। वराहमिहिर की बृहत्संहिता (86-22) के "**कापालिकाः प्रसिद्धाः तपस्तिनः**" के अनुसार वे मानव-अस्थियों से पूरी तरह अलंकृत रहते थे। खोपड़ी में भोजन करते थे। ब्राह्मण के कपाल से मदिरा पीते थे एवं अग्नि में नरमांस की

आहुति करते थे । पुराणों (लिंगपुराण 9; कूर्मपुराण 16:1) तथा अभिलेखीय सन्दर्भों (इण्डियन एक्टीक्वेरी 9:174) में इस सम्प्रदाय की चर्चा अन्य शैव सम्प्रदायों के साथ की गयी है। आन्ध्र-अभिलेखों (सेलेक्ट इंस्क्रिप्शंश 286) में "कापालिनी" का भी उल्लेख है। ऐसा प्रतीत होता है कि कापालिकों का विस्तार समूचे भारत में हो चुका था। खजुराहों में कापालिक तथा कौलसाधकों की व्यभिचार-सम्बन्धी क्रियाओं को प्रदर्शित करने वाले कुछ दृश्य हैं। कापालिक तथा उनके अवकृष्ट कार्य भवभूति के मालतीमाधव, सोमदेव के कथासरित्सागर, राजशेखर की कर्पूरमंजरी-जैसी पुस्तकों में मिलते हैं। इनमें रतिचक्र-महोत्सव की प्रधानता होती थी। कृष्णमिश्र के अनुसार कालान्तर में दिगम्बर तथा कापालिक मालवा व आभीर-क्षेत्र तक सीमित हो गए (आई०एच०क्यू० 12:8) तथा इन्हें "**महाव्रतधराः**" कहा गया।

कापालिकों के सुस्पष्ट अभिलेखीय सन्दर्भ छठी शताब्दी से मिलने लगते हैं तथा बस्तर में इनका उल्लेख ग्यारहवीं शताब्दी से मिलता है। यहाँ के कापालिकों की साधनाएँ अत्यन्त विप्लवकारी थीं। यद्यपि कापालिक अपने को शिव का भक्त मानते थे, किन्तु वे प्रायः चामुण्डा देवी की ही आराधना करते थे। इससे यह पता चलता है कि चक्रकोट के पाशुपत संप्रदाय पर तांत्रिक प्रभाव बहुत अधिक था। कापालिकों की पंचमकार-साधना सुविदित है :—

मद्यं मासं तथा मत्स्यं मुद्रां मैथुनमेव च।
मकारपंचकं कृत्वा पुनर्जन्म न विद्यते ।।

ये "रुद्रेश्वर" के भयावह रूप के साधक थे तथा बस्तर के नाग-राजाओं ने रुद्रेश्वर की उपासना के लिए अनेक मन्दिरों का निर्माण करवाया था (द्र० 11. 2.2)। यशोधर्मा मन्दसोर-अभिलेख (सेलेक्ट इंस्क्रिप्शंस 286) में शिव को "कपालधारी" कहा गया है। बस्तर से "वटुकभैरव" की अनेक मूर्तियाँ मिली हैं। "वटुकभैरव" रुद्रेश्वर या रुद्रशिव की अभिव्यक्ति का एक विशिष्ट रूप था। इस प्रतिमा के साथ एक कुत्ता सदैव रहता है। प्रतिमा के एक हाथ में कपाल है। इस प्रकार "वटुकभैरव" से कापालिका का प्रत्यक्ष संबन्ध दीखता है।

कापालिक नरबलि करने के लिए कुख्यात थे। वे सिद्धि प्राप्त करने के लिए नरबलि करते थे (ई० एच० आई० 2:27-28)। कथासरित्सागर के अनुसार मनुष्य का मांस-भक्षण करने से उन्हें उड़ने की शक्ति प्राप्त हो जाती थी। पार्श्वनाथ चरित (2:288) में कापालिक काली के समक्ष 108 नरमुण्डों की बलि करना चाहता था। बस्तर के मधुरान्तक देव के राजपुर-ताम्रपत्र के अनुसार नरबलि करने वालों के भरण-पोषण के लिए उसने **मेडिपोट** को एक ग्राम ही दान में दे दिया था।

अनन्ताद्रि ने अपने ग्रन्थ "शंकर विजय" में कहा है कि कापालिक स्फटिक धारण करते थे। उनकी जटाएँ अर्धचन्द्राकार होती थीं और उनका उपास्य भैरव होता था।

कापालिकों को महिला के साथ रमण करने का विशेष अधिकार प्राप्त था और किसी भी भौतिक इच्छा की पूर्ति ही उनके लिए शास्त्रविधान था कापालिकों का प्रमुख लक्ष्य कामसाधना था। वर्ष भर में वे एक बार किसी स्थान पर एकत्र होते थे और उन्मुक्त भाव से पंच मकार का सेवन करते थे। सामाजिक आचार-संहिता को न मानने के कारण कापालिकों की परवर्ती समाज में प्रतिष्ठा घट गयी और समाज उन्हें "अघोरी" कहकर निरादृत करने लगा। बस्तर के कापालिक, अघोरी तथा तांत्रिक कुछ भिन्नता के साथ एक ही मार्ग के पथिक हैं।

इस प्रकार कापालिक एक "उग्र शैवताँत्रिक सम्प्रदाय" था, जिसके अनुयायी माला, अलंकार, कुण्डल, चूड़ामणि, भस्म व यज्ञोपवीत इन छह मुद्रिकाओं को धारण करते थे।

11.2.2.1.2. **कौल-साधना**

कुल मार्ग वंशपरम्परा प्राप्य मार्ग है—**स्वस्ववंशपरम्पराप्राप्तो मार्गः कुलसम्बन्धात् कौल** (सौभाग्यभाष्कर, श्लोक 144), किन्तु निर्वाणतन्त्र (पटल 11) के अनुसार वह विशेष क्षेत्र में प्रचलित विशेष देवी की उपासना की पद्धति है :—

यस्मिन्देशे तु यद् द्वारो निर्दिष्टो मंत्रसाधने।
तद् द्वारेण विशिष्टो यः कौलिकः स च कीर्तितः ॥

एक अन्य तंत्र के अनुसार—"**कुः पृथिवी तत्वं लीयते यत्र तत् कुलमाधारचक्रम्। अतएव कौलः। कुलपूजका आधारसेवका इति कौलत्वं तेषामिति रहस्यम्।** (सौन्दर्यलहरी की लक्ष्मीधरी टीका, श्लोक 10) कहा जा सकता है कि अकुल (शिव या पुरुषसाधक) का कुल (शक्ति या स्त्री, या स्त्री चक्र) के साथ संयोग ही "कौल" है।

कौलमार्गी वामाचारी तांत्रिक थे। भोग के द्वारा मुक्ति प्राप्ति ही इनका लक्ष्य था। नाग-अभिलेखों में इनकी अनेकशः चर्चा है। 1064 ई० के मधुरान्तकदेव के राजपुराताम्रपत्र (इपी० इण्डिका 9:174) में कौल आचार्य तथा कुलायिनी योगिनी की चर्चा है तथा उनका भ्रमरकोट में आना मधुरान्तक ने निषिद्ध कर दिया था। इससे यह संकेत मिलता हे कि बस्तर के नाग-घराने की कनिष्ठ शाखा कापालिक रही होगी और ज्येष्ठ शाखा कौल साधक रही होगी। शेष आम जनता शाक्त थी। सोमेश्वरदेव ने मधुरान्तकदेव का वध कर कापालिकों पर कुठाराघात किया होगा। कापालिक तथा कौल वैचारिक दृष्टि से एक

ही थे; अन्तर केवल यह था कि कापालिक नरबलि करते थे, जबकि कौल नरबलि नहीं किया करते थे। राजपुरताम्रपत्र (तदेव) में उल्लिखित है—**कुलायिनी योगिनी आचार्यस्य स्थलं नास्ति**। कुल (चक्र) का अयन (आवास) ही कुलायन है तथा इस प्रकार की साधिका "कुलायिनी" कहीं जाती थी। कुलायिनी योगिनी का आवास भ्रमरकोट (उमरकोट) में न होकर चक्रकोट में था। वस्तर में कौल तथा कुलायिनी की परम्परा अन्य क्षेत्रों से भेदक थी।

नागयुग में कौलाचार्य की शिष्याएँ 'कुलायिनी जोगिनी,' 'कुलायिनी' या 'जोगिनी' आदि नामों से अभिहित होती थी (तदेव) तथा उनके शिष्यों के लिये अभिलेखी में "जोगी' (योगी) शब्द मिलता है। काँकेर के 1320 ई० के अभिलेख (हीरालाल, तदेव 172) में 'जोगीकसा' गाँव का उल्लेख है। बस्तर के कोण्डागोव तहसील में "जोगी आलवाड़" नामक गाँव इसी इतिहास की याद दिलाता है। आदिवासियों में आज भी "जोगी बिठाने की परम्परा है। यहाँ के जोगीगीत प्रसिद्ध है। यह प्राचीन कौलाचार्य-परम्परा का ही उपलक्षक है।

बस्तर से प्राप्त भैरमगढ़-तीर्थ यात्री-अभिलेख (हीरालाल, तदेव 291) में "**मगरधज जोशी** 700" का उल्लेख है। इसी जोगी के अभिलेख बिलासपुर जिले के पाली-मन्दिर में भी मिले हैं (तदेव 207)। रतनपुर के इतिहास (अप्रकाशित) से ज्ञात होता है कि वह रतनपुर के मठ का स्वामी था। वह अपने 700 शिष्यों के साथ तीर्थ-यात्रा के लिए निकला और कभी वापस नहीं लौटा। यह घटना बारहवीं शताब्दीं की है। इससे ज्ञात होता है कि नागयुगीन बस्तर कौल साधकों का गढ़ था।

"कर्पूरमंजरी" में राजशेखर ने भैरवानन्द नामक कापालिक की जिस अलोकिक शक्ति का परिचय दिया है, वह प्रकारान्तरेण बस्तर के कौल साधकों पर घटित होता है। तदनुसार ये लोग मनुष्यों की अस्थियों की मालाएं पहनते थे व श्मशानों में रहते थे। आदमी की खोपड़ी में खाते थे। इनकी पूजा बड़ी उग्र थी, जिसमें मद्य और मांस का प्रचुर प्रयोग होता था। मद्य पीकर लाल-लाल आँखें किए हुए मस्ती में झूमने वाले भैरवानन्द की ये उक्तियाँ तद्युगीन कौलों के वास्तविक स्वरूप को प्रकट करती हैं—

मंतोण तंतो ण अ किंपि जाणं
झाणं च णो किंपि गुरुप्पसादा।
मज्जं पिआमो महिलं रमामो।
मोक्खं च जामो कुलमग्गलग्गा॥

(कर्पूरमंजरी 1 : 22)

"मैं मंत्र नहीं जानता। तन्त्र नहीं जानता। न तो हमारे जैसा कोई दूसरा ज्ञान है। मुझे तो केवल एक वस्तु इष्ट है। वह है गुरु की कृपा। ध्यान से भी

हमें कुछ लेना-देना नहीं है । हम मद्य पीते हैं और महिलाओं के साथ रमण करते हैं । कुलमार्ग में अनुरक्त होकर हम इसी उपाय से मोक्ष प्राप्त कर लेते हैं ।"

कौलसाधना में विधि-निषेध का पूर्ण अभाव है । ज्ञान की अन्तिम अवस्था में ही साधक इसका अभ्यास कर सकता है । इनमें वर्ण—पुरश्चरण और न्यास आदि का विधान नहीं है । इनकी मदिरा और मैथुन पर विशेष आस्था होती है । उन्हीं-उन्हीं को ये हठपूर्वक आचरण में लाते हैं । बामाचार—साधना का उद्देश्य है घृणा, शंका, भय, जुगुप्सा, कुल जाति तथा शील का क्रमशः नाश कर देना । इससे चेतना को संकुचित करने वाले आवरण नष्ट हो जाते हैं और पिण्ड में स्थित शक्तियाँ जागृत होती हैं ।

शाक्त तंत्र-साधक के तीन भेद करते हैं—पशु, दिव्य एवं वीर । वीरसाधना ही कौल-साधना है । इसमें भयंकरतम साधना श्मशान-साधना है । यह भैरव (भयंकर) – साधना भी कहलाती है । यह भैरव-साधना जनजातियों में आज भी प्रचलित है । श्मशान-साधना में **पंच मकार** द्वारा परस्त्री को संतुष्ट करने का विधान था ।

कौलाचार्य केवल प्रेम के आनन्दों के द्वारा मुक्ति में विश्वास करते थे । उनका आदर्श था अपने को शिव रूप में अवतार मानना और पार्वती के समान सुन्दर स्त्री का उपभोग करना । किसी भी दशा में बस्तर में विवेच्य अवधि में शास्त्रसम्मत योग के कठोर अनुशासन के साथ यौन के सौन्दर्यात्मक तथा लोकप्रिय कृत्य के समझौते तथा अन्योन्याश्रय सम्बन्ध पर आधारित ऐन्द्रिय पिपासा तथा पूर्व अध्यात्मिक जागरूकता के विजय के द्वार स्वरूप यौन समागम अथवा लिंग और योनि या शिव और योनि या शक्ति को व्यापक रूप में स्वीकार किया था । आत्मा का आसव योनि में है और मैथुन की पद्धति का चिन्तन इच्छाबन्धन से मुक्ति की ओर प्रेरित करता है । यही बस्तर के कौल-मार्ग का दर्प था ।

कौलाचार्य की परम्परा आदिम समाज में उस समय आयी होगी, जब विवाह एक ही कुल के सदस्यों के बीच हो जाया करते रहे होंगे । आदिम जनजातियों में गोत्र वह यौन-सम्बन्धी संगठन था, जब सभी औरतें एक-दूसरे के लिए होती थीं । दूसरे शब्दों में कहा जा सकता है कि यहाँ सामूहिक विवाह की परम्परा थी । इसीलिए कौलचार्य के आचार बिचार से उसे किसी भी नारी के साथ यौन-सम्बन्ध स्थापित करते हुए दिखलाया गया है; किन्तु यह गोत्रों के सुदृढ़ होने से पूर्व की आदिम स्वच्छन्द यौन-दृष्टि का ही वाचक है। प्राचीन जनजाति-समूहों में जो सगे-सम्बन्धी नहीं होते थे, उन्हें कुल के अन्तर्गत सम्मिलित नहीं किया जाता था । जाहिर है कि इस कौल-समाज में पारिवारिक रिश्तों में भी यौनाचार स्वच्छन्द रहा होगा । चूँकि सामूहिक विवाह का प्रचलन था, इसलिए रक्त-सम्बन्धों पर यौन-दृष्टि से अधिक विचार भी नहीं होता रहा होगा ।

11.2.2.1.3. शाक्त सम्प्रदाय: तंत्रसाधना : शाम्भवी विद्या

यदि भारतीयशास्त्र-परम्परा में तंत्रशास्त्र का कोई उल्लेख नहीं मिलता, तो उसका कारण यह है कि "जनजातियों के शास्त्र" के रूप में इसका संविलयन एक गोपनीय शास्त्र के रूप में हुआ था। आदिम शास्त्र होने के कारण शास्त्रकारों ने कुल-वधू की तरह तांत्रिक साधना को गुप्त रखने का उपदेश दिया था—**इयंतु शाम्भवी विद्या गोप्या कुलवधूरिव**। इसके अतिरिक्त "**प्रकाशनात् सिद्धि-हानि-स्यात्**" की विचारधारा के प्रवर्तित होने के कारण तंत्रशास्त्र गोपनीय ही बना रहा।

तांत्रिक साधना का इतिहास बहुत पुराना है। 'अथर्ववेद' में राक्षसों की माया का वर्णन विस्तार से हुआ है। इस प्रकार के अभिचार से अनार्यों का विशेष सम्बन्ध जान पड़ता है। 'अभिनवगुप्त' ने "तंत्रालोक" में तंत्रों की परम्परा में अनेक निशाचरों का उल्लेख किया है। उनके अनुसार नाग भी तंत्रवेत्ता थे (तंत्रालोक, 36: 382-8)। तंत्रों के विविध नामों से भी लगता है कि यह शास्त्र अवैदिक परम्परा में आदिम कबीलों द्वारा पोषित हुआ। "मातंगतंत्र" और 'निशाचरतंत्र" जैसे नाम इसलिए स्वीतार किए गए हैं। चूंकि तंत्रों में ज्ञान-साधना और भक्ति के अतिरिक्त भौतिक ज्ञान पर भी बल दिया गया है, अतएव प्रतीत होता है कि रसायनशास्त्र, ज्योतिष, आयुर्वेद और शरीरशास्त्र ताँत्रिक परम्पराओं में ही विकसित हुए हैं। नागों, असुरों व राक्षसों आदि में भौतिक ज्ञान अधिक विकसित था। अतएव इस दृष्टि से तांत्रिक परम्परा आर्य:परम्परा से कहीं अधिक अनार्य-परम्परा की ऋणी है। अथर्ववेद (काण्ड।, अनुवाक 4, सूक्त 3, मंत्र 4) में स्पष्ट कहा गया है कि औषधि आसुरी माया ने उत्पन्न किया है। जिसे "ब्लैक मैजिक" कहा जाता है, उसके स्रोत भी अनार्य-परम्परा में अधिक मिलते हैं। सर्वप्रथम 'अथर्ववेद' ने इसे स्वीकार किया और बाद में आर्य-परम्परा में भी इसको स्वीकार किया गया। फिर भी अथर्ववेद की परम्परा में तांत्रिक परम्परा का इस "ब्लैक मैजिक" पर विशेषाधिकार रहा। यह तो स्पष्ट है कि अथर्ववेद की "यातुविद्या" और "अभिचार" में **पंचत्रय** अथवा **पंचमकार** का प्रयोग होता था और यही प्रवृत्ति तंत्रों में मिलती है।

बस्तर में तंत्र-साधना नागों की देन है। नलयुगीन सामन्ती व्यवस्था (350-760) के पुरोहितों ने जो भी सामाजिक और धार्मिक नियम बनाए थे, उनके प्रति आक्रोश के स्वर नलयुग (शुक्ल :1978) में ही उभरे थे। जब यहाँ के एक स्थानीय कबीले को राजसत्ता मिली, तो यहाँ के शेष द्रविड़ कबीलों ने जाति व धर्म की समानता के कारण उसका स्वागत किया था। इस प्रकार तांत्रिक नाग-

नृपति व उनकी प्रजा ने ब्राह्मण धर्म के विरुद्ध स्वच्छण्दतावादी तथा समतावादी दृष्टिकोण को अपनाया।

ऐसा प्रतीत होता है कि पुराणों द्वारा किए गए एकता के प्रयासों का प्रतिफलन नलयुग के अन्त तक हुआ; किन्तु नलों के पराभव व नागों के उत्कर्ष के साथ ही आठवीं शताब्दी के पश्चात् उनका विरोध होने लगा। पुराण उदार और दूरदर्शी आर्यों द्वारा लिखे गए थे, किन्तु पौराणिक धर्म बढ़ते हुए अन्तर्विरोध को देखकर कुछ सुविधाएँ दे सकता था; किन्तु आदिम कबीलों को पूर्ण समानता नहीं दे सकता था। अत: तांत्रिकों ने इस सुविधावाद के विरुद्ध क्रांतिकारी पथ अपनाया और सभी कबीलों में समता घोषित की। यह घोषणा साधनाओं के माध्यम से प्रकट हुई। यही कारण है कि तन्त्रों में उपेक्षित जातियों को ही अधिक पवित्र माना गया है।

तांत्रिकों में जातिवादी प्रवृति ही नहीं, ब्राह्मणों द्वारा प्रचारित प्रत्येक प्रकार के सिद्धान्त के विरुद्ध तीव्र घृणा मिलती है। प्रतिक्रिया के फलस्वरूप तांत्रिकों ने ब्राह्मणवाद के विरुद्ध सर्वथा विपरीत मार्ग को स्वीकार किया था। इसी तो तंत्र में **"वाममार्ग"** कहा जाता है। **"तुम जो कुछ भी कर रहे हो, हम उसका विपरीत करेंगे"** यही प्रवृति तंत्रों की विशेषता है। इससे तांत्रिकों में असामाजिक घोर कृत्यों का विधान हुआ; किन्तु इसको स्वीकार करने और "वाम" व्यवहार को प्रचार का उद्देश्य ब्राह्मणवादी व्यवस्था के विरुद्ध विद्रोह ही था, जिसने चरम सीमा तक पहुँच कर अत्यधिक रहस्यवादी और भ्रष्ट रूप धारण कर लिया।

ईसापूर्व सातवीं शताब्दी (शुक्ल 1977) में इसी बस्तर में अगस्त्य ने आश्रम-संस्कृति की स्थापना की थी। यहाँ आर्यों के इतने अधिक तीर्थ बने कि पौराणिक युग में बस्तर पुण्य-स्थली बन गया, जहाँ पर देश के कोने-कोने से ऋषिजन आकर तप करते थे। किन्तु नलों के पश्चात् 760 ई० से यहाँ तंत्र का प्रभाव व्यापक होता चला और संस्कृतीकरण की प्रक्रिया मन्द से मन्दतर होती चली गयी। इस **"पंचमकार-क्षेत्र"** में आर्यीकरण के परवर्ती प्रयास असफल सिद्ध हुए (शुक्ल 1977)।

नलयुग तक की सम्पूर्ण मर्यादाएँ नागयुग तक आते-आते टूटती-सी प्रतीत होती हैं। मुक्तयौवन सम्बन्ध और नियमों के विरुद्ध जाने की प्रवृत्ति यहाँ विकसित हो गयी।

आदिम समाज की प्रारम्भिक व्यवस्था में मातृत्व-प्रधान था, किन्तु आखेटक अवस्था के अन्त तक आखेट का कठिन कार्य पुरुष करने लगा और प्रजनन की बाधा के कारण घर का अधिकतर कार्य स्त्रियाँ करने लगीं। अत: पुनः पुरुष का प्रभुत्व स्थापित हुआ, किन्तु आखेटक पुरुषों का साथ न देकर स्त्रियों ने उससे भी महत्वपूर्ण कार्य यह किया कि वे अनाज के पौधों को घर के आस-पास उगाने लगीं

और अन्न का उपयोग भोजन के लिए होने लगा। फलतः मातृप्रभाव पुनः बढ़ा और तंत्रों में कृषि-सम्बन्धी आचार अधिक होने से तांत्रिक धर्म को बस्तर में कृषिसम्बन्धी आचार से जोड़ा गया।

मानवविज्ञानी दृष्टिकोण से विचार करने से भी यही प्रतीति होती है कि तंत्र में उपेक्षित जनता के विश्वास ही गृहीत हुए हैं। आदिवासी कबीलों की स्थानीय देवी को आर्यों ने "**काली रूप**" मानकर स्वीकार कर लिया है।

असम में "त्रिपुरबाला" की पूजा के लिए "कुमारी की तलाश" की जाती है तथा पंचमकार का प्रयोग होता रहा है। इसे "शवरोत्सव" कहा जाता है अर्थात् यह शाक्त पद्धति शबर प्रजाति से ग्रहण की गयी। बेनीकान्त काकती (1948: 40) के अनुसार यह शबरोत्सव शबर-प्रदेश (गोदावरी तथा शबरी के मध्य क्षेत्र) से असम में प्रचलित हुआ। बस्तर के "ककसाड़-उत्सव" में यही परम्परा आज भी मिलती है।

इस तांत्रिक साधना में शिव की शक्ति का रौद्र रूप (रुद्रेश्वर) ही उपास्य रहा है। नागयुग के अन्त तक विष्णु की शक्ति "लक्ष्मी" का भी तांत्रिकीकरण हो चुका था, जिसके उदाहरण यहाँ के हलबी-लोकगीतों में एक विशिष्ट शैली की "**शैलक्ष्मी-जगार**" में देखने को मिलते हैं।

"चक्रकोट" का तांत्रिक स्वरूप : चक्र-पूजा का समारम्भ-स्थल

अभिलेखीय तथा साहित्यिक सन्दर्भों से यह सुनिश्चित है कि नाग-युगीन दण्डकारण्य को "मासुनिदेश" (द्र० अध्याय-पंचम) कहा जाता था, जिसके भ्रमर-कोट (द्र० अष्टम अध्याय) तथा चक्रकोट (अष्टम अध्याय) दो प्रमुख क्षेत्रीय अभिधान थे। 'वाल्मीकि रामायण' के आधार पर यदि विचार किया जाय, तो यह कहा जा सकता है कि "चक्र" एक नाग-अभिधान था। रामायण (1.57:6) में वर्णित है कि चक्र नागराज बासुकि से उत्पन्न एक नाग का नाम है, जो पाताल देश (द्र० प्रथम अध्याय) का राजा था। सम्भव है कि "चक्रकोट" नाम उसी रामायणी-सन्दर्भ का उपलक्षक हो।

तांत्रिकों की "चक्रसाधना" प्रसिद्ध है। "चक्र" नारीत्व का प्रतीक है। शक्ति का उपलक्षक है। तदनुसार स्थूल अर्थ में चक्रसाधना यौनि-साधना का पर्याय है। कुहू, पूर्णिमा, संक्रान्ति, चतुर्दशी या अष्टमी की रात्रि में शाक्त साधक सामूहिक रूप से "चक्रपूजा" करते थे तथा यह विधान था कि यह साधना नदी या जलप्रपात या जलाशय के पास हो (चक्रकोट का उपलक्षक बस्तर का चितरकोट उसी नाम से प्रपात के किनारे आज एक गाँव है)। इसमें गुरु की देख-रेख में सभी तांत्रिक विधानों के द्वारा शक्तिपूजा होती थी। इसमें "पंचमकार" का शोधन करने के पश्चात् भोग एवं नरबलि का विधान किया जाता था। "चक्रपूजा" में

शक्ति (महिला) और वीरसाधकों का उच्छिष्ट खाया जाता था (देवीरहस्य, पटल 58)।

"चक्रपूजा" में वासना तथा भय देवी पर समर्पित कर दिए जाते थे। चूँकि चक्रपूजा सामूहिक रूप से की जाती थी, अतएव उसे "चक्रकोट" भी कहा जाता था। तदनुसार "चक्रकोट" का लाक्षणिक अर्थ था सामूहिक चक्रपूजा करने का स्थान। वामाचारी तांत्रिक "चक्र" की शारीरिक (योनि-मूलक) उपासना करते थे तथा दक्षिणपंथी तांत्रिक "चित्र" बनाकर उसकी पूजा करते थे। "चक्रकोट" से "चितरकोट" के रूप में स्थाननाम—परिवर्तन यही लक्षित करता है कि पन्द्रहवीं शताब्दी (द० बस्तर के इतिहास पर चतुर्थ खण्ड) के पश्चात् यहाँ दक्षिणपंथी तांत्रिकों का प्रभाव बढ़ा होगा। इस प्रकार तांत्रिकों की उपासना-पद्यति की स्थूलता व सूक्ष्मता के कारण एक ही स्थान के दो नाम इतिहास क्रम में प्रचलित रहे हैं। "चक्रकोट" की व्याख्या कुछ इसी प्रकार "भैरवीतंत्र" में मिलती है :—

अथातः संप्रवक्ष्यामि कोटयुद्धस्य निर्णयम्।
अल्पारिः कुरुते यत्र भूरिसैन्यपराभवम्॥
यस्याश्रयबलादेव राज्यं कुर्वन्ति भूतले।
विग्रहं चतुराशायां सामात्यैः शत्रुभिः सह॥
विषमं दुर्गमं घोरं चक्रं भीरुभयावहम्।
कपिशीर्षं च शोभाढ्यं रौद्रालकमण्डितम्॥
प्रतोलीं यत्र कालास्यं परिखा कालरूपिणी।
रण्डमण्डकृताटोपः ठिंकुनीयंत्रमण्डितम्॥
मुसलैर्मुद्गरैः पाशैः कुन्तखड्गैर्धनुर्शरैः।
संयुतैः सुभटैः शूरैरिति दुर्गं समादिशेत्॥
दुर्गस्थो दुर्गमः शत्रुरसाध्यो येन सिध्यति।
चक्रकोटो प्रवक्ष्यामि विषदादृष्टधा मतम्॥
प्रथमं मृण्मयं कोटं जलकोटं द्वितीयकम्।
तृतीयं ग्रामकोटं च चतुर्थं गिरिगह्वरम्॥
पंचमं पर्वतारोहं षट् कोटं च डामरम्।
सप्तम् वक्रभूमिस्थं विषमाख्यं तथाष्टकम्॥
ग्रामदुर्गेऽग्निदानवं प्रवेशो गहुरस्य च।
पर्वते स्थानभेदं य भूवलं डामरे रणे॥
चक्राण्ये कवियोगश्च विषमें स्थाययायिता।
अतिर्वर्णं कालकर्णं चक्रावातं च डामरम्।

तालायर्यं च पद्मागं यक्षभेदं च शाम्बरम् ।
एतन्नामाष्टकं शेयं दुर्गाष्टकक्रमेण च ।।
चक्रकोटंलिखेध्वादौ चतुरस्त्रं त्रिनाडिकम् ।
कृत्तिकादीनि भान्त्यत्र साभिजन्ति न्यसेद्बुधः ।।

उपर्युक्त विवरण से "चक्रकोट" की प्रतीकात्मकता को समझा जा सकता है।

नागों की कुलदेवी : विन्ध्यवासिनी अथवा माणिक्येश्वरी

बस्तर के नागवंशी राजाओं की कुलदेवी "माणिक्येश्वरी" थी हीरालाल, (1916:289)। इलियट (1856:3) का विचार है कि "**वर्तमान बस्तर राजाओं के पूर्वज बस्तर आने के पूर्व माणिक्येश्वरी देवी के उपासक थे। जब वे बस्तर आए तो माणिक्येश्वरी ने दन्तेश्वरी का रूप ले लिया।**" बस्तर के अभिलेखों में "नागफणमणि" की अनेकशः चर्चा है शायद इसी आधार पर उन्होंने देवी का नाम "माणिक्येश्वरी" रख लिया था।

माणिक्येश्वरी एक तांत्रिक देवी है। "भैरवयामलतंत्र" के अनुसार "मणि" एक चक्र है। तेज या "ज्ञानसन्दोह" का उपलक्षक है तथा मणिमण्डप पर विन्ध्यवासिनी देवी बैठती है, जिसका प्रतीक इस प्रकार है:—

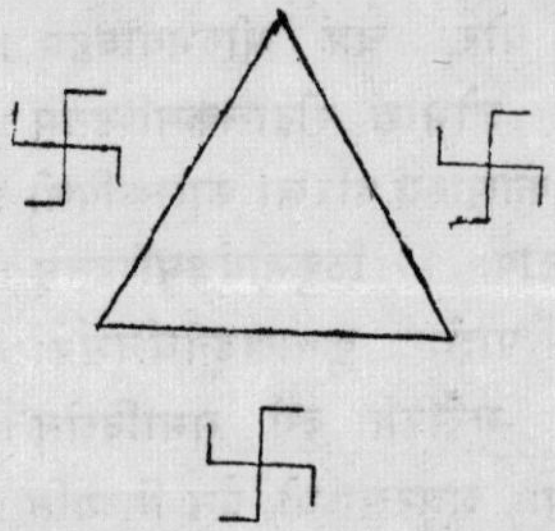

नागयुगीन अभिलेखों से ज्ञात होता है कि माणिक्येश्वरी विन्ध्यवासिनी देवी का पर्याय है। इस सम्बन्ध में यह ध्यातव्य है कि सोमेश्वर प्रथम—जैसा नागशासक चक्रकोट पर पुनः साम्राज्य स्थापित करने में "**विन्ध्यवासिनी-देवी का प्रसाद**" (इपी० इण्डिका 10:37) मानता है। सामान्यतौर पर ऐसे प्रसंगों में कुलदेवता का ही प्रसाद माना जाता है। अतः विन्ध्यवासिनी ही माणिक्येश्वरी सिद्ध होती है। "**विन्ध्यवासिनीदेविवर प्रसाद**" (तदेव 10:25) के अनेक अभिलेखीय सन्दर्भ मिलते हैं। यही माणिक्येश्वरी उत्तर-मध्ययुग में राज्य की देवी बन गयी (दन्तेश्वरी नाम से), जिसके सम्मान में "बस्तर का दशहरापर्व" आज भी प्रसिद्ध है।

शाक्त देवियाँ

माणिक्येश्वरी के उपरान्त बस्तर की शाक्तदेवियों में दुर्गा, महिषासुरमर्दिनी तथा कंकाली देवी की उपासना प्रचलित थी। 1320 ई० के बारसूर-नागरी अभिलेख (हीरालाल 1916:292) में महिषासुरमर्दिनी का उल्लेख है। नारायनपाल से तीन मील की दूरी पर छींदपाल नामक गाँव में महिषासुरमर्दिनी का नागयुगीन एक मन्दिर आज भी विद्यमान है। इसी प्रकार कुरुषपाल के मन्दिरों में महिषासुरमर्दिनी की मूर्तियाँ मिलती हैं। शाक्त सम्प्रदाय से सम्बद्ध चौंसठ योगिनी-मूर्तियों में महिषासुरमर्दिनी प्रमुख है। इस प्रकार "महिषासुरमर्दिनी" जनसामान्य में अत्यधिक पूजित देवी प्रतीत होती है।

दस महाविद्या या सिद्धि

शक्तिपूजा में दस शक्तियाँ मुख्य हैं, यद्यपि अन्य अनेक शक्तियों के उपासना-क्रम तंत्रों में वर्णित हैं। महाकाली, तारा, षोडशी, भुवनेश्वरी, छिन्नमस्ता, भैरवी, वल्गामुखी, मातंगी, कमला व धूमावती। ये क्रमशः महाकाल, अक्षोभ्य, पंचमुख शिव, त्र्यम्बक शिव, कबन्ध शिव, दक्षिणामूर्ति, कालभैरव, एकमुख महारुद्र, मतंग शिव तथा सदाशिव पुरुष की शक्तियाँ हैं।

दस महाविधाओं में काली प्रथमा महाविद्या है। जगत् को संहार करने वाला महाकाल ही इनका रूप है। बस्तर के लोकगीतों में काली का सादर स्मरण है। "भद्रकाली" को क्षुधापीड़ित देवी माना जाता है तथा बस्तर में इसका प्रमुख तीर्थ बीजापुर तहसील का "भद्रकाली ग्राम" है, जहाँ देवी के सम्मान में ककसाड़-समारोह प्रतिवर्ष होता है। इस देवी की आँखें धँसी हुई हैं। उसका मुख काला-स्याह है। उसके दाँत पके हुए जामुन के फल के समान काले हैं। बाल उड़ रहे हैं। वह रोकर कहती है कि मैं सन्तुष्ट नहीं हूँ। सब कुछ निगल जाऊँगी। कूर्म-पुराण (1:14:43) के अनुसार पार्वती के क्रोध से ही भद्रकाली का जन्म हुआ था:—

> मन्युना चोभया सृष्टा भद्रकाली महेश्वरी।
> तया च सार्द्धं वृषभं समारुह्य ययौ गणः॥

बौद्ध ग्रन्थों में जिसे वज्रयोगिनी कहा गया है तथा तंत्रशास्त्र में जो वज्र या छिन्नमस्ता कही गयी है, वह वज्रयान सम्प्रदाय की देवी प्रतीत होती है तथा उसकी प्राणप्रतिष्ठा बस्तर में उसकी सहचारियों—शंखिनी तथा डाकिनी—के नाम से अनुमानित की जा सकती है। इन नामों से दो नदियाँ दन्तेवाड़ा होते हुए आज भी प्रवाहित होती हैं।

शंखिनी को "योगिनी" या "वर्णिनी" भी कहा गया है। यह रजोगुण-प्रधान व मोक्षप्रदा है। यह छिन्नमस्ता की दाहिनी ओर योनिमुद्रा में रहती है। ये बड़े

वेग से उठती हुई रक्त की धारा अपनी स्वामिनी को पिलाती है। हड्डियाँ इस योगिनी के आभूषण हैं। इसके हाथ में चमकता हुआ भयंकर खड्ग रहता है। इसका वर्ण, केश और नेत्र रक्तिम होते हैं। यह विवस्त्र रहती है।

डाकिनी एक दिगम्बरी तांत्रिक देवी है। इसके केश खुले हैं। यह कृष्णवर्णा तमोगुणयुक्त है। यह प्रचण्ड है तथा प्रलयकालीन घोर घटाटोप की तरह इसका काला रूप है। विकराल दाँतों के कारण इसके मुख, उदरविवर व कण्ठ को देखा नहीं जा सकता। जिह्वा का अग्रभाग लपलपाता रहता है। इसकी दोनों आँखें बिजली की तरह चंचल हैं।

ये दोनों ही देवियाँ बस्तर के जनजाति-गीतों में बार-बार आती हैं।

सप्तमातृका

बस्तर में सप्तमातृकाओं की पूजा प्राचीनकाल से ही प्रचलित रही है (शुक्ल: 1977)। यहाँ यह उल्लेखनीय है कि ये मातृकाएँ आदिम कबीलों के प्रभाव से ही अवरित हुई थीं—**सा मातेव भविष्यत्वात् तेनासौ मातृ-कोदिता** (तंत्रालोक 4:15)। राधातंत्र (पटल 3, श्लोक 22) में इस प्रकार की पचास मातृकाओं का उल्लेख है। "कामकलाविलास" (1917:20) में पराशक्ति मातृका ही "अम्बिका" कही गयी है :—

आत्मनं स्फुरणं पश्येथदा सा परमा कला।
अम्बिकारूपमापन्ना परा वाक् समुदीरिता॥
महामातृका कुण्डलिनी बहुविधा नादात्मिका॥

यही महेश्वरी (पार्वती) है और जब "चक्राकार" में परिणत हो जाती है, तब उसके शरीर के अवयव आवरण-देवता के रूप में परिणत हो जाते हैं। इन सप्तमातृकाओं में ब्राह्मणी, माहेश्वरी, कौमारी, वैष्णवी, वाराही, ऐन्द्राणी तथा चामुण्डा परिगणित होती है। बस्तर की मातृकाओं में वाराही के समकक्ष "एरके-न्याँग" (जलदेवियाँ) हैं, जो कष्टप्रदा मानी जाती हैं। इन सप्त मातृकाओं के स्मारक बस्तर के सातगाँव (कोण्डागाँव), भगदेवा (कोंडा गाँव), मातला (नारायनपुर) में मिलते हैं। मुरिया-जनजाति में मृदंगों का शोधन 'सप्तमातृ-काओं" की कृपा से ही होता है (शुक्ल : 1986)। इसे मुरिया में "मातादेई" या "तलुरमुत्ते' भी कहा जाता है। इन देवियों की प्रसन्नता के लिए बस्तर में आज भी "ककसाड़" (देवी जात्रा) की परम्परा मिलती है (शुक्ल, तदेव)। वृक्षों, नदी, नालों, टीलों, पर्वतों या किसी भी प्राकृतिक वस्तु में इनका आवास हो सकता है।

नारी में देवत्व की कल्पना

बस्तर के आदिम समाज में नारी सभी प्रकार के उत्पादनों से सम्बद्ध रही है। आदिम कबीलों के गोत्रों की उत्पत्ति ही नारी से हुई है। उसके सगे-सम्बन्धी भी उसी नारी से रचे हुए थे। साम्य-संघ का जब विस्तार होने लगा और उसमें से अनेक आदिम गोत्र बाहर निकले, तब नारी ने ही उन गोत्रों का परिचालन और नेतृत्व किया था। विगत परिच्छेदों में हमने जिन देवियों की विवेचना की है, वे विविध गोत्रों की प्रवर्तक आदिम नारियाँ रही होंगी। चूँकि आदिम जीवन के सभी क्षेत्रों में नारी का समान सहभाग था और पुरुषों से ऊपर का दर्जा था, इसलिए यदि आदिम जनों ने नारी को अलौकिक देवत्व से ढक दिया, तो इसमें कोई आश्चर्य नहीं होना चाहिए। बस्तर में अनेक नारी-देवताओं का अस्तित्व यहाँ की नारी का प्राचीन गौरवमयी सत्ता का साक्षी है। इन तांत्रिक नारियों का समाज के प्रत्येक क्षेत्र पर अधिकार था और उनके इशारे के बिना पत्ता नहीं हिलता था।

कुमारी पूजा

वैदिक आर्यों के बीच देवियों का अधिक प्रचलन नहीं था। किन्तु आदिवासी और सभ्य समाज के संस्कृति-सम्मिलन के कारण वर्णाश्रम व्यवस्था में अनेक बातें आदिवासी समाज की भी आ गयी। शिव की संगिनी के रूप में ग्रामदेवी विविध नामों से विख्यात होने लगी। उसकी पूजा में नरबलि का विधान हुआ और इसके लिए मन्दिरों में "रुधिरोद्गारी" नामक पुजारी की नियुक्ति हुई (हीरालाल 1916:166)। आगे चलकर ऐसी देवियाँ राजकीय संरक्षण प्राप्त करने लगीं, जिनमें 'माणिक्येश्वरी' की चर्चा की जा चुकी है। सामान्य आदिवासी पूजा की खर्चीली व्यवस्था को न कर पाने के कारण (अथवा प्रार्थना तथा तपस्या न कर) शौर्यप्रदर्शन आदि के माध्यम से इन्हें प्रसन्न करने लगा।

इस शौर्यप्रदर्शन अथवा वीरभाव में विधि का उल्लंघन ही इनका प्रमुख ध्येय था और इसी क्रम में कुमारी के साथ रमण करने की परम्परा आयी।

बलात्कार भी इस परम्परा में वैध माना जाता था (देवीरहस्य, पटल 23)—

> रतिकाले महेशानी दीक्षाकाले च कन्यका।
> बलाद्वा यत्नतो बुद्धया पावयेत् परयोषिताम्॥
> सुरया रेतसा वापि जलेन मधुनाथवा।
> संभोगेऽभिषेचयेन्नारीं चण्डां वा मन्युर्वजिताम्॥

तन्त्र-ग्रन्थों में स्त्रियों में अति सीमा तक पहुंचा हुआ आदरभाव बार-बार वर्णित है। बाला, यौवना, वृद्धा सुन्दरी, कुत्सिता, महादुष्टा—सभी को प्रणाम करना बताया गया है; क्योंकि शाक्तसाधना में स्त्री को साक्षात देवी मानकर पूजा जाता है। कहा गया है कि स्त्री ही देवता है, स्त्री ही प्राण है, स्त्री ही शोभा है। अत: स्त्री-गण में विहार आवश्यक है; अन्यथा अपनी स्त्री के साथ ही साधना करनी चाहिए—

स्त्रियो देवाः स्त्रियः प्राणाः स्त्रिय एव हि भूषणम् ।
स्त्रीगणेषु सदा भाव्यमन्यथा स्वस्त्रियामपि ।।

(देवी रहस्य, पटल 23)

स्त्रियों की प्राप्ति में "वीरसाधक" जाति का ध्यान नहीं रखते थे। नटी, कापालिकी, वेश्या, रजकी, नापित की पत्नी, ब्राह्मणी, शुद्रा, गोपाल-कन्या, भालाकार की पत्नी—इन नौ को "नवकन्या" कहा गया है (तदेव)। महानिशा (अमावस्या) में इनकी पूजा की जाती थी। इन "नवकन्याओं" में "श्रीचक्र" स्थापित किया जाता था और इनके गुप्तांग की पूजा जाती थी। पश्चात रीति-केलि के अंत में शुक्र से शक्ति को तृप्त करने का यज्ञ सम्पन्न किया जाता था।

नागयुगीन बस्तर की इस प्रकार की कुमारियों में "कुलायिनी" की चर्चा की जा चुकी है। इसके अतिरिक्त यहाँ के "देवघोटुल" भी साधकों के लिए साधना-स्थल रहे होंगे। नृत्यांगनाओं (हीरालाल 1916:163) का प्रयोग ऐसी साधना में होता रहा होगा। जनजातियों के सोनकुंअर, बालकुंअर आदि देवता भी कुमारी पूजा से सम्बद्ध रहे होंगे।

जनजातियाँ और तन्त्र-मन्त्र

बस्तर की जनजातियों के समान सभी जनजातियों में तन्त्र और धर्म साथ-साथ चलते हैं। यहाँ विविध आभिचारिक क्रियाएँ एक अपरिहार्य आर्थिक शक्ति के रूप में देखी जाती हैं; जबकि धर्म आदिम समूह की नैतिक एकता के माध्यम से नियत रूप से आदिम संविधान का आधार प्रस्तुत करता है। तंत्र आदिम समाज के अनुकूलन का एक प्रमुख आधार है।

गोंडों की लोककथाएँ और लोकगीत उनके पूर्वजों (नागों) के वीरतापूर्ण कार्यों से भरे हुए हैं। राजा, योद्धा, अभिचारी, जोगी, सिरहा, गुनिया आदि की कथाओं से इनका लोकसाहित्य आप्लावित है। यहाँ वीरता, पराक्रम व शक्ति की भी अनेक किवदन्तियां हैं; तो कपटता व साधनसम्पन्नता की भी बातें हैं। इनमें से अनेक नामों का उच्चारण ये गोंड अपने मंत्रों व मंत्र-योगों में करते हैं।

गोंडों का प्रत्येक सांगीतिक कृत्य, आचरण व विधि-विधान समाज के पारम्परिक नियमों के द्वारा दृढ़ता के साथ सम्पन्न किया जाता है। इसमें एक इकाई

के लिए—किसी व्यक्ति के लिए—कोई विकल्प नहीं है। इतना ही नहीं; समाज के प्रमुख व शासक के लिए भी यह माना जाता है कि वह समाज के हित का ध्यान रखते हुए उसकी एकता का चिन्तन करते हुए विहित नियमों का पालन करे। यहाँ अभिचार कोई श्रद्धा की बात या कोई प्रतीति नहीं है, जिससे वह हमें अस्वाभाविक और भाग्यवादी लगे; किन्तु यहाँ तो यह कला है, शाम्भवी विद्या है, एक निपुणता है, जिसमें सिद्धान्त और रूढ़ि के प्रत्येक चरण में कर्म के रूप में वह रूपान्तरित होता है। माड़िया-मुरिया के लिए तंत्र एक व्यावहारिक व प्रायोगिक विषय है। अविचारशक्ति और अदूरदर्शिता के कारण आपातिक संकटकाल व नाजुक वक्त में वह उत्तेजित हो उठता है, तो उस समय अभिचार (जादू) ही उसकी रक्षा करता है और मानसिक तनावों से मुक्त करता है। अभिचार ही संगीत को सफल बनाता है। फसल के लिए मेघजल लाता है। इसी पर अच्छा शिकार निर्भर करता है। यही महामारी और व्याधियों से उसकी रक्षा करता है। अनिष्ट से बचाता है। रोग व मृत्यु के तात्कालिक भय को दूर करता है। गर्भग्रहण, गर्भावस्था, शिशु-जन्म, नेतृत्व, विवाह, गीत, नृत्य, वादन, प्रणय व विविध सांगीतिक अनुष्ठानों से इसका गूढ़ सम्बन्ध है। गृहनिर्माण, ग्राम-परिसर के चयन, सांगीतिक यात्रा आदि विविध सामाजिक, आर्थिक व धार्मिक जीवन में अभिचार (तंत्र) का अपरिहार्य स्थान है। इस प्रकार आदिम परिवेश में तंत्र एक व्यापक मानवीय कौशल है, जिसकी सहायता से आदिवासी जीवन और पर्यावरण के साथ समन्वय स्थापित करता है।

जादू-टोना या अभिचार नागयुग की तरह आज भी एक प्रभावपूर्ण व फलित साधन है, जिसके माध्यम से आदिवासी प्रकृति की शक्तियों को नियंत्रित करने व उनका सामना करने में अपने आप को समर्थ पाता है। इतना ही नहीं, इस माध्यम से वह अपनी इच्छाशक्ति को मानव तथा मानवेतर में भी अध्यारोपित कर सकता है। उसके कल्याण और भाग्योदय के लिए यह एक रक्षाकवच है। तंत्र माड़िया-मुरिया के लिए प्रभविष्णु शक्ति है, जो सर्वदा उसके कार्यों में सहायता करती है, चाहे वह कार्य किसी भी प्रकृति का क्यों न हो। जीवन के प्रत्येक क्षेत्र—सांगीतिक, राजनीतिक, सामाजिक, आर्थिक, तथा धार्मिक—में वह तंत्र और उसकी गुणकारिता पर विश्वास करता है।

इससे स्पष्ट है कि आदिवासी प्राकृतिक तथा आधिभौतिक दोनों ही शक्तियों पर विश्वास करता है। प्राकृतिक कारणों का सामना वह बौद्धिक तकनीकों व अनुभवजन्य ज्ञान से करता है, जो रीतिरिवाज और नियमों के साँचों में ढले हुए हैं। आधिभौतिक शक्तियों का सामना वह तंत्र-मंत्र से करता है, जिससे उसका विश्वास और भी दृढ़ होता है और जिसके बारे में उसे स्वप्न में भी सन्देह नहीं होता।

आभिचारिक कर्मकाण्ड व आचरण की सहायता से आदिमजन ऐसी वस्तुओं

पर भी मुष्टि-प्रहार करता है, जो अधिकाँशत: भाग्य व काकतालीयता पर निर्भर करती हैं। वह अपने तार्किक ज्ञान व व्यावहारिक अनुभवों का प्रयोग उन वस्तुओं के समाधान में करता है, जो शारीरिक परिश्रम से सम्बद्ध हैं।

आदिम जन पर जब किसी भी प्रकार की प्राकृतिक विपदा आती है, तो उसका दृष्टिकोण दार्शनिक हो जाता है और उसके लिए किसी व्यक्ति या अपने पड़ोसी को दोष देने के बजाय वह मानता है कि यह सब कुछ आधिदैविक कारणों से हो रहा है, जिस पर उसका नियंत्रण अपेक्षाकृत कम है। तब वह आधिदैविक कारणों से रक्षा के लिए विरोध के रूप में आभिचारिक क्रियाओं का सहारा लेता है, जिससे उसका मन "शिवसंकल्पित" हो जाता है।

11.3. नरबलि नाग-अभिलेखों का मेडिपोट (मेलेया)

ब्राह्मण-ग्रन्थों से प्राचीनकाल में नरबलि के प्रचलन का संकेत मिलता है। ऐतरेय ब्राह्मण की "शुनः शेप" की कथा में इसका स्पष्ट उल्लेख हुआ है। प्रायः यह स्वीकार किया जाता है कि शाक्त या तांत्रिक प्राचीनकाल में नरमांस खाते थे तथा नररक्त का पान करते थे। तांत्रिक पूजा के अवसर पर वध किए गए नरों का मांस तथा रक्त उनके लिए परम पुनीत माना जाता था। बस्तर में नरबलि कापालिक-विचारधारा के कारण प्रचलित हुई, जिसे बाद में शाक्तों ने अपना लिया। कालांतर में ऐसा माना गया कि आदिवासियों के देवता नररक्त के प्यासे हैं तथा शिशुओं का रक्त उन्हें विशेष प्रिय है।

इस नरबलि के कारणों की परीक्षा करते हुए कहा जा सकता है कि यह विशुद्ध रूप से कबीलाई जरूरतों के कारण प्रचलित हुई होगी। अर्द्ध-वन्य अवस्था में रहने वाली नागयुगीन जनजातियाँ हर वस्तु या वातारण को देवत्व को सौंप देती थीं। जब एक नाग-कबीला (मधुरान्तकदेव का कबीला) किसी दूसरे कबीले (धारावर्ष का कबीला) से युद्ध कर रहा था, तो युद्ध के बाद (धारावर्ष की) मिली हुई सम्पत्ति किसी व्यक्ति (या मधुरान्तकदेव) की न होकर पूरे कबीले की थी। युद्ध में धारावर्ष के सैनिकों को बन्दी बनाया गया होगा तो कुछ को व्यक्तिगत वीरता आदि के कारण कबीले में सम्मिलित कर लिया गया होगा, किन्तु कुछ ऐसे भी होंगे जो उस "**कमलकदली**" प्रतीक वाले कबीले में खप नहीं पाए होंगे। इतने सारे लोगों को मधुरान्तकदेव कैसे पालता ! परिश्रम द्वारा अधिक फल की प्राप्ति तो हो नहीं सकती थी। इसलिए उसने उनकी हत्या करने के लिए नरबलि का बहाना खोजा होगा। यहाँ ध्यातव्य है कि नरबलि मांस-भक्षण का अवशेष नहीं है और शायद इसीलिए नरमांस का भक्षण करने वाले कौलों को "छुरिका-प्रबन्ध" में आने से रोका गया था। युद्ध में पकड़े हुए बन्दियों का उपयोग यदि उस युग में

दासों के रूप में होता, तो नरबलि की आवश्यकता नहीं पड़ती। किन्तु चूँकि उस युग में अपनी आवश्यकता से अधिक उत्पादन की स्थिति नहीं थी, इसलिए नरबलि करने के अतिरिक्त मधुरान्तकदेव के पास कोई दूसरा रास्ता नहीं था। इससे पुनः नागों का कबीलाई स्वरूप सामने आता है। मधुरान्तकदेव के बाद जब यही नरबलि अभिचार से जुड़ गयी, तो सांसारिक हो गयी।

बस्तर में नरबलि की प्रथा 1023 ई० में आयी तथा किसी न किसी रूप में वह आज भी विद्यमान है। यहाँ नरबलि का संक्षिप्त इतिहास प्रस्तुत किया जा रहा है। ग्यारवीं शताब्दी के पूर्वार्द्ध में यहाँ नरबलि सम्पादित कराने वाला एक अधिकारी होता था, जिसे "रुधिरोद्गारी" कहा जाता था। एर्राकोट के तेलुगु-अभिलेख (1023 ई०) में '**समयचक्रिक**' नामक "**रुधिरोग्दारी**" का उल्लेख है (हीरालाल 1916:166)। किन्तु बस्तर में नरबलि की शासकीय घोषणा 5 अप्रैल 1065 ई० के एक दानपत्र (इपी० इण्डिका 9:174) से होती है, जिसे भ्रमरकोट्य के छिन्दक नागनृपपि मधुरान्तकदेव (1065-1069) ने जारी किया था। यह नरबलि भ्रमरकोट्य की जनता के द्वारा अनुमोदित थी। अभिलेख में नरबलि को सम्पन्न कराने वाले व्यक्ति को "**मेडिपोट**" कहा गया है। सम्प्रति हलबी में इसे "मेलेया", दण्डामी माड़िया में "मेडिपोट", तथा खोंड में "मेरिया" कहा जाता है। "मेडिपोट" को इस कार्य को सम्पन्न करने के लिए "राजपुर ग्राम" दान में दिया गया था तथा उसके अतिरिक्त खर्च के लिए उसे प्रतिवर्ष सत्तर "गद्याणक" नामक स्वर्णमुद्रा दान देने की व्यवस्था की गयी थी। यह नरबलि सर्वप्रथम भ्रमरकोट्य (आधुनिक उमरकोट) से प्रारम्भ हुई थी। नरबलि के लिए दान देने से पूर्व छिन्दक-नृपति ने "मेडिपोट" का पादप्रक्षालन किया था, जो सम्भवतः कापालिकों का आचार्य था। यह नरबलि दान "**आचन्द्रतारकप्रभृति**" के लिए थी अर्थात् शाश्वत प्रकृति की थी। नरबलि के इस सौदे को "धर्मसेतु" कहा गया था। इससे इसकी धार्मिक स्वीकृति का ज्ञान होता है।

अभिलेख से ही यह पता चलता है कि "मेडिपोट" अनेक होते थे और उनके मुखिया को "छुरिकार" कहा जाता था। नरबलि की इस शासकीय व्यवस्था को "छुरीप्रबन्ध" कहा गया है, जिसका कनिष्ठ छिन्दक-घराने में एक अलग ही विभाग होता था। यह उल्लेखनीय है कि गोंडी में "छुरी" को "कसेर" कहा जाता है तथा "छुरिकार" का गोडी-समानार्थी "कसेरगायता" बस्तर में आज भी "मेडिपोट" का काम करता है। सुरक्षा के निमित्त यह "छुरी-प्रबन्ध" गाँव के बीच में होता था, जहाँ कोई प्रवेश नहीं कर सकता था। यहाँ भूलकर भी कौल-सम्प्रदाय के लोगों का प्रवेश नहीं हो सकता था। इस प्रकार नागयुग में नरबलि के सुस्पष्ट अभिलेखीय प्रमाण मिलते हैं।

आगे चलकर उत्तर मध्ययुग (1324-1777) में बस्तर नरबलि के लिए कुख्यात हो गया। इस युग में किसी भी राजा का कोई भी संस्कार बिना नरबलि के सम्पन्न नहीं होता था। इस युग में नरबलि के विकल्प में यदाकदा भैंसों की बलि हुई थी। राजा दिक्पालदेव दन्तेश्वरी की यात्रा के लिए जब दन्तेवाड़ा गए थे, तो वहाँ इतने अधिक भैंसे कटे थे कि शंखिनी नदी का पानी पाँच दिनों तक कुसुम पुष्प के समान लाल बना रहा (इपी० इण्डिका 9:165)।

मराठा युग (1777-1853) का प्रथम बस्तर-नरेश दरयावदेव अपनी क्रूरता तथा नृशंसता के लिए कुख्यात था, जिसकी अदूरदर्शिता से बस्तर पर भोंसलों का शासन हो गया था। दरयावदेव ने राज्य के वास्तविक अधिकारी अपने भाई अजमेर सिंह पर भोंसलों व जैपुर-नरेश की दुरभिसन्धि से आक्रमण किया था तथा 1777 ई० में उसका वध किया :—

निजानुयातस्य विराज्यसम्पदो
विदर्भराजस्य च याचकोऽभवत् ।
प्रकल्पयामास रणाध्वरे पशुं
द्विषन्तमस्याजगरं जघन्यजम् ।।

(रामनाथनन्द शर्मा: जयपुरसूर्यवंश्यावलिः, श्लोक 284)

अजमेरसिंह (काव्य का अजगर) के वध के पश्चात् मधुरान्तकदेव के ही समान दरयावदेव ने अजमेरसिंह के समर्थकों को पकड़ कर नरबलि का आयोजन किया था, जिसमें हलबा नामक हजारों आदिवासियों की बलि दी गयी थी (इपी० इण्डिका 9:166)। दरयावदेव के शासनकाल में जे० टी० ब्लण्ट (175:152) नामक ब्रिटिश यात्री ने अप्रैल-मई में बस्तर के पड़ौसी क्षेत्र की यात्रा थी तथा उसे भी यहाँ नरबलि के प्रमाण मिले थे। एग्न्यू (1820:5-7) ने लिखा था—"**गोंडों में देवी-देवताओं को प्रसन्न करने के लिए नरबलि की कुप्रथा आज भी विद्यमान हैं।...... ''युद्ध के अपराधियों व बन्दियों अथवा यदा-कदा भोले भाले व्यक्तियों को पकड़कर ये लोग देवी के सम्मुख उसकी बलि दे देते हैं। इस जनजाति के राजा में भी यह कुप्रथा प्रचलित रही है, जिसके अनुसार अपराधी को इष्ट देवता के सम्मुख नतमस्तक होने को कहा जाता था तथा जब वह सिर झुकाता था तो पीछे से वार करके उसे धड़ से अलग कर दिया जाता था।**" इससे यह बात सिद्ध होती है कि मधुरान्तकदेव तथा दरयावदेव तक नरबलि युद्ध के अपराधियों तक सीमित रही होगी। कालान्तर में उसका क्षेत्र-विस्तार हुआ। प्रथम अपराधियों के लिए वध्य बतौर

रखा जाता था और जब अपराधी न होते तो भोले.भाले निरपराधियों पर भी यह कहर बरसने लगा। जेन्किन्स (1827) ने भी बस्तर की नरबलि की चर्चा की थी—"**बस्तर में दन्तेश्वरी देवी के लिए नरबलि अभी हाल तक होती रही है और राजा की आज्ञा से खुले आम होती रही है। परन्तु इस कुप्रथा की समाप्ति की आशा अब की जा सकती है। युद्ध में बन्दी और कभी-कभी निर्दोष व्यक्ति तक को देवी के आगे बलि कर दिया जाता था। गोंड के राजाओं के दण्ड देने का यह सामान्य ढंग था कि अपराधी को किसी देवता के सम्मुख अपराध क्षमा हेतु प्रार्थना के लिए ले जाया जाता था और ज्यों ही वह साष्टांग दण्डवत करता, त्यों ही उसका सिर धड़ से अलग कर दिया जाता था।**" यही दन्तेश्वरी नागयुग में माणिक्येश्वरी या विनयवासिनी थी। इससे पुनः यह स्पष्ट होता है कि गोंड नागों के वंशज हैं, क्योंकि नरबलि का स्वरूप दोनों में समान था। गोस्वामी तुलसीदास (1580, दोहावली) ने 'गोंड गँवार नृपाल महि यवन महा गहिपाल। साम न दाम न भेद कलि केवल दण्ड कराल ॥" दोहे से सम्भवतः गोंडों की इसी क्रूर प्रथा की ओर संकेत किया है।

ब्लण्ट, एग्न्यू तथा जेन्किन्स के यात्रा विवरण व विविध प्रतिवेदनों के आधार पर तद्युगीन बस्तर के शासक नागपुर के भोंसलों में यह बात कुख्यात हो चली थी कि शंखिनी तथा डंकिनी नदियों के संगम पर स्थित दन्तेवाड़ा के दन्तेश्वरी-मन्दिर (नागपाल में विन्ध्यवासिनी और माणिक्यदेवी) में नरबलि की क्रूर प्रथा विद्यमान थी। इसी प्रकार नरबलि को उमरकोट (नागयुगीन भ्रमरकोट) से समाप्त करने का प्रयास 1842 ई० में भोंसलों ने किया था। मद्रास प्रेसीडेंसी तथा उड़ीसा के अधिकारियों ने 1837 ई० में ब्रिटिश-शासन को यह सूचना दी थी कि बस्तर में नरबलि की कुप्रथा उस समय तक विद्यमान थी। परिणामतः 1837 ई० में ब्रिटिश-शासन ने भोंसलों को यह आदेश दिया था कि वह अधीनस्थ बस्तर राज्य में नरबलि को बन्द कराने का आदेश दे (मेकफर्सन : 1852:243)। ब्रिटिश-शासन के आदेश पर जब नागपुर के भोंसलों ने तद्युगीन बस्तर के राजा भोपालदेव पर यह आरोप लगाया कि उन्होंने नरबलि को राजकीय स्वीकृति दे रखी है, तो भोपालदेव ने इस कुप्रथा के प्रति अनभिज्ञता प्रकट की और साथ ही यह कहा कि ऐसी प्रथा विद्यमान है तो उसे बन्द कराने का प्रयास किया जायेगा। इससे भोंसलों को शंका हुई तथा उन्होंने 1842 ई० में तद्युगीन बस्तर के दीवान लाल दलगंजनसिंह को नागपुर बुलाया और "लाल" के बयानों से सिद्ध हो गया कि बस्तर में नरबलि

प्रचलित है। परिणामस्वरूप उसी वर्ष भोंसला-सुरक्षा-सैनिक की एक अरब—टुकड़ी बस्तर के दन्तेवाड़ा—क्षेत्र में नरबलि रोकने के लिए नियुक्त की गयी, जो वहां बीस वर्षों से अधिक समय तक बनी रही (ठाकुर : 1908)।

इसी के साथ ही ब्रिटिश-शासन ने मेकफर्सन को बस्तर तथा उड़ीसा में प्रचलित नरबलि की जाँच करने के लिए नियुक्त किया था। मेकफर्सन (1852:243) ने अपने प्रतिवेदन में यह स्वीकार किया था कि यहाँ नरबलि प्रचलित है—"ताड़ी पेन्नु या माटीदेव की पूजा में प्रमुख संस्कार नरबलि का है। इसे यहाँ की जनजातियाँ एक सार्वजनिक उत्सव के रूप में आयोजित करती हैं तथा इसका आयोजन एक विशेष अवधि में होता है। अपवादस्वरूप यदा-कदा लोगों के अत्यधिक रोगाक्रान्त होने से जब अकाल मृत्यु से मरने वाले लोगों की संख्या बढ़ जाती है या जनजाति के मुखिया के परिवार में कोई अप्रत्याशित दुर्घटना होती है, उस समय इसका आयोजन निरवधिक होता है। नरबलि के लिए वध्य लोगों को 'मेरिया' (नाग-अभिलेखों का मेडिपोट) कहा जाता है तथा उन्हें इस कार्य के लिए या तो "खरीद" लिया जाया है अथवा वे किसी अपराध से सम्बद्ध होते हैं या नरबलि में दिए गए पिता के पुत्र होते हैं। खोंड जनजाति की नरबलि के निमित्त वध्यजनों की पूर्ति का कार्य "पावाँ" एवं "मँहिगा" नामक जनजातियों के द्वारा किया जाता है। पावाँ या तो वध्य जनों को खरीद लेते हैं या फिर वे निर्धन हिन्दू परिवारों के लोगों का 'मेरिया' के लिए अपहरण कर लेते हैं।" इस कथन से दो नए तथ्य सामने आते हैं। पहला तो यह कि नागयुग का "मेडिपोट" शायद वध्यों को पकड़ने वाला नहीं था; अपितु वध्य-परिवार का था, जिसे "छुरिकार" कहा गया है। दूसरा यह कि "नरबलि" का विकास एक व्यवसाय के रूप में हो चुका था, जो पश्चिम की दासप्रथा से भी अधिक खतरनाक था, तथा जिसमें वध्यों की खरीदा और बेचा जाता था। भारतीय इतिहासकारों का ध्यान इस तथ्य की ओर नहीं गया है। सच तो यह है कि 1023 ई० से 1853 ई० तक बस्तर में नरबलिमूलक व्यक्तियों की खरीदी और बेची का व्यवसाय तेजी से पनपा होगा। यद्यपि इस प्रकार के "नरश्रम" के बारे में कोई सूचना नहीं मिलती, किन्तु उनके क्रय-विक्रय की भूमिका के सामान्य चित्र को प्राप्त किया जा सकता है। इस प्रश्न पर विचार करते समय यहाँ के सामाजिक सम्बन्धों के विविध स्तरों, सामाजिक संस्थाओं के जटिल उलझाव और प्रगति की असमान गतियों आदि को ध्यान में रखना बहुत महत्वपूर्ण है। यहां "मेरिया" को "वस्तु" जैसा या एक तरह के 'घरेलू

खाद्य पशु' की तरह समझा जाता था। इन "मेरिया" जनों को भी पशुधन और मूल्यवान धातुओं की ही तरह उत्तराधिकारियों में विभाजित कर दिया जाता था (धर्मसूत्रों की भी यही व्यवस्था थी)।

बस्तर की आबादी के विभिन्न अंशकों के पास "मेरिया" थे। वे राजशासन के पास भी थे और जनजाति-प्रमुखों के घरों और ग्राम-समुदायों में भी थे। स्वयं अपनी नियति के बारे में "मेरिया" की कोई आवाज नहीं थी। उसे दान में दिया जा सकता था, बेचा जा सकता था, गिरवी रखा जा सकता था और जुए में दाँव लगाकर हारा भी जा सकता था। "मेरिया" की जिन्दगी बेहद मुश्किल थी। सदैव उसके ऊपर मौत मडंराती रहती थी।

विवेचन के अनुसार प्राप्ति के आधार पर "मेरिया" लोगों की भिन्न-भिन्न चार कोटियां थी :

(क) जन्मजात मेरिया,
(ख) क्रीत मेरिया,
(ग) बन्दी मेरिया (अन्य क्षेत्रों से युद्ध या संघर्ष में पकड़े गए व्यक्ति),
(घ) अपराधी मेरिया (उस क्षेत्र में किसी अपराध से सम्बद्ध)।

धीरे-धीरे इस सूची में "मेरिया" के नये प्रकार शामिल होते गए। "मेरिया" को मुक्त किए जाने के बारे में भी नियम बनाये गए; यद्यपि यह निर्णय करना मालिक का काम था कि किसी "मेरिया" को स्वतन्त्र किया जाये या नहीं। "मेरिया" कुछ विशेष अवस्थाओं में और विशेष मूल्य पर (विशेषकर अन्तिम दो कोटियाँ) अपनी जिन्दगी को खरीद सकते थे।

प्राचीन भारतीय ग्रन्थों में "मेरिया" का समानार्थक शब्द "दास" है; किन्तु "दास" सामाजिक प्रकार्य था, जबकि "मेरिया" धार्मिक प्रकार्य है। "अर्थशास्त्र" के लेखक कौटिल्य ने दासत्व के प्रश्न पर काफी विचार किया था। कुल मिलाकर बस्तर के धार्मिक सन्दर्भ में "मेरिया" यहाँ की धार्मिक कट्टरता व शाक्तीकरण का विलक्षण उदाहरण है। यहाँ "मेरिया" शोषण का एकमात्र घिनौना प्रतिरूप था।

१२

भाषा, शिक्षा, साहित्य और कला

पूर्व मध्ययुगीन बस्तर को भाषा, शिक्षा, साहित्य और कला दो संस्कृतियों—द्रविड़ तथा आर्य—के मिलन की फलश्रुति है, जिसके अधस्तल में यहाँ के मूल निवासियों की संस्कृतियों के विविध संस्तरण देखने को मिलते हैं। यहाँ इसका संक्षिप्त विवेचन है।

12.1. भाषा :

छिन्दक नागयुगीन बस्तर के उपेत, एर्राकोट, बारसूर, पोटिनार, भैंरमगढ़, केसरपाल, दन्तेवाड़ा, राजपुरा, कुरुसपाल, हाथीदरहा, गढ़िया, नारायनपाल, जाटनपाल, सोनारपाल तथा चपका नामक स्थानों से मैंने कुल इक्तीस अभिलेखों को खोजा है, जिसमें 16 अभिलेख तेलुगु में हैं तथा 15 अभिलेख संस्कृत में मिलते हैं। इन अभिलेखों के भौगोलिक वितरण के आधार पर तद्युगीन बस्तर दो भाषायी क्षेत्रों में बँट जाता है; यद्यपि उस स्थिति में भी एक क्षेत्र से दूसरे क्षेत्र के मध्य एक निरन्तरता व सातत्य की स्थिति विद्यमान थी :

(क) संकर संस्कृत का क्षेत्र : इन्द्रावती नदी के उत्तर का अंचल :

चपकासती-अभिलेख को छोड़कर इस अंचल के शेष अभिलेख 'संकर संस्कृत' में हैं।

(ख) संकर तेलुगु का क्षेत्र : इन्द्रावती नदी के दक्षिण का अंचल :

इस अंचल से प्राप्त अधिकांश अभिलेख 'संकर तेलुगु' में हैं।

स्पष्टतौर पर इन्द्रावती 760 ई० से ही एक भाषायी और सांस्कृतिक अवरोधक का काम कर रही है और आज भी बस्तर की आदिवासी बोलियाँ तथा संस्कृतियाँ इसी आधार पर दो रूपों में विभाजित हैं।

आगामी परिच्छेद में सन्दर्भित क्षेत्रों की भाषा-नीति और राजनीति की भाषा पर ऐतिहासिक दृष्टि से चिन्तन है।

12. 1. 1. भाषा की राजनीति और राजनीति की भाषा :

सामन्तवादी व्यवस्था के साथ ही बस्तर की मूल भाषाएँ दब जाती हैं। उनकी प्रकार्यात्मक सूची प्रतिबद्ध हो जाती है तथा वे "ग्राम्य" करार कर दी जाती हैं। यहाँ के आदिवासी कबीलों से ही उभरे हुए छिन्दक नाग अपनी राजनीतिक दूरदर्शिता और आर्थिक गत्यात्मकता के बावजूद अपनी ही "पैतृक भाषाओं" को संरक्षण नहीं दे पाते; क्योंकि ये वेंगी के सम्राटों के वैभव से चकाचौंध थे। इसीलिए सत्ता-प्राप्ति के अनन्तर इन्होंने "तेलुगु" भाषा को ही राजकीय संरक्षण प्रदान किया था। किन्तु इसके बावजूद इनकी भाषानीति बदलते हुए राजनीतिक तथा सामाजिक परिवेश के अनुकूल थी। इसीलिए हम देखते हैं कि लगभग पाँच सौ वर्षों के शासनकाल में इन्होंने लगभग पाँच बार अपनी भाषा-नीति में संशोधन किया। भाषा-नीति में समय-समय पर किए गए विविध संशोधन इन नृपतियों के वैज्ञानिक सूझबूझ के द्योतक हैं।

प्रथम भाषा नीति : राजभाषा तेलुगु (92:-1064) :

भाषा सदैव सामन्तों की गुलाम रही है, किन्तु बस्तर के सामन्त भाषा के गुलाम रहे हैं। यही कारण है कि यद्यपि छिन्दक नाग वेंगी (गोदावरी तथा कृष्णा के मध्य क्षेत्र) के अधीन नहीं थे, किन्तु वेंगी-क्षेत्र की भाषा तेलुगु को राजभाषा घोषित कर उन्होंने सांस्कृतिक दृष्टि से वेंगी की प्रभुसत्ता को स्वीकार कर लिया था। यह तेलुग विविध तीन चरणों में परावर्तित हुई—प्रथम एक भाषा के रूप में, द्वितीय द्विभाषिकता की स्थिति में और तृतीय नागरीकरण की प्रक्रिया (1224 ई० तक) में। वल्लभराज (925-980), नृपतिभूषण (1012-1050) तथा धारावर्ष (1050-1062) नामक छिन्दक नागों के काल में इसका एकछत्र शासन था तथा यह "चक्रकोट" की राजभाषा थी। इसके साथ ही आन्ध्रप्रदेश की संस्कृति का प्रभुत्व इस क्षेत्र में बढ़ा, जो किसी-न-किसी रूप में आज भी विद्यमान है।

द्वितीय भाषा-नीति : राजभाषा संस्कृत (2065-1060) :

छिन्दक-घराने की कनिष्ठ शाखा के मधुरान्तक देव ने जब ज्येष्ठ शाखा

से विद्रोह किया और चक्रकोट के शासन को धारावर्ष से छीन लिया, तो उसने अपनी नीतियों में पूर्ववर्ती शासन की नीतियों से फेरबदल किया और तेलुगु के स्थान पर संस्कृत को राजभाषा घोषित किया। उसके इस नीति-सम्बन्धी परिवर्तन में तमिलभाषी चोलों के साथ उड़ीसा के नृपति भी सहयोगी थे। हम 1065 ई० से पूर्व के अभिलेखों के अध्ययन के आधार पर यह जानते हैं कि उस युग तक उत्तर के आर्यभाषियों की यहाँ अनेक बस्तियाँ बन चुकी थीं, जिनमें अम्मगाम, बोरिगाम तथा दत्तवाड़ा जैसे प्रमुख क्षेत्र थे। मधुरान्तक-देव ने संस्कृत को राजभाषा घोषित कर जहाँ आर्यभाषी क्षेत्रीय जनता के सहयोग की कामना की थी, वहाँ उसका यह भी विचार था कि उसके इस कार्य से कोसल के सोमवंशी तथा कलचुरी भी चक्रकोट में जुड़ जावेंगे। उसने यह भी सोचा होगा कि तेलुगु के माध्यम से समूची द्रविड़ जनता को राज-काज में भागीदार बनाने की बजाय उनके मुखिया को "संकर संस्कृत" में प्रशिक्षित किया जाये, जिससे वे मधुरान्तकदेव से वर्गगतसम्बन्ध बना लें।

मधुरान्तकदेव के राजपुर-ताम्रपत्र की भाषा "संकर संस्कृत" है, जिसमें एक ओर "मेड़ि" जैसे स्थानीय माड़िया के शब्द प्रयुक्त हैं, तो दूसरी ओर हलबी का समीकरण देखने को मिलता है। मधुरान्तकदेव ने द्रविड़ तथा आर्य शब्दों के संयोग से जिस "संकर संस्कृत" को विकसित करना चाहा था, सोमेश्वरदेव के हाथों पराजित होने के कारण उसे पूरा न कर पाया।

तृतीय भाषानीति : द्विभाषी राज्य की नींव (1069-1218) :

मधुरान्तकदेव से अपने खोए हुए राज्य को पुनः छीन लेने वाले सोमेश्वर-देव (1069-1111) के सामने प्रमुख दो विकल्प थे; पहला विकल्प था कि वह अपने पूर्वजों की भाषा-नीति के आधार पर "तेलुगु" को राजभाषा घोषित कर देता। दूसरा विकल्प था कि पूर्ववर्ती शासक मधुरान्तकदेव के द्वारा घोषित "संस्कृत" को राजभाषा बनाने की नीति पर चलता। उसने समझदारी से काम किया और तेलुगु तथा संस्कृत दोनों को राजभाषा का दर्जा देकर चक्रकोट की संस्कृति की धारा को ही मोड़ दिया। उसके शासनकाल में नौ आज्ञापत्र जारी किए गए, जिनमें चार तेलुगु में तथा पांच संस्कृत में हैं।

यह द्विभाषी-नीति तद्युगीन चक्रकोट की "द्विसंस्कृति" की आख्यापक है। तदनुसार दो संस्कृतियों को एक साथ फलने-फूलने का बराबर का अवसर मिला, जिससे सामाजिक अन्तर्विरोधों में कमी आयी एवं सोमेश्वरदेव की नीतियों के प्रति उत्तर तथा दक्षिण की जनता में विश्वास पैदा हुआ। इस

द्विभाषिकता की स्थिति में सामाजिक गत्तिमत्ता बढ़ी, जिसके फलस्वरूप यह अंचल उत्तर और दक्षिण के लोगों का संगम-स्थल अर्थात्—नानादेशजनाकीर्ण (इपी० इण्डिका 9 : 113)—हो गया था। इस द्विभाषिकता को हम द्विविय आयामों में देख सकते हैं —

(क) आदिवासी कबीलों में द्विभाषिकता :

आदिवासी कबीलों में चलते रहने वाले निरन्तर युद्धों के कारण आव्रजन की स्थिति में भी द्विभाषिकता का विकास नागशासन से पूर्व यहाँ हो रहा था जब आन्ध्रप्रदेश के कबीलों ने बस्तर के कबीलों पर आक्रमण कर इन्हें पराभूत किया होगा और यहीं बस गए होंगे तो उनकी तेलुगु ने माड़िया और धुर्वी के साथ मिलकर द्विभाषिकता की स्थिति को निर्मित किया होगा। इसी प्रकार उड़ीसा के हलबाओं के सम्पर्क से यहाँ की जनजातियाँ प्राच्य आर्यवर्ग की भाषा से परिचित हुई होंगी। कुछ ऐसे भी शक्तिशाली कबीले थे, जो पराभूत नहीं हुए और द्विभाषिक स्थिति से नहीं जुड़े। इनमें अबूझमाड़िया की विशेष रूप से चर्चा की जा सकती है, जो आज भी एकभाषी हैं।

(ख) सामन्ती व्यवस्था में द्विभाषिकता :

सोमेश्वरदेव के माध्यम से 1069 ई० में जैसे ही इस क्षेत्र में द्विभाषिकता आयी, वैसे ही यह क्षेत्र अनेकता में विविधता से युक्त हो गया होगा। नए उदारवादी शासक के शासनसूत्र सँभालते ही विविध क्षेत्रों के लोगों का यहाँ तेजी के साथ आगमन शुरू हो गया था। चूँकि विवेच्य अवधि में वैष्णव तथा शैव धर्मों का व्यापक प्रचार हो रहा था, इसलिए यह आवश्यक था कि "सभ्य" लोग "शास्त्रों पर विचार" करें। इसके लिए संस्कृत का ज्ञान तेलुगु के ही ज्ञान के साथ अपरिहार्य हो गया था। इस प्रकार समाज के एक "सभ्य वर्ग" (राजा, पुरोहित, कायस्थ) के बीच "चयनात्मक द्विभाषिकता" (Selective bilingualism) का विकास हो रहा था। इसके माध्यम से पूजा, अर्चना तथा शास्त्रचर्चा आदि में एक नयी भाषा (संस्कृत) का प्रवेश हुआ। इस "**शास्त्रभाषा**" संस्कृत का क्षेत्र (domain) बहुत छोटा था और इसकी सामाजिक भूमिका भी सीमित थी। इसीलिए एक अन्य भाषा तेलुगु का भी सहारा लिया गया, जो विजेता की भाषा तो थी ही, इसके अतिरिक्त इसे यहाँ की आम जनता भी समझ सकती थी। ऐसी स्थिति में यह मानना होगा कि संस्कृत "**शास्त्रभाषा**" थी तथा तेलुगु "**आम भाषा**"। संस्कृत की तुलना में तेलुगु की भूमिका महत्वपूर्ण थी। इस **अवधि में यहाँ के आदिवासी कबीले**

सामान्यतौर पर अपनी ही मातृभाषाओं का प्रयोग करते रहे होंगे; किन्तु सरकारी कामकाज के लिए उन्हें तेलुगु का सहारा लेना पड़ता था। यह भी सुस्पष्ट है कि विवेच्य अवधि में तेलुगु शासन-व्यवस्था की प्रमुख भाषा थी, जिसे सभ्य जन, सेठ-साहूकार, पण्डित, विद्वान, राजकीय प्रतिनिधि, तथा राजपरिवार के सदस्य बोलते रहे होंगे। यही कारण है कि इस युग के संस्कृत-अभिलेखों में तेलुगु का प्रभाव देखने को मिलता है। वैसे सामान्यतौर पर संस्कृत मन्दिरों तथा मठों में बोली जाती रही होगी।

विवेच्य अवधि को हम **संस्कृत तथा तेलुगु के "सह अस्तित्व"** का युग भी कह सकते हैं; क्योंकि धार्मिक भाषा और राजनीतिक भाषा दोनों का साथ-साथ प्रयोग हो रहा था। सोमेश्वरदेव (1069-1111) तथा नरसिंहदेव (1218-1224) जैसे नृपतियों ने संस्कृत तथा तेलुगु दोनों में ही अपनी विज्ञप्तियाँ प्रसारित की थीं।

चतुर्थ भाषा-नीति : एकलिपिप्रचारिणी सभा (1218-1224)

तेरहवीं शताब्दी के आरम्भ से ही तद्युगीन नागनृपति ने द्विभाषी-नीति की समीक्षा की और उसे यह प्रतीत हुआ कि इससे "चक्रकोटराष्ट्र" की एकता खण्डित हो सकती है; क्योंकि एकाधिक भाषाओं ने विविधता को ही जन्म दिया था। इस एकता के प्रयास से उसने **"एकलिपि के सिद्धान्त"** को कार्यान्वित किया, जिससे संस्कृत के साथ तेलुगु की लिपि भी "नागरी" घोषित कर दी गयी। राजा नरसिंहदेव (1218-24) के तीनों अभिलेख "नागरीलिपि" में है। इनमें से एक की भाषा "संकर संस्कृत" है तथा शेष दो की तेलुगु।

नरसिंहदेव के जाटनपाल अभिलेख (इपी० इण्डिका 10:40) नामक संस्कृत-अभिलेख में "बाप", "सूकरी", "बारिस", "माई", "सेठी", "साहू" तथा "पाण्डे" शब्द हलबी से आदत्त प्रतीत होते हैं। स्मरणीय है कि उत्तर बस्तर में 1213 ई० तक "हलबी-पट्टी" (इपी० इण्डिका 10:166) बहुत प्रसिद्ध हो चुकी थी तथा शासन में उसका हस्तक्षेप बढ़ गया था। नरसिंहदेव की "तेलुगु भाषा" भी संस्कृत के कारकीय प्रत्ययों से प्रभावित थी; उदाहरणार्थ 'महाराजुलेन" इसी प्रकार का व्याकरणिक रूप है। इसके अतिरिक्त अभिलेखीय तेलुगु तदेव 10:40) में "दीनकि", "कु", "मुनकु", "तंड्रि", "तम्मुर", "नाडु", "वारू" तथा "नूर" आदि पद तेलुगु के माड़ियाकरण के उपलक्षक हैं। इन उदाहरणों के आधार पर कहा जा सकता है कि नरसिंहदेव की भाषानीति में यहाँ की आदिवासी बोलियों को भी साझीदारी मिली हुई

थी तथा नागरी लिपि ने "**सामासिक संस्कृति**" के विकास में महत्वपूर्ण योग-दान दिया था।

पंचम भाषानीति : संकर संस्कृत का विकास (1224-1324) :

विवेच्य अवधि में बस्तर से तेलुगु भाषा की परम्परा समाप्त हो जाती है और संस्कृत लोक-भाषाओं से मिलने के प्रयास में "संकरत्व" को प्राप्त होती है। कभी-कभी लोक-भाषाओं के साथ संस्कृत का इतना अधिक मिश्रण हुआ है कि जयसिंहदेव के केसरपाल (अप्रकाशित)—जैसे अभिलेख दुर्बोध हो गए हैं। इस युग मे ग्रामीण बोलियों के शब्दों तथा व्याकरणिक रूपों का संस्कृत में इतना अधिक मिश्रण हुआ था, कि सर्वथा एक नयी "संस्कृत" भाषा से परिचय होता है, जो "पिजिन" के बहुत निकट प्रतीत होती है और जिसकी छाया "हलबी" में देखने को मिलती है (इपी० इण्डिका 9:163)।

इस प्रकार बस्तर के अभिलेखों के माध्यम से यहाँ की आदिवासी बोलियों के क्रमिक विकास के इतिहास को सूत्रबद्ध किया जा सकता है।

12·2. शिक्षा :

"चक्रकोटराष्ट्र" ने धार्मिक कार्यों को बढ़ावा देने के लिए प्रत्यक्ष या परोक्ष रूप में लोगों को प्रोत्साहित किया था। मन्दिरों का निर्माण, मठों के लिए दान, व विविध धार्मिक गुरुओं को दान आदि देने से "राष्ट्र" में नैतिक और धार्मिक वातावरण बना था। विविध धार्मिक मत-मतान्तरों ने जनता में ईश्वर के प्रति विश्वास जगाया था और वह परमेश्वर के प्रत्यक्ष सम्पर्क में आने का स्वप्न देखने लगी।

अनेक मन्दिर पण्डितों और पुजारियों के संरक्षण में थे। पुजारियों के गलत कार्यों पर नियंत्रण दो बातों से रहा था—एक तो देवसम्पत्ति की हानि से पारलौकिक भय और दूसरे पुजारियों पर सभा का नियंत्रण।

1224 ई० के एक अभिलेख (इपी० इण्डिका 10:40) में "मठपति" का उल्लेख हुआ है, जिससे ज्ञात होता है कि मठों की व्यवस्था "मठपति" के अधीन थी। साधारणतः यहाँ मठों की परम्परा शैव सम्प्रदाय के साथ ही आयी होगी। मठपति या महन्त ही उस युग में शिक्षा का सबसे बड़ा अधिकारी या गुरू था। यहीं से ईश्वर को "महागुरु" मानकर पूजा की प्रथा पुष्ट हुई होगी। सूत्रग्रन्थों व प्रचीन कोषों में "मठ" का अर्थ है "छात्रों का निलय"। अतएव यह अनुमान लगाया जा सकता है कि ये मठ शिक्षा के केन्द्र रहे होंगे। "कालिकापुराण" के अनुसार शैव यात्रियों के लिए मठ का निर्माण उस युग

में एक पुण्य कार्य था। पंचतन्त्र और राजतरंगिणी में भी इन "शैव मठों" की चर्चा है। कालान्तर में जब अन्नंदेव के वंशधरों के कारण यह क्षेत्र शाक्त-क्षत्र में परिवर्तित हो गया, तो इन "मठों" ने अपनी अर्थवत्ता खो दी। अब आदिवासी बोलियों में मठ का अर्थ "कब्रिस्तान" हो गया है। आज के ये कब्रिस्तान कभी शिक्षा के प्रसार के प्रमुख केन्द्र थे।

12·3. साहित्य :

विवेच्य अवधि में "चक्रकोटराष्ट्र" में तेलुगु तथा संस्कृत भाषाओं को संरक्षण मिला हुआ था, किन्तु इसके बावजूद तेलुगु का कोई साहित्यकार यहाँ पैदा नहीं हुआ और संस्कृत में अलंकृत साहित्य के लेखन की परम्परा का भी विकास नहीं हो पाया। यहाँ के संस्कृत के विद्वानों ने "लीक" से हटकर एक नयी भाषा को विकसित किया था, जिसे मैंने "संकर संस्कृत" (हायब्रिड संस्कृत) कहा है तथा जिसमें स्थानीय भाषा के शब्दों और व्याकरणिक रूपों इतना अधिक सम्मिश्रण हुआ है कि नयी भाषा "पिजिन" बन गयी है, जो संस्कृत के किसी विद्वान् के लिए सर्वथा दुर्बोध होगी। रचनाकारों के भाषा ज्ञान के आधार पर कहा जा सकता है कि तेलुगु तथा संस्कृत में प्रशस्तिकारों की संख्या बराबर थी; किन्तु लोगों का झुकाव संस्कृत-साहित्य की ओर था।

विवेच्य अवधि का साहित्य भी "**द्विभाषी साहित्य**" है। उत्तर बस्तर में जो रचनाएँ लिखी जा रही थीं, उनका माध्यम संस्कृत भाषा थी; जबकि दक्षिण बस्तर के अधिकतर रचनाकार तेलुगु में लिख रहे थे। दक्षिण बस्तर में तेलुगु में रचनाकर्म का एक कारण यह भी था कि यह क्षेत्र—"वीर शैवसम्प्रदाय" में पूरी तरह दीक्षित हो चुका था। सुधारवादी धर्म होने के कारण शैव धर्म जनता के अधिक निकट था। अतएव इसने क्षेत्रीय भाषा के विकास पर जोर दिया। दूसरी ओर उत्तर बस्तर का प्रमुख धर्म वैष्णव था, जो घोर परम्परावादी था। इसलिए इसने संस्कृत में लेखन की परम्परा को जीवित रखा।

पूर्व-मध्ययुग के संस्कृत-साहित्यकारों का आगामी पृष्ठों में संक्षिप्त परिचय प्रस्तुत है।

"ग्यारहवीं शताब्दी" के तीन संस्कृत लेखकों का परिचय हमें अभिलेखों से मिलता है :

1. कायस्थ धानुष्क :

प्रथम संस्कृत-साहित्यकार है, जिन्होंने 1065 ई० में मधुरान्तकदेव के राजपुरताम्रपत्र को लिखा था।

2. तिकम :

इन्होंने 1069 ई० में धारण महादेवी के कुरुषपाल सरोवर के अभिलेख को तैयार किया था।

3. चण्डेश्वर पण्डित :

इन्होंने 1097 ई० में सोमेश्वरदेव के कुरुषपाल-अभिलेख की रचना की थी।

"बारहवीं शताब्दी" के दो संस्कृतज्ञों का ज्ञान होता है। प्रथम हैं—4. 'सर्वशास्त्रपारंगत भट्टोपाध्याय", जिन्होने 1108 ई० में सोमेश्वरदेव की कुरुषपाल-प्रशस्ति लिखी थी। द्वितीय (5) हैं, कांकेर के "नृसिंह", जिन्होंने 1191 ई० में कर्णराज की सिहावा-प्रशस्ति लिखी थी।

"तेरहवीं शताब्दी" तक आते-आते बस्तर में संस्कृत-कवियों की परम्परा समाप्त हो जाती है, किन्तु कांकेर में संस्कृतज्ञों को राजाश्रय मिलने लगता है। इस अवधि में (6) "लक्ष्मीधर शर्मा गैता" एक प्रसिद्ध संस्कृतज्ञ थे, जो पम्पराज की काँकेर-प्रशस्ति (1214 ई०) के लिखने से उतने प्रसिद्ध नहीं हुए जितने कि अपने "उद्योत" नामक संस्कृतग्रन्थ के कारण। इस कवि को राजाश्रय मिला हुआ था। इसी अवधि के एक अन्य प्रशस्तिकार (7) विष्णु शर्मा हैं, जिन्होंने 1213 ई० में पम्पराज की कांकेर प्रशस्ति को लिखा था।

1320 ई० में (8) शक्ति कुमार ने भानुदेव की काँकेर-प्रशस्ति लिखी थी। इसके पश्चात् बस्तर में संस्कृत-रचना-कर्म अवरुद्ध-सा हो गया।

12·4. कला :

राजाओं तथा उनके माण्डलिकों के संरक्षण में इस युग में कलाओं की समृद्धि हुई। नृत्य, संगीत और गीत के प्रमुख केन्द्रमन्दिर इस युग में भी थे। प्रत्येक मन्दिर में गीत, वाद्य और नृत्य की व्यवस्था थी। कंठ्य संगीत और वाद्य संगीत में दक्ष संगीतज्ञों को भूमि दान में मिली हुई थी या फिर उनके निर्वाह के लिए कोई स्थायी व्यवस्था थी। सोमेश्वरदेव के गढ़िया-तेलुगु-शिलालेख (1097) में नृत्यांगनाओं के निमित्त एक दान का उल्लेख है (हीरालाल 1916:163)। प्रत्येक मन्दिर में विविध देवी-देवताओं से सम्बद्ध मूर्त्तियों का प्रदर्शन होता था। चक्रकोट की "चित्रशालाएँ" समूचे आँध्र-प्रदेश में प्रसिद्ध थीं। (बिल्हण : विक्रमांकदेवचरित 4:30)। अभिलेखों में युद्ध से सम्बद्ध कतिपय वाद्यों की चर्चा है, जिनमें पटह, दुंदुभी, तूर्य, शंख (इपी० इण्डिका 9:174) आदि प्रमुख है। स्पष्टतौर पर बस्तर का यह संगीत आगम संगीत था।

जिसकी चर्चा मैंने अपनी पुस्तक "आदिवासी संगीत" (भोपाल 1986) में विस्तार के साथ की है। शिव के नृत्य की पाँच अभिधाएँ थीं—निर्माण, संरक्षण, विनाश, पुनर्ग्रहण तथा विमोचन। वह सात रूपों में विभाजित था। प्रथम पाँच थे—आनन्दातिरेक नृत्य, सन्ध्यानृत्य, वालीनृत्य, त्रिपुरा नृत्य तथा मृत्यु नृत्य। ये पाँचों नृत्य शिव के द्वारा ही किये जाते थे। अन्तिम दो नृत्य पार्वती से सम्बद्ध थे, जिन्हें 'गौरी-नृत्य' तथा 'उमा-नृत्य' कहा जाता था।

चक्रकोट की "चित्रशालाओं" की चर्चा की जा चुकी है। इस युग में भित्त-चित्रों का अंकन (नवसाहसांकचरित 15 : 7) होता था। भित्तचित्रों में देवताओं के चित्र (तदेव 9:36) भी अंकित किए जाते थे :—

चित्रस्थितानां गृहदेवताना—मिति स्फुरन्ति स्म तदैव वाचः ॥

स्मृति के आधार पर चित्र-रचना करने की सूचना भी प्राप्त होती है। शशिप्रभा की सखी माल्यवती स्मृति के आधार पर ही सिन्धुराज का शिला-फलक में चित्रांकन करती है :—

"**अथ सा सिद्धतनया, तं लिलेख शिलातले**" (तदेव 6.22)। कला में चौंसठ कलाओं के ज्ञान की भी सूचना मिलती है—**चतुष्षष्ठिकलावतः** (तदेव 6 : 25)।

12.4.1. वास्तु तथा मूर्तिकला :

वास्तु तथा मूर्तिकला इस काल में कला के सर्वाधिक विकसित रूप थे। मन्दिरों के निर्माण की शैली आयताकार पिरामिड जैसी थी। मन्दिरों के भीतर के कमरे अधियाले और नीची छतों वाले होते थे—गर्भगृह में हर कोई प्रवेश नहीं कर सकता था। अधिकांश आराधक तो मन्दिर के बाहर प्रदक्षिणा करके ही सन्तोष कर लेते थे। इन मन्दिरों के प्रांगणों और उनकी दीवारों पर भी मूर्त्तियाँ होती थीं, जिनके द्वारा महाकाव्यों के दृश्यों को अथवा मन्दिर से सम्बद्ध देवताविशेष की उपासना के प्रतीकों को चित्रित किया जाता था। कालांतर में मूर्तियों का इतना बाहुल्य हो गया कि स्वयं मन्दिर उनके निमित्त अथवा आधार मात्र प्रतीत होने लग गए। मन्दिरों की दीवारें तथा छत भी मूर्तियों, उच्च उद्भृतों और निम्न उद्भृतों से परिपूर्ण होने लगी। इस बाहुल्य के कारण आदमी की आँखों के लिये अलग-अलग मूर्तियों अथवा दृश्यों को चीन्ह पाना भी कठिन हो गया। बारसूर के मन्दिर इतने जटिल और सूक्ष्म शैल्पिक अलंकरणों से आच्छादित हैं कि प्रत्येक पत्थर एक अनुपम आभूषण-जैसा प्रतीत होता है। बाद में इस विराट वास्तु तथा मूर्तिकला में जबरदस्त अपकर्ष आया। तेरहवीं

शताब्दी के बाद सिर्फ इक्के-दुक्के शैल्पिक नमूने ही देखने को मिलते हैं। पूर्ववर्ती काल की विविधता और सजीवता इस शताब्दी तक आते-आते लुप्त हो जाती है और उसमें आदिम प्रतीकों का विकास होने लगता है।

पूर्व मध्ययुग के बस्तर के अनेक मन्दिर ऐसी कलाओं को प्रस्तुत नहीं कर सके, जो रचनात्मक और प्रशस्त हों। यहाँ इस युग के कुछ ही ऐसे मन्दिर हैं, जो रचनात्मक कला के नमूने कहे जा सकते हैं। इस क्रिया-प्रक्रिया तथा गिरावट में शिल्पशास्त्र के कठोर नियमों का अनुशासन था, जिनका यहाँ के आदिवासी कलाकार पालन नहीं कर पाये।

बारसूर, दन्तेवाड़ा, भैरमगढ़, बस्तर, नारायनपाल, कुरुसपाल, चित्रकोट, छींदगाँव, डोंगरगढ़, गढ़ घनोरा, काँकेर के मन्दिर यहाँ की वास्तुकला के उत्कृष्ट नमूने हैं। इनमें से कुछ प्रमुख मन्दिरों व मूर्तियों का यहाँ संक्षिप्त परिचय प्रस्तुत किया जा रहा है :—

1. बस्तर का शिव मन्दिर :

यह ग्यारहवीं शताब्दी का मन्दिर है, जिसमें कलचुरी-शिल्प की झलक मिलती है। इस शिवालय की अलंकरण-पट्टिकाओं पर गजशार्दूल अंकित है। मन्दिर के प्रवेश-द्वार के ऊपर गजलक्ष्मी अंकित है। ऐसा प्रतीत होता है कि इस मन्दिर पर मन्मथ-मूर्तियाँ भी उत्कीर्ण थीं, जिन्हें बाद में किन्हीं कारणों से नष्ट कर दिया गया।

2. नारायनपाल का मन्दिर :

नारायनपाल के मन्दिर के गुण्ड महादेवी का शिलालेख प्राप्त हुआ है तथा उक्त शिलालेख में इस मन्दिर के निर्वाह के लिए भूमिदान की चर्चा है। इस आधार पर यह मन्दिर 1111 ई० से पूर्व बना होगा। मन्दिर में नारायण तथा लोकेश्वर की प्रतिमाएँ स्थापित हैं।

3. बारसूर के मन्दिर :

बारसूर नागवंशी राजाओं की राजधानी थी। बारसूर को केन्द्र मानें तो उसके उत्तर, दक्षिण व पश्चिम में दो-दो किलोमीटर की दूरी पर शंकर तथा गणेश के कतिपय अद्भुत (कुरुषपाल) के मन्दिर दिखलायी पड़ते हैं। इन मन्दिरों के स्तम्भ, छत, फर्श आपस में जुड़े हुए नहीं हैं। इनमें से एक प्रसिद्ध मन्दिर जो झाड़ियों के नीचे छिपा हुआ है, उसे "बत्तीस खम्भा मन्दिर" कहा जाता है। इसमें शिवलिंग के अतिरिक्त संगमरमर के बने हुए दो "नंदी"

स्थापित हैं। इस मन्दिर में नाम के अनुरूप बत्तीस खम्भे हैं। इस मन्दिर से थोड़ा दक्षिण की ओर गणेश का एक खुला हुआ मन्दिर है। गणेश की यह प्रतिमा 8 फुट ऊँची है। यहाँ से एक किलोमीटर दूर इसी प्रकार एक अन्य मन्दिर है। यह भी पत्थरों के सहारे टिका हुआ है। इस मन्दिर के भीतर प्रकाश की कोई व्यवस्था न होने के कारण यहां हर समय गहन अन्धकार छाया रहता है। बारसूर के मन्दिर में भुवनेश्वर-शैली की छाप देखने को मिलती है।

4. कुरुसपाल के मन्दिर :

नारायणपाल से डेढ़ मील दूर कुरुषपाल के प्रायः सभी मन्दिर ध्वस्त हो चुके हैं; किन्तु यहाँ के मूर्तिशिल्प और कारूकार्य युक्त बिखरे हुए प्रस्तरखण्डों को देखकर लगता है कि किसी समय यहाँ भव्य मन्दिर रहे होंगे। इस स्थान पर कुबेर, वरुण, अग्नि, ब्रह्मा, मातृकाएँ, महिषासुरमर्दिनी, नृसिंह, सूर्य, सरस्वती, जयविजय (द्वारपाल), गरुड़ स्तम्भ, हनुमान आदि देव-परिवारों की जो मूर्तियाँ मिली हैं, उन पर भुवनेश्वर और खजुराहो-शैली की स्पष्ट छाप दिखायी पड़ती है। राक्षस को पैरों के तले रौंदते हुए यहाँ हनुमान की भी एक मूर्ति है।

5. भैरमगढ़ के मन्दिर :

बीजापुर तहसील का एक छोटा सा गाँव है भैरमगढ़। भैरमगढ़ से बीजापुर मार्ग के बीच पुराने किलों के खण्डहरों के साथ विविध मूर्तियाँ मिलती हैं। भैरमगढ़ में अब कोई भी मन्दिर साबूत नहीं है। सभी भग्नावस्था में हैं; किन्तु यहाँ आज भी कलात्मक मूर्तियाँ जहाँ-तहाँ बिखरी हुई हैं।

6. चित्रकोट का मन्दिर :

चित्रकोट में छोटी-छोटी ईंटों से बना हुआ दन्तेश्वरी का मन्दिर है। बच्चा लिए हुए अम्बिका की मूर्ति तथा राक्षस को पैरों तले कुचलते हुए हनुमान की मूर्ति यहाँ की विशेष उल्लेखनीय मूर्तियों में से है।

7. गढ़धनोरा के मन्दिर :

गढ़धनोरा केशकाल से चार मील पूर्व में नाँवनी नदी के किनारे मन्दिरों का गढ़ है, जहाँ मन्दिरों के सैकड़ों ध्वंसावशेष बिखरे पड़े हैं। यहाँ एक पहाड़ी के ऊपर किले के अवशेष पूजित हैं। गढ़धनोरा काँकेर के सोमवंशी नृपति का मुख्यालय था, जहाँ एक पहाड़ी पर आज भी प्राचीन दुर्ग के ध्वंसावशेष मिलते

हैं। पहाड़ी के नीचे विविध मन्दिर ध्वंसावशेष रूप में हैं, जहाँ हजारों मूर्तियाँ बिखरी पड़ी हैं। यहाँ ईंटों के बड़े-बड़े कुछ स्तूपाकार मन्दिर हैं, जिनमें एक विशालकाय शिवलिंग भी है। पहाड़ी के नीचे 'खाड़ूवाले' की उत्थित स्थित में प्रतिमा है, जो किसी गोंड की प्रतीत होती है। 'मुचली' नाम से प्रसिद्ध एक चतुर्भुज विष्णु की भी मूर्ति है। यहाँ की एक नृसिंहमूर्ति केशपाल के बसस्टैण्ड के पास रखी हुई है। इन मन्दिरों से सम्बद्ध ताम्रपत्र यहाँ के पुजारी कारेया पटेल के पास हैं, जिन्हें वह 'शास्त्र कहता है कारेया पटेल के अनुसार यह उस दानी कर्ण का गढ़ था, जिसने अपने एक मात्र पुत्र को बलि दी थी।

8. केसरपाल के मन्दिर :

भानपुरी से छह मील पूर्व में केसरपाल के मन्दिर ध्वस्त हो गए हैं। मन्दिरों के आसपास भैरव, गणेश, शंकर, पार्वती, हनुमान तथा विन्ध्येश्वरी की मूर्तियाँ पड़ी हुई हैं।

9. चपका का शिवालय :

यहाँ के शिवालय में अनेक प्राचीन मूर्तियाँ हैं।

10. मटनार का मन्दिर :

मटनार का मन्दिर पूरी तरह ध्वस्त हो चुका है। यहाँ से प्राप्त शिव-पार्वती की एक युगल मूर्ति जगदलपुर के रुद्रप्रतापदेव-पुस्तकालय में सुरक्षित है। प्रतिमा में नंदी, सिंह, गणेश तथा कार्तिकेय अंकित हैं। नाग का यज्ञोपवीत शिव के बाएँ कन्धे से होकर कटि तक लटका हुआ है। यह नाग वक्ष पर फन निकाले हुए है। इसमें शिव और पार्वती के अलंकरण बहुत ही बारीकी के साथ आरेखित है।

11. छोटे डोंगर का मन्दिर :

तालाब के किनारे एक प्राचीन मन्दिर के अवशेष मिलते हैं। पास ही दो शिलाफलक हैं। प्रथम शिला खण्डित है तथा इसके दोनों ओर ब्राह्मी लिपि में कुछ खुदा हुआ है। 18 अक्तूबर 1978 को मैंने इस स्थान की यात्रा की थी, किन्तु प्रतिलिपि नहीं रख सका। पास ही द्वितीय शिलालेख में युद्ध भूमि में जाते हुए तथा उसे विदा देती हुई किसी वीरांगना के आरेखण के नीचे तेलुगु-लिपि में कुछ उट्टंकित है।

12. दन्तेवाड़ा का मन्दिर :

आज भी यह एक प्रसिद्ध शाक्त केन्द्र है। इसका विकास "दत्तवाड़ा के नाम से नाग युग में ही हो चुका था।

13. कोइलीबेड़ा क्षेत्र के मन्दिर :

नारायनपुर तहसील के विकासखण्ड कोइलीबेड़ा ग्राम से सुदूर पश्चिम में परतापपुर ग्राम को जाने वाले वन्य मार्ग में कोई तीन मील दूर बीहड़ वन के बीच कामलेडा गाँव के पश्चिम में "किनारकूटाल" नामक एक मन्दिर है, जो वालेर नदी के तट पर अवस्थित है। यह मन्दिर आज क्षत-विक्षत अवस्था में है। यहाँ की मूर्तियाँ यत्र-तत्र बिखरी हुई हैं। मन्दिर के पूर्वोत्तर में तीन फुट ऊँची कालिका की एक मूर्ति है। इसके गले में मुण्डों की माला है। इसी के पास "नंदी" की एक खण्डित मूर्ति है। मन्दिर का व्यास 32 फुट है। प्रवेश-द्वार पर द्वारपालों (जयविजय) की दो मूर्तियाँ हैं। प्रवेश-द्वार के भीतर कोई मूर्ति मन्दिर के अन्दर नहीं है। मन्दिर की ऊपरी छत पर गोलाकार पत्थर की नक्कासी है। मन्दिर के सामने बड़े-बड़े चक्र स्थापित हैं। पास ही तीन चार खुदी हुई मूर्तियाँ हैं, जिन्हें स्थानीय अबूझामड़िया **"पुट्ठा धरने"** के लिए उपयोग में लाते हैं। कुँआरी लड़की को पत्नी के रूप मे प्राप्त करने के लिए इन मूर्तियों को खरोंच कर उनका चूर्ण उन्हें "तम्बाकू" के साथ खिलाया जाता है ऐसी मान्यता है कि इससे किसी 'कुमारी' को वश में किया जा सकता है। कामतेड़ा गाँव का मंदिर पत्थर का बना हुआ है। मंदिर के सामने वास्तुविद् की मूर्ति है। उसी के पास रानी डोंगरी के बगल से नदी बहती है। वास्तुकार इस नदी को बाँधना चाहता था।

14. कटगाँव का गणेश-मन्दिर :

कोइलीबेड़ा क्षेत्र के कटगाँव ग्राम के पास पहले कभी एक मन्दिर था; अब ध्वस्त हो चुका है। मन्दिर के सामने विशालकाय गणेश की मूर्ति आज भी स्थापित है।

उपर्युक्त स्थानों के अतिरिक्त सकलनारायण, गमाबाड़ा, नारायनपुर के पार्श्ववर्ती जंगलों, सामपुर,सतसपुर, बाकुलवाही,कसावाही, मारीकोड़ेका, जैंतगिरि मनीगाँव तथा परतापपुर में नागयुग की अनेक मूर्तियाँ व मन्दिर आज भी सही सलामत है। भोपालपटनम के समीप 12 किलोमीटर दूर पोड़सपल्ली ग्राम की पहाड़ियों में सकलनारायण की गुफाएँ हैं, जिनमें कृष्ण की रासलीला तथा गोवर्धन धारण करने के चित्र बहुत लुभावने हैं। गुफा के पास एक कुण्ड भी है। वहीं पास

में चिता नदी बहती है इसी प्रकार जगदलपुर तहसील में धनपूंजी की ओर तिरिया-माचकोट-वनमार्ग पर शबरी नदी के किनारे ऊँचे पहाड़ पर "गुप्तेश्वर महादेव' का नागयुगीन मन्दिर है। भारी शिवलिंग, चारों ओर ऊंचे पहाड़, घने वन तथा मदमाती शबरी नदी की धारा यहाँ एक प्राकृतिक वातावरण का निर्माण करती है। गुप्तेश्वर महादेव के दर्शन के लिए शिवरात्रि पर बहुत बड़ा मेला लगता है।

बस्तर के कोने-कोने में अभी भी नागयुगीन वास्तुकला तथा मूर्तिकला के अनुपम भण्डार बिखरे पड़े हुए हैं। इन सबका सर्वेक्षण तथा सूचीकरण करने में बहुत ही श्रम तथा धन की आवश्यकता है। इन मन्दिरों के प्रकार्य (Function) तथा भूमिका (role) की भी समीक्षा की जानी चाहिए; क्योंकि शाक्त मन्दिरों को छोड़कर शेष शैव तथा वैष्णव मन्दिरों ने आज आदिवासी समाज में अपनी प्रासंगिकता खो दी है। शाक्तमन्दिरों में भी जनजातीय मिथकों का आरोपण हो चुका है।

12.4.2. नाग कला में आदिम प्रवृत्तियाँ

नागयुगीन कला-साधकों में जो रचनात्मक छटपटाहट थी, उसे उन्होंने मूर्तियों के माध्यम से अभिव्यक्त किया है। यह अभिव्यक्ति सामूहिक चेतना की ही परिणति है। इन कलाओं के माध्यम से सामूहिक आदर्श, सामूहिक चेतना तथा सामूहिक आकांक्षा की अभिव्यक्ति होती है। अतएव एकल चेतना की कलाकृतियों से इनकी तुलना अर्थहीन होगी। विविध शताब्दियों की कलाओं के अध्ययन से यह ज्ञात होता है कि लोकरुचियों, रीतिरिवाजों, विश्वासों और प्रतीकों की समाजार्थिक संरचना इन मूर्तियों में प्रतिबिम्बित हुई हैं। इन विविध शताब्दियों के मूर्तिशिल्पों में एक "अविच्छिन्नता" मिलती है। विविधता होते हुए भी सभी शैलियाँ सूत्र में माला के समान क्रमिक रूप से पिरोई हुई दिखती हैं। यहाँ के वास्तुशिल्प में चोलों, चालुक्यों, गंगों, सोमवंशियों तथा कलचुरियों के विविध नमूने मिलते हैं, जो यहाँ के बदलते हुए राजनैतिक और आर्थिक सम्बन्धों के प्रतिरूप है। इस "अविच्छिन्नता" के बीच इनमें एक आदिम सूत्र भी है, जो यहाँ के "वीरशैव" के कारण आक्रामक और भयावह कलानमूनों को प्रस्तुत करता है।

बस्तर की कला के इतिहास का बोध यहाँ की "सातत्य" जीवनशैली का ज्ञान है, जो न केवल बस्तर तक सीमित थी; अपितु आस-पड़ोस के आदिवासी अंचलों में व्याप्त हुई थी। इन कलाकृतियों में उभरे हुए जटिल अलंकरण सामन्तवादी व्यवस्था के विविध संस्तरणों के परिमापक हैं, जबकि प्राकृतिक आरेखण यहाँ के आदिम जीवन शैली के आख्यापक हैं।

इन आदिम कलाकारों में अपनी को व्यक्त करने की एक "प्रबल" रचनात्मक प्रवृत्ति थी। यही "रचनात्मक संवेग" यगीन परिस्थितियों के कारण कहीं कोमल

दृश्यों का आरेखण करता है, तो कहीं वन्य जीवन की भयंकर पीड़ा कठोर दृश्यों के माध्यम से उभारी गयी है। कटगाँव के गणेश और बारसूर के गणेश की के मूर्तियों सूक्ष्म अवलोकन से हम इसकी स्थूल तथा सूक्ष्म बारीकी से परिचित हो सकते हैं। एक ही "शिल्प" के विविध परिवर्त्य हमें एक साथ यहाँ के भौगोलिक तथा सामाजिक विभेदों का अनुभव कराते हैं।

बस्तर का आदिवासी प्रकृति का ही पर्याय रहा है। उसके लिए प्रकृति संवेगात्मक अनुभवों का मूल स्रोत रही है। इसीलिए उसकी कलाकृतियों में प्रकृति जहाँ-तहाँ बिखरी हुई है। "आदिवासी और प्रकृति" के अभिन्न साहचर्य से जो कला यहाँ विकसित हुई है, वहीं स्वाभाविक तथा अकृत्रिम कला है। उसे "अन-गढ़ कला" कहने का भ्रम नहीं पालना चाहिए।

यहाँ की प्रकृति और आदिवासी दोनों की ही निष्छलता, अनलंकृति व उन्मुक्तता यहाँ की मूर्तियों में मिलती है; फिर वे चाहे चित्रकोट के मन्दिर की अम्बिका की मूर्ति हो या हनुमान की मूर्ति; अथवा कोइलीबेड़ा-क्षेत्र के मन्दिरों का शिल्प हो। प्रकृति इनके लिए "एक सामग्री" के रूप में है और ये प्रकृति को जैसा देखते हैं, स्पर्श करते हैं, आस्वादन करते हैं; वैसा ही अपने शिल्पों में व्यक्त कर देते हैं। इस प्रकार प्रकृति का दर्शन, स्पर्शन और आस्वादन ही इनकी कला-कृतियों के मूल विषय हैं, जिसे ये युगीन मिथकों के ताने-बाने में प्रस्तुत करते रहे हैं। यहाँ का आदिवासी प्रकृति का ध्यान करता है। अपने को प्रकृति के निकट पाता है और उसी निकटता को वह अपनी कल्पना में उतार कर उसे मूर्तियों या चित्रों के माध्यम से व्यक्त कर देता है। यही उसका प्रकृति के साथ साधारणी-करण है और यही उसका सौन्दर्यबोध है। इस प्रकार यहाँ के आदिम कलाकारों ने प्रकृति के रहस्यों को पत्थरों में उतार दिया है। प्रकृति को पत्थरों में उतारते समय उसकी कल्पना में अपने युग की सामाजिक और आर्थिक प्रतिछवि भी निहित है।

बस्तर के आदिवासियों के लिए "कला" एक बहुत बड़ा "रचनात्मक साधन" है। इसी के माध्यम से वह कल्पनालोक में विचरण करता है और तदनुसार मूर्तियों में रूपाकार भरता है। इस प्रकार बस्तर की मूर्तियों को प्रकृति और संस्कृति की मिली जुली तस्वीर के रूप में देखना चाहिए।

उपसंहार : निष्कर्ष

पूर्व-मध्यकाल में बस्तर में नागवंश का उत्थान-पतन हुआ। यातायात के अविकसित साधन और पर्वत-पहाड़ियों से भरा पड़ा क्षेत्र—बस्तर छोटे-छोटे सामन्तों के उदय के लिए सचमुच बड़ा उपयुक्त प्रदेश था। और इन सामन्तों को स्थायित्व प्रदान करते थे वे आदिवासी कबीले जिन्हें स्वतंत्रता प्राणों से भी अधिक प्यारी थी और जो इस अंचल के मुख्य निवासी थे। जान पड़ता है कि स्थानीय सरदार ने ही यहाँ नागवंश की स्थापना की। हुआ यह कि अपनी श्री-समृद्धि की वृद्धि के साथ-साथ ब्राह्मण-संस्कृति के सम्पर्क में आने के कारण गोंडों को क्षत्रि-यत्व का सम्मानित दर्जा प्राप्त हुआ और नाग-नाम से ये नागवंश के संस्थापक बन गए। इस प्रथा का अवशेष छत्तीसगढ़ में आज भी देखा जा सकता है। ये शासक सामन्तों, मन्दिरों और ब्राह्मणों को भूमि-दान किया करते थे। फलतः बस्तर छोटी-छोटी जमींदारियों तथा जागीरों में बँट गया। ये जमींदार तथा जागीरदार अधिकतर आदिवासी कबीलों के ही लोग थे।

माण्डलिक तथा महामाण्डलिक के बीच श्रेणीबद्ध सम्बन्ध होता था। इस सम्बन्ध का आधार शायद भूमि-अनुदान और यह बात थी कि प्रभु को कौन कितनी सैनिक सहायता देता था। नागराज्य में इन माण्डलिकों तथा महामाण्ड-लिकों का विशेष महत्व था। राजकाज में उनकी प्रधानता थी। वे किसी की अनुमति लिए बिना अपनी इच्छा से भूमि अनुदान दे सकते थे। भूस्वामियों का एक और वर्ग 'राणक' कहलाता था। ये लोग शायद राजा की सैनिक सेवा करने वाले सामन्त थे। इस वर्ग के सामन्तों को बड़े-बड़े प्रशासनिक पद मिले होते थे—ये सन्धिविग्रहिक (इपी० इण्डिका 10:37) का काम करते थे। रानियों को शासनाधिकार मिला हुआ था, यथा मासकदेवी तथा अन्य रानियाँ। राजपुत्रों का भी शासन पर हस्तक्षेप रहता था। सैनिक अधिकारी 'नायक' (तदेव 9:166)

कहे जाते थे। ये भी अनुदान देते थे, जिससे जाहिर होता है कि इन्हें भूस्वामित्व का अधिकार था।

ब्राह्मणों को दिए गए भूमि-अनुदानों का महत्व सहज ही समझा जा सकता है। ये लोग इस क्षेत्र में नयी जानकारी, नये ज्ञान लेकर आए, जिससे अंचल के खेती-बाड़ी के तरीकों में सुधार हुआ इसके अलावा इन्होंने यहाँ के आदिवासियों के मन में ब्राह्मणवादी व्यवस्था के प्रति सम्मान जगाया, जिससे नागराजाओं का काम आसान हो गया और अब वे कानून और व्यवस्था की रक्षा करने के लिए रखे गये अतिरिक्त अमलों की सेवाओं के बिना भी काम चला सकते थे। इन सेवाओं के प्रतिदानस्वरूप ब्राह्मण-ग्रहीताओं को भूमि के राजस्व विषयक सारे अधिकार प्राप्त हुए और वे एक तरह से भूमि के असली स्वामी बन गए।

भूमि-अनुदानों का कुल नतीजा यही निकला कि अन्य अंचलों की तरह यहाँ भी सामन्तवादी परिस्थितियाँ उत्पन्न हुई—साधारण किसानों के सिर पर भूस्वामी बैठा दिए गए, जो मुख्यतः बस्तर के बाहर से बुलाए गए थे। उन्होंने अपने संरक्षकों को सत्ता कायम करने में मदद दी ही, साथ ही उन्होंने ब्राह्मण-संस्कृति के प्रसार में योगदान किया, जिससे आदिवासी जनसमूह में नागराजाओं को पैर टिकाए रहने के लिए नैतिक और वैचारिक आधार प्राप्त हुआ। कालक्रम से कुछ आदिवासी सरदार भी इनके सामन्त बन गए। इनका नतीजा यह हुआ कि किसान और कारीगर कृषि-दासों की स्थिति में पहुँच गए। मध्यकालीन बस्तर में इन तमाम बातों ने भूमिव्यवस्था के कुछ विशिष्ट लक्षणों को जन्म दिया। किन्तु बस्तर में भूमिव्यवस्था का उदय उत्तर भारत की तरह किसी संगठित साम्राज्य के ध्वंसावशेष पर नहीं हुआ था। यहाँ यह व्यवस्था आदिवासी जनजातियों की परम्पराओं की पृष्ठभूमि में विकसित हुई थी।

आठवीं शताब्दी के उत्तरार्द्ध से "पूर्वमध्य रचना" ने छह सौ वर्षों की अवधि में "**सामन्तवाद के उद्‌भव और विकास**" के माध्यम से एक मूर्त स्वरूप ग्रहण कर लिया था। यह सामन्तवाद छिन्दक नाग (आधुनिक माड़िया) कबीलों के बीच से उभरा था। यही उत्तर मध्ययुग तक पहुँचकर पूँजीभूत हो गया था। मध्य प्रदेश (बस्तर) का आदिवासी-सामन्तवाद भारत के अन्य क्षेत्रों में विकसित होने वाले सामन्तवाद से इस रूप में भेदक था कि यहाँ की "मेरिया" (वधहेतु पोषित व्यक्ति) की कुप्रथा ने "नरबलि" के लिए व्यक्तियों के क्रय तथा विक्रय को प्रोत्साहित किया, जो पश्चिम की "दासप्रथा" से भी अधिक घिनौना व्यवसाय था और इसके कारण जन्मजात, क्रीत, बन्दी तथा अपराधी "मेरिया-जनों" की एक फौज तैयार हो गयी, जिससे अनुत्पादक शक्तियों में ही बढ़ोत्तरी हुई। चूँकि यहाँ के आदिवासी-गांवों की आवश्यकताएँ सीमित थीं और सभी आवश्यकताओं की पूर्ति

स्थानीय जनता खुद कर लेती थी, इसलिए "नरबलि" के अतिरिक्त "मेरिया" का कोई उपयोग नहीं था।

विवेच्य अवधि में बस्तर में आदिम सामुदायिक व्यवस्था विद्यमान थी। यहाँ के विविध सामाजिक वर्गों में परस्पर अन्तः सम्बन्ध था; किन्तु इन्हीं में से कुछ वर्ग ऐसे थे, जिनमें पूर्व-सम्बन्ध के भी लक्षण नहीं थे। सामान्यतः ऐसे लोग पहाड़ी क्षेत्र में निवास करते थे, जिन्हें अभिलेखों में 'हलबा', 'माड़िया' तथा 'गोण्ड' गया है। ऐसा लगता है कि इस युग में आदिम सामुदायिक जीवन बस्तर के सीमान्त क्षेत्रों तक सीमित हो गया होगा और केन्द्रीय शासन-क्षेत्र में आधुनिक दण्डामी माड़िया के पूर्वज निवास करते रहे होंगे (आज भी यही स्थति है)। पूर्व और उत्तर के अंचलों में धीरे-धीरे वर्ग-सम्बन्धों का विकास हो रहा था। यदि हम आज बस्तर के जनजातीय मानचित्र पर ध्यान दें, तो कहना होगा कि "दण्डामी माड़िया-क्षेत्र" व "हलबा-क्षेत्र" को छोड़कर शेष क्षेत्र के लोगों का उस युग में सामाजिक और आर्थिक विकास नहीं हो पाया था। केन्द्रीय क्षेत्र से इन क्षेत्रों की भौगोलिक दूरी ही इसका प्रमुख कारण थी।

इन क्षेत्रों में सामन्तवादी सम्बन्धों का कब जन्म हुआ और उनके विकास की क्या दशा थी! यह निर्णय कर पाना कठिन है। तथापि भाषिक प्रमाणों के आधार पर यह कहा जा सकता है कि जिन क्षेत्रों में द्विभाषिकता का विकास (यथा अबूझमाड़) नहीं हुआ है, वे सामन्ती सम्बन्धों के अन्तर्गत नहीं आए होंगे और सभ्यता की दौड़ में पिछड़ गए होंगे। विवेच्य अवधि में व्यावसायिक संघों की प्रचुरता थी और जातीय रचना की दृष्टि से ये यहाँ के मूल निवासियों से बहुत भिन्न थे। इनमें से अधिकतर दक्षिण के राज्यों के लोग थे। यद्यपि इस युग तक यहाँ पाँच बड़े नगरों का विकास हो चुका था; किन्तु इन महानगरों का ग्राम-समुदायों से कोई भी सम्बन्ध नहीं था; ग्रामों की सम्पत्ति का बहुत बड़ा भाग इन्हीं पाँच नगरों में संचित हो रहा था। फलतः ग्रामीण जनता निर्धन होती गयी।

स्थानीय भाषा के माध्यम से सांस्कृतिक विकास का इतिहास भी हमें नाग-युग से देखने को मिलता है। प्रजाति के निर्माण में यहाँ धर्म की महत्वपूर्ण भूमिका रही है। यद्यपि मुण्डा-द्रविड़ (वेद्दोआइड) दो तथा आर्य (यूरोपोआइड) भिन्न-भिन्न प्रजातियों के लोग थे; किन्तु शैवधर्म की समन्वयात्मक भूमिका के कारण ये दोनों एक हो गए और "चक्रकोट राष्ट्र" के प्रति इनमें समान रूप से जातीय स्वाभिमान जागृत हुआ। इन प्रजातियों का विभाजन विविध गोत्र-समूहों में हुआ था और सामन्ती व्यवस्था लागू होने से पूर्व ये अपनी-अपनी गोत्र-भूमि के स्वामी थे। इनकी यही भूमिगत-संरचना सामन्ती व्यवस्था के लिए उपयोगी सिद्ध हुई तथा सामन्तों ने जनजातीय कबीलों के ही लोगों को एक ग्राम-समूह का मध्यस्थ

(माझी) घोषित कर दिया। यह सब कुछ आदिवासियों की सामाजिक संरचना को बिना तोड़े हुआ। इसलिए नयी सामन्तवादी व्यवस्था में इन्हें कोई प्रत्यक्ष तौर पर बुराइयाँ नहीं दिखीं।

इसके बावजूद आदिम कबीलों के सामाजिक और आर्थिक विकास की समस्याओं, उन पर हो रहे निरन्तर आक्रमणों, राजनीतिक अस्थिरता की निरन्तरता, व्यापारिक संघों के उदय और असमानता आदि के कारण यहाँ आर्थिक, सामाजिक, जातीय तथा राजनीतिक अन्तर्विरोध धीरे-धीरे बढ़ रहा था। यह अन्तर्विरोध आज हमें यहाँ पर मिलने वाली चौदह बोलियों तथा बौद्ध जनजातियों के रूप में प्रस्फुटित-सा लगता है। इसके अन्य विविध कारण अधोलिखित रहे होंगे—

(क) विविध जनजातियों के प्रति सामन्तों की समत्वभावना नहीं रही होगी।

(ख) संस्कृतीकरण की प्रक्रिया किन्हीं कारणों से अधूरी ही रह गयी होगी।

(ग) जातीय तथा जनजातीय भावना को बढ़ावा मिला होगा।

(घ) शासन में कुछ आदिवासी कबीलों की साझेदारी नहीं रही होगी।

(ङ) आदिवासी समूह के लोगों को प्रतिष्ठित पद नहीं मिले होंगे।

(च) अन्य वर्गों के समान उन्हें विकास के समान अवसर नहीं मिले होंगे।

(छ) जनजातियों की बोलियों की उपेक्षा हुई होगी।

(ज) उनके अन्धविश्वासों को दूर करने का कोई प्रयास नहीं किया गया होगा।

तद्युगीन बस्तर के गाँव अभूतपूर्व आत्मनिर्भरता के साथ **"बद्ध समुदायों"** के रूप में बदल गए थे। इन गाँवों पर महासभा का नियंत्रण रहता था। इस "संवृत स्थिति" (Closed) के कारण कालान्तर में ये गाँव अन्धविश्वास, बर्बरता तथा गिरावट के केन्द्र बन गए। निषेधात्मक प्रवृत्ति को विकसित कर लेने के कारण ग्रामीण जनता ने धर्म के नाम पर विनाश व हत्या प्रारम्भ कर दी। अब यहाँ का आदिवासी अदृश्य शक्तियों पर अधिकार करने के बजाय उन्हीं के अधीन हो गया। ऐसी स्थिति में विज्ञान और तकनीकी के विकास का कोई प्रश्न ही नहीं उठता। विकास की गति अवरुद्ध हो गयी। यहाँ नगरों का विकास तो हुआ; किन्तु ने प्रशासनिक केन्द्र बन कर रह गए। नगरों में फलने-फूलने वाले व्यवसायों की भी नगरों के लिए गौण भूमिका ही थी। यद्यपि व्यावसायिकों ने अपने सशक्त संघ बना रखे थे; किन्तु उनकी शक्ति का स्रोत राजप्रासाद ही था। आम जनता से उनका कोई भी सम्बन्ध नहीं बन पाया था।

भूमिदान के कारण ग्रामों में शक्तिशाली "**ग्रामनायकों**" का विकास हो चुका था और इसमें एक सशक्त उत्तराधारक्रम था। इन ग्रामनायकों के अतिरिक्त माण्डलिक तथा महामाण्डलिक प्रभृति अधिकारी अपार सम्पत्ति के स्वामी बन चुके थे।

लगातार चलने वाले युद्धों और आन्तरिक संघर्षों के कारण राजनीतिक अस्थिरता बनी ही रही, जिसे केन्द्रीय शक्ति के रूप में उभर कर सोमेश्वरदेव ने समाप्त किया था।

अठारह सदस्यों वाली महासभा के प्रत्येक व्यक्ति के पास निजी सम्पत्ति होती थी। यह महासभा सामन्ती व्यवस्था का एक महत्वपूर्ण अंग थी; क्योंकि इसी के माध्यम से कृषकों तथा शिल्पकारों के बीच सहयोग बढ़ा था तथा यही गाँव के आर्थिक ढाँचे को नियंत्रित करती थी।

मूर्ति-पूजा के रूप में शैव सम्प्रदाय के विकसित हो जाने से जनता में सामन्तों के प्रति आस्था बढ़ी होगी। इस मूर्ति-पूजा ने निराश व्यक्तियों को सांत्वना प्रदान की होगी और इसके माध्यम से सुख की प्राप्ति का उन्हें 'परम' साधन मिल गया होगा। इस कारण शैव सम्प्रदाय के अंतर्गत विविध दार्शनिक विचारों का प्रसार हुआ होगा। इनमें से कुछ (शाक्त तथा कौल) तो संभोग से समाधि का मार्ग खोज रहे थे; तो कुछ (कापालिक) "मेरिया" या "मृत्यु" के माध्यम से पर-लोक को हासिल कर लेना चाहते थे। इन तीनों ही दार्शनिक विचारों से उस युग की जनता के कुसंस्कारी मन का अन्दाजा लग जाता है। इतना ही नहीं, नर-बलि को साधना की सर्वोत्कृष्ट पद्धति स्वीकार कर लेने पर यह क्षेत्र सदा के लिए बाहरी और भीतरी संचार-साधनों से कट जाता है।

यहाँ से प्राप्त सोलह तेलुगु-अभिलेखों से यह ज्ञात होता है कि "**बद्ध समुदायों**" में अब जानी पहचानी आवाजें पहुँचने लगी होंगी। आम जनता की भाषा "तेलुगु" को राजभाषा होने का गौरव मिला। इससे जनता का विश्वास राजाओं के प्रति बढ़ा होगा।

इस अवधि में आम आदमी शोषण के खतरनाक दौर से गुजर रहा था। उसके चारों ओर सामन्ती सम्बन्धों के जाल बिछे हुए थे। इसी स्थिति में रहकर धीरे-धीरे वह अज्ञान और अन्धविश्वास के बीहड़ वन में खो जाता था। ग्रामों की तथाकथित आत्मनिर्भरता की संकीर्ण परिधि में वह कूपमण्डूक हो जाता था। अपने परिश्रम की ओर भी अधिक उत्पादक बनाने के लिए वह विज्ञान और तकनीकी का प्रयोग करना भी नहीं जानता था। शारीरिक और मानसिक श्रम के बीच की खाई इस युग में और अधिक गहरी हो गयी थी। किसी प्रभावोत्पादक प्रदर्शन के अभाव में यहाँ का आदिवासी बीहड़ वनों की अँधेरी गली में बन्द हो गया था और तांत्रिक क्रियाओं के माध्यम से अपनी मुक्ति का स्वप्न देखने लगा था। यही

कारण है कि छह सौ वर्षों के बाद विदेशी शक्ति ने जब यहां के बन्द गाँवों व बीहड़ वनों में मोटरें दौड़ायीं, तो उनके "भोंपू" (1795 ई०) को सुनकर यहाँ के आदिवासी जब जगे, तब तक उनकी अर्थव्यवस्था चरमरा चुकी थी; किन्तु यही चरमराहट शायद इस क्षेत्र के लिए प्रथम सामाजिक जागृति बन कर आयी थी।

ग्रंथ-सूची

0.1. मूल स्रोत

0.1.1. अभिलेख

बीसवीं शताब्दी के प्रारम्भ में जब केदारनाथ ठाकुर ने "बस्तरभूषण" (बनारस 1908) लिखा था, उस समय तक छिन्दक नागों के अभिलेख प्रकाश में नहीं आए थे। सर्वप्रथम रायबहादुर पण्डाबैजनाथ के साथ रायबहादुर हीरालाल का ध्यान बस्तर के दुर्गम कान्तारों में बिखरे हुए इन अभिलेखों की ओर गया। दोनों ने इन अभिलेखों की खोज का बीड़ा उठाया और इस प्रकार उन्हें कुल बीस अभिलेख मिले। रायबहादुर हीरालाल ने अपनी खोज के परिणामों को "डिस्क्रिप्टिव लिस्ट्स ऑव इंस्क्रिप्शंस इन द सेन्ट्रल प्राविन्सेज" (गवर्नमेण्ट प्रेस, नागपुर 1916) नामक पुस्तक में छपवाया। इस प्रकार रायबहादुर हीरालाल के प्रयास से बस्तर के छिन्दक नागों का इतिहास पहली बार सामने आया; किन्तु रायबहादुर के इस शोध-कार्य की यह कमी थी कि उन्होंने इन बीस अभिलेखों का अंग्रेजी में संक्षिप्त परिचय तो प्रस्तुत कर दिया, परन्तु मूलपाठ नहीं दिया; जिससे मूल सामग्री के अभाव में विधिवत् इतिहास-लेखन का कार्य अभी तक नहीं हो सका था।

जब मुझे छिन्दक नागों के इतिहास लेखन की आवश्यकता प्रतीत हुई, तो मेरे सामने प्रमुख समस्या मूल सामग्री की प्राप्ति की थी। इसके लिए मुझे 1964-80 के मध्य रायबहादुर के समान पुनः बस्तर के जंगलों में भटकना पड़ा और उन्हीं अभिलेखों को पुनः कागजों पर उतारना पड़ा, जिनके ठप्पे का काम एक बार वे कर चुके थे। इस शोध की प्रक्रिया में मुझे ग्यारह अतिरिक्त अभिलेख भी

मिले, जिनकी जानकारी रायबहादुर हीरालाल को नहीं थी। रायबहादुरद्वय ने बीस अभिलेखों में से कुछ अभिलेखों को मूल क्षेत्र से स्थानान्तरित कर दिया था। इसलिए उनकी अप्राप्ति के कारण मैं उनके मूल पाठ को प्राप्त नहीं कर सका। इन अभिलेखों में से कुछ के मूल पाठ "इपीग्राफिआ इण्डिका" में भी छपे थे। कुल मिलाकर इस पुस्तक के निष्कर्ष मेरे द्वारा खोजे गए मूल पाठों पर आधारित हैं। अतएव भावी अनुसन्धाओं से यह कामना है कि इस तथ्य पर ध्यान रखें और क्षेत्रानुसन्धान से सम्बद्ध परिश्रम की उपेक्षा न करें। आखिरकार कोई भी शोध पूर्ववर्ती शोध के परिणामों पर विचार किए बिना आगे नहीं बढ़ता। ऐसा होने पर चिन्तन वहीं थम जाता है। वहाँ उपर्युक्त अभिलेखों की सूची मात्र दी जा रही है। मूल पाठ पाठक मुझसे प्राप्त कर सकते हैं।

1. वल्लभराज का उपेत—तेलुगु—अभिलेख (अप्रकाशित) (925 ई०)
2. एर्राकोट का तेलुगु-अभिलेख (1023 ई०), हीरालाल 1916:166
3. बारसूर का तेलुगु—अभिलेख (1060 ई०), हीरालाल 1916:158-9; मद्रास रिपोर्ट आन इपीग्राफी 1908-9, पृष्ठ-111
4. पोटिनार का तेलुगु-अभिलेख (1060), इपीग्राफिआ इण्डिका 9:162
5. भैरमगढ़ का तेलुगु-शिलालेख, हीरालाल 1916, क्रमांक 289
6. धारावर्ष का केसरपाल-प्रस्तराभिलेख (अप्रकाशित)
7. दन्तेवाड़ा का तेलुगु-अभिलेख (1061 ई०) हीरालाल 1916:165
8. मासकदेवी का दन्तेवाड़ा-संस्कृत-अभिलेख, हीरालाल 1916:166
9. मधुरान्तकदेव का राजपुर संस्कृत-ताम्रपत्र (1065 ई०), हीरालाल 1916: 163-4; इपीग्राफिआ इण्डिका 9:174
10. धारण महादेवी का कुरुसपाल सरोवर-संस्कृत-अभिलेख (1069 ई०) हीरालाल 1916:162-63; इपीग्राफिआ इण्डिका 10:31
11. कुरुसपाल का विखण्डित संस्कृत-शिलालेख (1069 ई०) हीरालाल 1916:163; इपीग्राफिआ इण्डिका 10:35
12. सोमेश्वरदेव का हाथीदरहा तेलुगु-अभिलेख, 1076 ई० (अप्रकाशित)
13. सोमेश्वरदेव का कुरुसपाल संस्कृत-अभिलेख (1097 ई०), हीरालाल 1916:162; इपीग्राफिआ इण्डिका 10:25
14. सोमेश्वरदेव का गढ़िया तेलुगु-शिलालेख (1097 ई०), हीरालाल 1916:163
15. सोमेश्वरदेव का कुरुसपाल संस्कृत-अभिलेख (1108 ई०), हीरालाल

1916:161-62; इपीग्राफिआ इण्डिका 10:37-38

16. गंग महादेवी का बारसूर तेलुगु-अभिलेख (1109 ई०), हीरालाल 1916:159-60; इपीग्राफिआ इण्डिका 9:162; मद्रास रिपोर्ट आन इपीग्राफी 1908-9:111.
17. गुण्ड महादेवी का नारायनपाल संस्कृत-अभिलेख (1111 ई०), हीरालाल 1916:160; इपी० इण्डिका 9:311-16
18. नरसिंहदेवकालीन जाटनपाल-संस्कृत-अभिलेख (1218 ई०), हीरालाल 1916:164; इपीग्राफिआ इण्डिका 10:40
19. नरसिंहदेवकालीन नागरीलिपि में दन्तेश्वरीगुड़ी-तेलुगु-अभिलेख (1219 ई०), इपीग्राफिआ इण्डिका 9:162
20. नरसिंहदेवकालीन तेलुगु लिपि का दन्तेवाड़ा-अभिलेख (1224 ई०), हीरालाल 1916:164; इपीग्राफिआ इण्डिका 10:40
21. जयसिंहदेव का नागरीलिपि में केसरपाल-अभिलेख (अप्रकाशित)
22. जयसिंहदेवकालीन सोनारपाल का संस्कृत-अभिलेख, हीरालाल 1916:195; इपीग्राफिआ इण्डिका 9:163, 10:35-36
23. बारसूर का नागरी-अभिलेख (1320 ई०), हीरालाल 1916:169
24. हरिश्चन्द्रदेवकालीन संस्कृत में टेमरा-सती-अभिलेख (1324 ई०), हीरालाल 1916:165; इपीग्राफिआ इण्डिका 10:39-40
25. भैरमगढ़ का संक्षिप्त तेलुगु-शिलालेख हीरालाल 1916:169
26. गढ़ियाबन-तेलुगु-शिलालेख, हीरालाल 1916:170
27. नारायनपाल खेत-अभिलेख (तेलुगु), हीरालाल 1916:270
28. कुरुसपाल के लघु नागरी-अभिलेख हीरालाल 1916:170
29. चपका-तेलुगु-सती-अभिलेख, हीरालाल 1916:170; इपीग्राफिआ इण्डिका 6:166
30. बारसूर के खेत से प्राप्त तेलुगु-शिलालेख, हीरालाल 1916:170
31. भैरमगढ़-तीर्थयात्री-संस्कृत-अभिलेख, हीरालाल 1916:169

0.1.2. मौद्रिक स्रोत

बस्तर के नागनृपति धारावर्ष, सोमेश्वरदेव तथा रणसिंह की सैकड़ों स्वर्ण-मुद्राएँ बिलासपुर (मध्यप्रदेश) तथा कोरापुट (उड़ीसा) से मिली हैं, जो नागपुर म्यूजियम तथा उड़ीसा म्यूजियम (भुवनेश्वर) में सुरक्षित हैं। इन मुद्राओं पर टिप्पणियों से सम्बद्ध अधोलिखित लेख है—

1. बालचन्द जैन : कॉएन्स ऑव द नाग डायनेस्टी ऑव बस्तर, जे० एन० एस० आई, 1965 : 54-57
2. एस० एन० राजगुरु : ए न्यू होर्ड ऑव गोल्ड कॉएन्स ऑव द नागवंशी किंग्स आव चक्रकोट : ओ० एच० आर० जे० (1959) 8, (1) : 75-82

0.1.3 **साहित्यिक स्रोत :**

1. पद्मगुप्त : नवसाहसांकचरित, सम्पादक वामनशास्त्री, बम्बई 1895
2. बिल्हण : विक्रमाकदेवचरित, सं० मंगलदेव, बनारस 1945
3. विष्णुदेव रथ : गंगवंशानुचरितचम्पू (अप्रकाशित), लेखकाधीन
4. चन्द्रबरदाई : पृथ्वीराजरासो, सं० रूडोल्फ हार्नले, बैप्टिस्ट मिशन प्रेस, कलकत्ता 1886
5. गंगाधर मिश्र : कोसलानन्दमहाकाव्यम्, सं० हीरालाल शुक्ल, रायपुर 1977
6. मॉदलापाँजी, जगन्नाथमन्दिर पुरी तथा भुवनेश्वर की पाण्डुलिपि (अप्रकाशित), उड़ीसा म्यूजियम भुवनेश्वर में सुरक्षित।
7. कालाहंडी दरबार से प्राप्त उड़िया पाण्डुलिपि (अप्रकाशित) : भवानी-पाटणा राजमहल पुस्तकालय में सुरक्षित।
8. रेवाराम : रतनपुर का इतिहास (अप्रकाशित), 1858
9. शर्मा, रामनाथनन्द : जयपुरसूर्यवंशावलि, मद्रास 1943

0.2. **सहायक स्रोत :**

1. अथर्ववेद, आक्सफोर्ड 1960
2. अभिनवगुप्त : तंत्रालोक, श्रीनगर 1922
3. कान्तिसागर, मुनि : खोज की पगडंडियाँ, बनारस 1960
4. कामकलाविकास (तंत्रग्रन्थ) कलकत्ता, 1917
5. कूर्मपुराण, काशी 1908
6. जैन, बालचन्द : चक्रकोट के छिन्दक नाग, **नई दुनिया** (दैनिक), दीपावली-विशेषांक 1970:89
7. त्रिपुरमहिमस्तोत्र (तंत्र-ग्रन्थ), कलकत्ता 1921
8. देवीरहस्यम् (तंत्रग्रन्थ) मुम्बई 1904
9. निर्वाणतंत्र, बनारस 1930
10. पद्मपुराण, बनारस 1927

11. पाण्डेय, विमलचन्द : प्राचीन भारत का इतिहास, तृतीय संस्करण, मेरठ 1969
12. प्रेमी : नाथूराम : जैन साहित्य और इतिहास, दिल्ली 1956
13. बाणभट्ट : हर्षचरित, बनारस 1940
14. भवभूति : मालतीमाधव, कलकत्ता 1920
15. भविष्यपुराण, बनारस 1946
16. भैरवयामलतंत्र, कलकत्ता 1912
17. भैरवीतंत्र, कलकत्ता 1910
18. मजूमदार, रमेशचन्द्र : प्राचीन भारत (अनुदित)
19. महाभारत, बड़ोदा 1962
20. मिराशी, वासुदेव विष्णु : कलचुरी नरेश और उनका राजत्वकाल
21. राधातंत्र, बनारस 1907
22. रायबहादुर हीरालाल : मध्यप्रदेश का इतिहास, बनारस 1925
23. लाल, प्रद्युम्नसिंह : नागवंश, खैरागढ़ 1926
24. लिंगपुराण, बम्बई 1917
25. वाल्मीकि : रामायण, पूना 1960
26. सोमदेव : कथासरित्सागर, बम्बई 1930
27. सौभाग्यभाष्कर (तंत्रग्रंथ), श्रीनगर 1913
28. शील योगन्द्रनाथ : मध्यप्रदेश और बरार का इतिहास (अनूदित), प्रयाग 1922
29. शुक्ल, हीरालाल : बस्तर के वनवासी गीतों में गाँधी, रायपुर 1969
30. शुक्ल, हीरालाल : बस्तर का प्रागैतिहास, "**वनजा**" जगदलपुर 1972
31. शुक्ल, हीरालाल : पद्मगुप्त के नवसाहसांकचरित की बस्तर-विषयक ऐतिहासिकता, "**महाकोसल**", रायपुर 1973
32. शुक्ल, हीरालाल : लंका की खोज, इलाहाबाद 1977
33. शुक्ल, हीरालाल : बस्तर के आदिवासी विद्रोह, "**राष्ट्रबन्धु**", रायपुर 1977
34. शुक्ल, हीरालाल : प्राचीन बस्तर, नागपुर 1978
35. शुक्ल, हीरालाल : बस्तर का तांत्रिक इतिहास, "**छत्तीसगढ़**" भोपाल 1978

36. शुक्ल, हीरालाल : नलों का आनुवंशिक इतिहास, **प्राच्यभारती** भोपाल 1978
37. शुक्ल, हीरालाल : अबूझमाड़िया-लोकगीत, भोपाल 1982
38. शुक्ल, हीरालाल : मध्यप्रदेश की जनजातियों की चिन्तन-प्रक्रिया, "**लोकप्रशासन**", भोपाल 1983
39. शुक्ल, हीरालाल : जनभाषा और साहित्य, दिल्ली 1983
40. शुक्ल, हीरालाल : मध्यप्रदेश का जनजातीय इतिहास, "**लोक-प्रशासन**", भोपाल 1984
41. शुक्ल, हीरालाल : आदिवासी संगीत, भोपाल 1986
42. हरिवंशपुराण : बनारस 1940

Agnew, P. Vans., A Report on the Subah or Provinces of Chhattisgarh, Nagpur, 1820.

Agrawal, V.S., Yakshas and Nagas in Indian Folk-art traditions, *Folklore*, 1:1-9.

Ali, S.M., The Geography of Puranas, Delhi, 1965.

Altekar, S.S., The Rashtrakutas and their times, Poona, 1934.

Andronov, M.S., The Brahui Language, Mosco, 1980.

Annals of Bhandarkar Oriental Institute, IV, VI.

Appadorai, A., Economic Conditions in Southern India, Madras, 1936.

Apte, Sanskrit-English Dictionary.

Banerji, R.D., History of Orissa, Vol. I, Calcutta, 1920.

Barnet, Antiquities of India, London, 1906.

Blunt, J.T., Early European Travellers in Nagpur Territories, Nagpur, 1795.

Bombay Gazetteer, Vol. I, Pt. II.

Brett. Feudatory States of Chhattisgarh, Nagpur, 1909.

Briggs, J., History of the Rise of the Mohammadan Power in India by Ferista, Vols. II, III, Calcutta, 1909.

Buchanan, D.H., Eastern India, Calcutta, 1934.

Buddha Prakash, Aspects of Indian History and Civilization, Agra, 1965.

Buhler, (ed.), Navasahashankacharita, *Indian Antiquary* (1907), Vol. LXXII.

Census of India, 1961, Vol. III.

Choudhuri, R., Some Historical Aspects of Feudalism in Ancient India, Trivendrum, 1959.

Corpus Inscriptionum Indicarum, Vol. IV.

Crooke, Tribes and Castes of North-Western Provinces, Vol. IV, Calcutta, 1896.

Cousens, Indian Historical Quarterly, Vol. III.

Dalton, E.T., Descriptive Ethnology of Bengal, Calcutta, 1872.

Desai, Dinkar, The Mahamandaleshwaras under The Chalukyas of Kalyani, Bombay, 1951.

Deshpande, M.M., Aryan and Non-Aryan in India, Ann Arbor, 1979.

Eswar Dutta, E., Inscriptional Glossary of Andhra Pradesh, Hyderabad, 1967.

Epigraphia Carnatica, Vol. VII.

Epigraphia Indica, I-XXXIII.

Ferguson, Tree and Serpent worship in Ancient India, London, 1873.

Ganguly, D.C., The Age of Imperial Kanauj, Bombay, 1965.

Gopal, B.R., Sindas of Renjeru, Indian History Congress, Proc. of 30th session, Patna, 1969.

Grigson, W.V., Maria Gonds of Bastar, Oxford, 1938.

Gupta, K.M., The Land System in South India, Lahore, 1933.

Handa, Devendra, Coins of a New Naga King, Journ. of Vishweshwaranand Indological Institute, Vol. X, Hoshiarpur, 1972.

Hiralal, R.B., Inscriptions of C.P., and Berar, Nagpur, 1916.

Hiralal. R.B., The Nagas of Central India, The Maharaja College Magazine, Vol. V, Vizianagaram, 1933.

Hunter, M.W., A History of Orissa, Vol. I, Calcutta, 1956.

Indian Antiquary, Vols. V, VII, VIII, XVI.

Indian Historical Quarterly, Vols. IV, IX, XIII.

Inscriptions of Bengal, Vol. III.

Jenkins, R., Report on the Territories of Rajah of Nagpur, Nagpur, 1827.

Journal of the Andhra Historical Society, I, IV, VIII.

Journal of the Asiatic Society of Bombay, XX, XXX.

Journal of the Bihar and Orissa Research Society, XVI.

Journal of the Bombay Branch of the Royal Asiatic Society, XXII.

Journal of Indian History, XLII.

Journal of Kalinga Historical Research Society, I.

Journal of the Oriental Research, X, XXX.

Journal of the Royal Asiatic Society, 1898, 1901, 1904, 1905.

Keilhorn, List of Inscriptions of South India, Madras, 1890.

Keith, History of Sanskrit Literature, Oxford, 1951.

Koraput District Gazetteer, Cuttack, 1966.

Kosambi, D.D., Culture and Civilization in Ancient India, London, 1965.

Lorenjen, D., The Kalmukhas of the Shakti Parishad, Annals of Bhandarkar Oriental Institute, Vol. 52-53.

Macpherson, Lieut., The Khands of Orissa, London, 1852.

Macpherson, Lieut., Report upon the Khonds of the Districts of Ganjam and Cuttack, Madras, 1863.

Madras Report on Epigraphy, 1908-09.

Mahalingom, T.V., Village Communities in India, Trans. of Archaeological society of South India, Madras, Vol. I, 1955.

Mahalingom, T.V., The Nagas in Indian History and Culture, Journal of Indian History, Trivendrum, April, 1965.

Majumdar, B.C., Orissa in Making, Calcutta, 1928.

Majumdar, R.C., The History and Culture of Indian People, Vol. V, Bombay, 1966.

Mirashi, V.V., Padmagupta's Navasahsankacharita, Studies in Indology, Vol. II, Nagpur, 1961.

Mullick, A Short History of Kosal (In Oriya) Bhubaneswar, 1952.

Nema, S.R., Political History of the Somavanshi of South Kosal and Orissa, New Delhi, 1978.

Nizami, K.A., Some Aspects of Religion and Politics in India during the 13th Century, Aligarh, 1961.

Orissa Historical Research Journal, VIII.

Panikkar, K.M., A Survey of Indian History, Bombay, 1956.

Rao, C.H., History of Mysore, 3 volumes, Bangalore, 1943-48.

Roy Chaudhuri, Tapan. Political History of Ancient India, Delhi, 1960.

Roy, H.C., Dynastic History of Northern India, Calcutta, 1940.

Russell and Hiralal, Tribes and Castes of Central Provinces and Berar, Bombay, 1916.

Sadasiva Pandarathar, T.V., History of the later Cholas, II Edition, Madras, 1940.

Saletore, B.A., The Karnataka conquest of Chhakrakote, Karnataka Historical Review, 3: 21-31 (1936) 3: 51 (1938).

Sarma, M. Somasekhar, A Forgotten Chapter in Andhra History, Madras, 1945.

Satyanathiar, The Cholas, Madras, 1966.

Sastri, K.A. Nilakanta, A History of South India, Madras, 1958, II Ed. 1966.

Sastri K.A. Nilakanta, The Cholas; Madras, 1955.

Sharma R.S., Indian Feudalism, Calcutta, 1965.

Shastri, A., Banerji. The Nagas Annals of Bhandarkar Oriental Research Institute, Vol. XVIII (1937).

Shukla, Hira Lal, Chhattisgarh in the Seventeenth Century, Raipur, 1980.

Shukla, Hira Lal, Social History of Chhattisgarh, Delhi, 1985.

Shukla, Hira Lal, Socio-Cultural Approach to Tribal Languages, Delhi, 1985.

Shukla, Hira Lal, Language, Ethnicity and History, Delhi, 1985. 1987.

Shukla, Hira Lal, Tribal Heritage of M.P., Delhi, 1987.

Shukla, Hira Lal, A Dictionary of Tribal Languages, Delhi, 1987.

Shukla, Hira Lal, Survey of Tribal History, Delhi, 1987.

Shukla, Hira Lal, Tribal Revolutions in Colonial India, Delhi, 1987.

Sherwani, H.K., History of Mediaval Deccan, Vol. I, Hyderabad, 1973.

Singh, Indrajit, The Gondwana and the Gonds, Lucknow, 1944.

Sircar, D.C., Some Southern Dynasties in Madhya Pradesh and Orissa, Calcutta, 1956.

South Indian Inscriptions, I, III, IV.

Subramanyam, R., The Suryavanshi Gajpaties of Orissa, Waltaire, 1957.

Swell, Robert and S.K., Aiyangar, Historical Inscriptions of South India (HISI), 1923.

Thaper, Romila, A History of India, Vol. I, Middlesex, 1967.

Thirugnana Sambandam, S., Some problems of Chola History, Proc. and Trans. of the All India Oriental Conf. Dec. 1955, Annamalainagar.

Vaidya, C.V., History of Medieval Hindu India, 3 Volumes, Poona, 1921-26.

Venkataramanayya, Nelaturi, Eastern Chalukyas of Vengi, Madras, 1950.

Wake, C., Staniland, Serpent Worship and other Essays with a Chapter on totemism, London, 1888.

Ward, Report on the Land Revenue Settlement of Mandla District, Nagpur, 1863.

William, C., The Hoyasala Vamsa, Bombay, 1950.

परिशिष्ट

बस्तर नामकरण : आदिम मिथक

'बस्तर' के नामकरण पर ग्रियसन (1938) ने अनेक मिथक सुझाए हैं। मेरे सूचक हिड़मा के अनुसार बस्तर का प्राचीन नाम 'बासूगुड़ा' था। किंवदन्ती के अनुसार बस्तर के राजा ने जब बस्तर में महल बनवाना चाहा, तो प्रतिदिन जितनी दीवाल बनायी जाती, वह रात को ढह जाती। राजा अत्यन्त चिन्तित था। उस स्थिति में एक दिन 'बासू' गायता महाराजा के पास आया और उसने राजा से निवेदन किया कि जब तक हम दोनों पति-पत्नी जीवित रहते हैं, महल की दीवारें नहीं बन सकतीं। आप हम दोनों को दो बड़ी-बड़ी हंडियों में भरकर पूर्व व पश्चिम के दोनों छोरों में गड़वा दीजिए व उसके ऊपर से दीवालें उठवाइए। राजा ने वैसा ही किया और महल बन गया। इस मिथक से बस्तर के राजाओं का आदिवासियों के शोषण का इतिहास प्रकाशित होता है।

अनुक्रमणिका